Reihe *leicht gemacht*®

Herausgeber:
Dr. jur. Dr. jur. h.c. Helwig Hassenpflug
Richter am AG Dr. Peter-Helge Hauptmann

ZPO

leicht gemacht

Die Zivilprozessordnung
übersichtlich – kurz – einprägsam

2., vollständig überarbeitete Auflage

von
Robin Melchior
Richter am Amtsgericht

Ewald v. Kleist Verlag, Berlin

Besuchen Sie uns im Internet:
www.leicht-gemacht.de

Umwelthinweis:
Dieses Buch wurde auf chlorfrei gebleichtem Papier gedruckt

Autoren und Verlag freuen sich über Anregungen
Gestaltung: Michael Haas, www.montalibros.eu; J. Ramminger, Berlin
Druck & Verarbeitung: Druck und Service GmbH, Neubrandenburg
leicht gemacht® ist ein eingetragenes Warenzeichen
© 2013 Ewald v. Kleist Verlag, Berlin

ISBN 978-3-87440-310-8

Inhalt

I. Grundlagen

Lektion 1: Rechtsquellen, Justizgrundrechte 5
Lektion 2: Verfahrensgrundsätze 13

II. Erkenntnisverfahren

Lektion 3: Zivilgerichte und Zuständigkeiten 17
Lektion 4: Parteien, Rechtsanwälte, Kosten, Prozesskostenhilfe... 38
Lektion 5: Klageverfahren, Einleitung 54
Lektion 6: Klageverfahren, Durchführung 79
Lektion 7: Urteil, Vergleich 113
Lektion 8: Mahnverfahren, besondere Zivilverfahren 135
Lektion 9: Rechtsmittel, Rechtskraft 145

III. Zwangsvollstreckung

Lektion 10: Zwangsvollstreckung in bewegliches u. unbewegliches Vermögen 162
Lektion 11: Zwangsvollstreckung in Geldforderungen u. sonstige Rechte 178
Lektion 12: Besondere Verfahren der Zwangsvollstreckung 185

Abkürzungen 200
Sachregister 202

Übersichten

Übersicht 1	Zivilprozess	6
Übersicht 2	Ordentliche Gerichtsbarkeit	9
Übersicht 3	Justizgrundrechte	12
Übersicht 4	Verfahrensmaximen der ZPO	15
Übersicht 5	Sachliche Zuständigkeit	23
Übersicht 6	Rechtspfleger	34
Übersicht 7	Prozessbeteiligte	39
Übersicht 8	Mehrheit von Klägern und Beklagten und Parteiänderungen	42
Übersicht 9	Beratungshilfe	52
Übersicht 10	Klagearten, Anträge und Gesuche	61
Übersicht 11	Streitgegenstand	66
Übersicht 12	Zustellung	70
Übersicht 13	Rechtshängigkeit	73
Übersicht 14	Früher erster Termin	76
Übersicht 15	Schriftliches Vorverfahren	77
Übersicht 16	Zulässigkeit der Klage	88
Übersicht 17	Begründetheit einer Klage	90
Übersicht 18	Protokoll	98
Übersicht 19	Beweismittel	103
Übersicht 20	Inhalt und Aufbau von Urteilen	114
Übersicht 21	Urteilsarten	117
Übersicht 22	Einspruch gegen Versäumnisurteil	122
Übersicht 23	Gütliche Beilegung	127
Übersicht 24	Schiedsgericht	131
Übersicht 25	Mahnverfahren	135
Übersicht 26	Besondere Zivilverfahren	143
Übersicht 27	Berufung	146
Übersicht 28	Berufungsbegründung	149
Übersicht 29	Berufungsentscheidung durch Beschluss	150
Übersicht 30	Rechtsbehelfe etc.	160
Übersicht 31	Vollstreckungstitel	166
Übersicht 32	Vorläufige Vollstreckbarkeit	167
Übersicht 33	Immobiliarzwangsvollstreckung	175
Übersicht 34	Pfändungsschutz bei Arbeitseinkommen	182
Übersicht 35	Eröffnung des Insolvenzverfahrens	198
Übersicht 36	Wirkungen des Insolvenzverfahrens	199

I. Grundlagen

Lektion 1: Rechtsquellen, Justizgrundrechte

Das BGB und andere Rechtsnormen des Privatrechts legen fest, wer Inhaber von Rechten ist; z.B. wer Eigentümer einer Sache ist oder wer gegen wen einen Anspruch auf Zahlung hat. Dieses materielle Recht hindert Menschen nicht, anderen Menschen das Eigentum streitig zu machen oder eine Forderung einfach nicht zu bezahlen. Was nützt einem das Wissen, dass man Recht hat, wenn man es nicht durchsetzen kann? Nichts! Denn Recht haben ist eine Sache; am Ende Recht bekommen und durchsetzen, ist eine ganz andere Sache.

Wer glaubt, im Recht zu sein, kann es – aber muss es nicht – auf einen gerichtlichen Streit ankommen lassen. Hiervon handelt das vorliegende Buch.

Die Regeln des Zivilprozesses sind in der Zivilprozessordnung (ZPO) festgelegt. Bildlich gesprochen hat der Zivilprozess wie ein Fußballspiel zwei Halbzeiten: Das Erkenntnisverfahren beschreibt, wie der Kläger vor Gericht zu einem Titel kommt, das ist meist ein Urteil (2. Abschnitt: Erkenntnisverfahren – Wie komme ich zu meinem Recht?).

Das Zwangsvollstreckungsverfahren beschreibt, wie man den Titel durchsetzt (3. Abschnitt: Zwangsvollstreckung – Wie setze ich mein Recht durch?). Erst nach Ablauf beider Halbzeiten steht der Sieger fest.

Fall 1

Kfz-Handwerksmeister Paul hat für seinen Freund Andreas dessen WV Golf komplett TÜV-fertig gemacht. Paul verlangt nun von Andreas 2.500 € für Lohn und Material. Andreas zahlt aber nicht, weil er der Ansicht ist, dass Paul gepfuscht hat; außerdem habe Paul noch nicht alle Arbeiten am Kfz fertiggestellt.

Paul ist ziemlich sauer auf Andreas und besinnt sich darauf, dass er früher Juniorenmeister im Ringen (Super-Schwergewicht) war. Andreas dagegen ist eher klein und schmächtig. Paul beschließt, Andreas in den Schwitzkasten zu nehmen, damit er endlich bezahlt.

Ist das eine gute Idee?

Nein, aus zwei Gründen sind diese Methoden der Selbstjustiz in einem Rechtsstaat nicht erlaubt.

Erstens stellen Gewalt und die Androhung anderer Übel, um seine privaten Forderungen durchzusetzen, eine Nötigung nach § 240 StGB dar. Paul macht sich strafbar, weil Andreas ja nicht aus freien Stücken, sondern aus Angst vor Gewalt und Schmerzen zahlen soll.

Zweitens liegt die Macht, seine privaten Forderungen gegen einen anderen Menschen festzustellen und durchzusetzen, seit der Neuzeit allein beim Staat (Gewaltmonopol). In einem demokratischen Rechtsstaat ist das nach dem Prinzip der Gewaltenteilung die exklusive Aufgabe der staatlichen Rechtsschutz; vgl. Art. 20 Abs. 2, 92 GG. Andere Bezeichnungen für die Rechtsprechung sind Judikative, Justiz oder rechtsprechende Gewalt.

Es ist eine Errungenschaft der bürgerlichen Zivilisation der Neuzeit, dass die Parteien nicht selbst einen privaten Streit z.B. um Geld mit der Faust wie im Mittelalter (Fehde) unter sich austragen, sondern allein die Justiz entscheidet. Errungenschaft deshalb, weil in einem Rechtsstaat die neutrale und unabhängige Instanz der Justiz verhindern kann, dass bei privaten Auseinandersetzungen immer nur der (körperlich) Stärkere gewinnt; zur Unabhängigkeit der Richter vgl. Art. 97 Abs. 1 GG. Deshalb spricht man auch von einem bürgerlichen Rechtsstreit.

Übersicht 1: Zivilprozess

Bei einem Streit
- um Geld oder
- um andere Ansprüche
- zwischen **Privatpersonen**
- aus subjektiven Rechten (z.B. Rechte aus Verträgen, Eigentum)

spricht man von einem **bürgerlichen Rechtsstreit** (vgl. § 13 GVG, Zivilsache).
Hierüber die ein staatliches Gericht, das **Zivilgericht,** das im Rahmen eines Zivilprozesses (**ordentliche Gerichtsbarkeit**) verbindlich entscheidet.

Der Zivilprozess dient der Klärung, Verwirklichung und Durchsetzung der Rechte privater Personen untereinander.

Das Verfahren ist in zwei Phasen aufgeteilt:

1. Im **Erkenntnisverfahren** (Urteilsverfahren) wird für die streitenden Parteien verbindlich festgestellt, was Recht ist.
2. Im **Zwangsvollstreckungsverfahren** kann das im Erkenntnisverfahren festgestellte Recht unter Zuhilfenahme staatlicher Machtmittel durchgesetzt werden.

Ergänzung: Paul beschließt, seine Forderung gegen Andreas beim Zivilgericht einzuklagen. Andreas reagiert auf diese Ankündigung ganz gelassen und sagt spöttisch, die Gerechtigkeit verlange, dass Paul mit Pauken und Trompeten verlieren werde. Außerdem gelte der Grundsatz: Auf hoher See und vor Gericht ist man auf sich allein und Gott gestellt.

Kann denn unter diesen Vorzeichen eine Entscheidung des Gerichts den Streit zwischen Paul und Andreas wirksam beilegen?

Ja, das folgt formal schon aus der alleinigen Zuständigkeit der Zivilgerichte, den Streit durch ein Urteil zu entscheiden. Jedoch macht die Entscheidung des konkreten Falles nur dann wirklich Sinn, wenn sie zugleich ein Beitrag zum Rechtsfrieden ist. Rechtsfrieden ist ein wesentliches Ziel der Rechtsprechung und bedeutet, dass die Streithähne die gerichtliche Entscheidung auch akzeptieren. Das ist schwierig vorherzusagen, weil ja beide Parteien – aus ihrer Sicht – auf eine gerechte Entscheidung des Zivilgerichts hoffen, aber eine Partei den Rechtsstreit verlieren wird. Aufgabe des Zivilgerichts ist es, den Interessengegensatz der Parteien durch Anwendung abstrakter und allgemein gültiger Normen (Recht und Gesetz) auf den Einzelfall herunter zu brechen. Diese Technik der Gesetzesanwendung auf einen konkreten Fall (Lebenssachverhalt) wird Auslegung genannt (Subsumtion). Das Ergebnis ist eine Einzelfallentscheidung der Rechtsprechung.

Ergänzung: Ist die Entscheidung des Zivilgerichts über den konkreten Einzelfall denn gerecht und trägt sie zum Rechtsfrieden bei, wenn nach dem Verfahren eine Partei automatisch auf der Strecke bleibt?

Zuerst die schlechte Nachricht: Es gibt keine universale Gerechtigkeit auf Erden. Das ist eher ein Thema für die Philosophie und die Theologie.

Rechtsprechung in Zivilsachen ist aber kein Schicksalsschlag, wie uns das obige Sprichwort weismachen will.

Nun die gute Nachricht: Sie lautet, dass es zumindest einen festen, rechtlichen Rahmen für das Verfahren vor den Zivilgerichten gibt, damit alle drei Ziele (Streitentscheidung, Einzelfall-Gerechtigkeit, Rechtsfrieden) gleichermaßen angestrebt werden können. Es gibt also zumindest eine Garantie für die Einhaltung rechtsstaatlicher Standards im zivilgerichtlichen Verfahren (Rechtsstaatlichkeit, Rechtssicherheit).

Nehmen wir uns noch einmal den Vergleich des Zivilprozesses mit einem Fußballspiel vor: Der unterlegene Gegner wird seine Niederlage leichter akzeptieren, wenn die Regeln vorher feststehen, der Ablauf und die Organisation des Spiels nachvollziehbar sind, das Spiel vor Publikum stattfindet und die Schiedsrichter unparteiisch und fair sind.

Rechtsquellen des Zivilprozesses

Nach Art. 2 Abs. 3, 19 Abs. 3 GG (Vorrang des Gesetzes) dürfen die zur Entscheidung berufenen Richter der Zivilgerichte das gerichtliche Verfahren nicht nach Gutsherrenart gestalten oder nach Belieben frei entscheiden. Genauso wie in Fragen des materiellen Rechts sind die Zivilgerichte auch beim Verfahren an Recht und Gesetz gebunden. Diese Selbstbindung der Justiz erfordert Rechtsquellen, also eine umfassende und systematische Sammlung der erforderlichen Normen für dieses Rechtsgebiete (Kodifikation). Im Zivilprozess sind das im Wesentlichen die Zivilprozessordnung, abgekürzt ZPO und einige Nebengesetze (u.a. RVG, GKG, RPflG, ZVG und Kostengesetze); ferner das GG sowie das GVG für die allgemeinen Verfahrensgrundsätze und einige EG-Verordnungen.

Stören Sie die vielen Abkürzungen? Abkürzungen sind in der Juristerei nicht zu vermeiden. Deshalb sollten Sie jetzt einen Blick in das Abkürzungsverzeichnis werfen, sonst verstehen Sie nur noch Bahnhof.

Verständnisfrage: Gehört die ZPO zum Privatrecht?

Nein, die ZPO regelt zwar das Verfahren bei einem Streit auf dem Gebiet des Privatrechts. „Veranstalter" ist aber eine staatliche Einrichtung, die Justiz mit ihren Zivilgerichten. Die Rechtsprechung ist aber eine hoheitliche Tätigkeit (Art. 92 und 97 GG; öffentliche Gewalt). Daher gehört die ZPO insoweit zum Öffentlichen Recht. Zur Orientierung:

Übersicht 2: Ordentliche Gerichtsbarkeit

Zentraler Begriff des § 13 GVG ist die ordentliche Gerichtsbarkeit. Dazu gehören:
- die Zivilsachen und
- die Strafsachen.

Zivilsachen sind:
- die **bürgerlichen Rechtsstreitigkeiten**, ebenso
- die Familiensachen und
- die Angelegenheiten der freiwilligen Gerichtsbarkeit.

Eigenen Gerichtszweige bilden:
Arbeits-, Sozial, Finanz-, Verwaltungs-, Verfassungs- und andere Fachgerichte.
Diese Gerichte sind auf der Grundlage gesonderter Bundesgesetze (Art. 92, 95, 96, 101 Abs. 2 GG) errichtet.

Die ZPO ist in einzelne Bücher aufgeteilt. Reihenfolge und Gliederung sind historisch bedingt, seit 1877 mehrfach geändert und entsprechen nicht immer der Chronologie und jeweiligen Bedeutung im Zivilprozess. Zur Orientierung:

Buch 1	**Allgemeine Vorschriften**	**Lektionen 1 – 7**
Buch 2	**Verfahren im ersten Rechtszug**	**Lektionen 1 – 7**
Buch 3	**Rechtsmittel**	**Lektion 9**
Buch 4	Wiederaufnahme des Verfahrens	Lektion 9
Buch 5	Urkunden- und Wechselprozess	Lektion 8
Buch 6	(aufgehoben: Familiensachen u.a.)	
Buch 7	**Mahnverfahren**	**Lektion 8**
Buch 8	**Zwangsvollstreckung**	**Lektionen 10 bis 12**
Buch 9	(aufgehoben: Aufgebotsverfahren)	
Buch 10	Schiedsgerichtliches Verfahren	Lektion 7
Buch 11	Justizielle Zusammenarbeit in der EU	Lektion 8

Justizgrundrechte

Abwandlung: Paul hat sich entschieden, Andreas auf Zahlung von 2.500 € zu verklagen. Paul hat die Klage mit dem PC geschrieben und ausgedruckt. Das hierfür zuständige Amtsgericht (nachfolgend abgekürzt: AG) lehnt die Entgegennahme der Klage in Papierform ab und verlangt, dass Paul die Klage in elektronischer Form einreicht. Paul verfügt aber über keine sichere elektronische Signatur und hat zur Zeit auch keinen E-Mail-Account, geschweige denn einen rechtssicheren Zugang zum elektronischen Briefkasten des AG, um die Klage elektronisch einzureichen.

Darf das AG die Einreichung der Klage in Papierform ablehnen?

Nein (noch nicht).

Die Justiz steht seit Jahrhunderten eher im Ruf, zu viel Papier zu verwalten, als zu wenig. Der überraschte Paul stellt sich deshalb die Frage, wo denn geschrieben steht, dass kein Papier mehr eingereicht werden darf. Diese Frage ist schon die halbe juristische Antwort.

Das Gegenstück zum Monopol der Justiz, verbindlich private Streitigkeiten zu entscheiden, ist der Anspruch jedes Menschen und Unternehmens gegen die Justiz auf Gewährung effektiven Rechtsschutzes, und zwar in Form des freien Zugangs zu den staatlichen Gerichten. Das Grundgesetz (GG) beschreibt das in Art. 19 Abs. 1 Satz 1 sehr plastisch: Wird jemand durch die öffentliche Gewalt in seinen Rechten verletzt, so steht ihm der Rechtsweg offen (Rechtsweggarantie).

Dieser Anspruch auf Justizgewährung ist hier verletzt, weil es (noch) keine gesetzliche Vorschrift gibt, wonach natürliche Personen bei geringen Streitwerten Zivilklagen nicht in Papier einreichen dürfen. § 496 sagt nur, dass Klagen beim AG schriftlich einzureichen sind. Zwar kann das AG darüber hinaus nach § 130a für vorbereitende Schriftsätze und deren Anlagen, für Anträge und Erklärungen der Parteien die Einreichung in elektronischer Form zulassen. Es kann aber noch nicht bestimmen, dass das die einzig zulässige Form der Einreichung ist. Solange es keine anders lautende, gesetzliche Anordnung gibt, kann Paul seine Klage weiterhin auch in Papierform beim hierfür zuständigen AG einreichen. Hier ergänzen sich die Justizgrundrechte Vorrang des Gesetzes und der Anspruch auf Justizgewährung. Haben Sie die Paragraphen ohne Gesetzesbezeichnung bemerkt? Dies hat eine leichte Erklärung. Angaben zu §§ ohne Nennung der Rechtsnorm betreffen die ZPO.

Selbst wenn in naher Zukunft Signaturkarten und elektronische Briefkästen so selbstverständlich sein werden wie heute schon Fax und Handy, so wird auch künftig immer ein kleiner Teil der Bevölkerung nicht im Besitz dieser elektronischen Zugangsmittel sein. Der Grundsatz des freien, also ungehinderten und barrierefreien Zuganges zu den Gerichten erfordert – wie heute schon – bestimmte Vorkehrungen, um diese Menschen nicht auszuschließen. Deshalb ist die Justiz verpflichtet, Personen mit bestimmten Gebrechen (Taube, Blinde, Stumme; vgl. § 191a GVG) und schreibunkundigen Personen Erleichterungen und Hilfe anzubieten, damit sie ihr Rechtsbegehren artikulieren können. Eine Hilfe für diesen Personenkreis sind die so genannten Rechtsantragsstellen.

Nach § 496 kann Paul seine Klage statt schriftlich auch mündlich zum Protokoll der Geschäftsstelle des Gerichts anbringen. Vielleicht steht im Gericht künftig ein PC oder Scanner, damit Paul wahlweise seine Klage von hieraus direkt elektronisch einreichen kann. Vorgesehen ist aber, dass in näherer Zukunft, Rechtsanwälte und Behörden bei allen gerichtlichen Verfahren elektronisch einreichen müssen und dass für bestimmte Verfahren barrierefreie, elektronische Formulare zu verwenden sein werden.

Abwandlung: Das AG hat Pauls Klage gegen Andreas auf Zahlung entgegengenommen. Der Richter liest die Klage, schüttelt den Kopf und verurteilt Andreas sofort, ohne ihn vorher anzuhören.

Ist das rechtens?

Nein, eine weitere Errungenschaft des Rechtsstaates ist der Anspruch auf rechtliches Gehör. Er gilt für alle Entscheidungen der öffentlichen Gewalt, also auch der Justiz, unabhängig von der Art des Verfahrens. Deshalb findet man diesen Grundsatz in Art. 103 Abs. 1 GG. Dieser Grundsatz hat Verfassungsrang, so dass man von einem Justizgrundrecht spricht.

Derselbe Grundsatz gilt auch für den Kläger Paul, wenn der Richter die Klage abweisen möchte. Hier hätte Paul einen Anspruch auf rechtliches Gehör, bevor das Gericht eine für ihn nachteilige Entscheidung trifft. In einem solchen Fall muss das Gericht die beabsichtigte Entscheidung ankündigen und Paul nach § 139 Abs. 2 Gelegenheit zur Stellungnahme geben. Wenn der Fall mündlich verhandelt wird, wird das AG dem Beklagten Andreas vorher Gelegenheit zur Stellungnahme geben, getreu dem Grundsatz „audiatur et altera pars" (lateinisch für: „Erst mal hören, was der Gegner dazu sagt").

Übersicht 3: Justizgrundrechte

Justizgrundrechte

Die **Rechtsstaatlichkeit** des zivilgerichtlichen Verfahrens wird gewährleistet durch Verfahrensgrundsätze mit Verfassungsrang. **Justizgrundrechte** des GG sind:

1. **Vorrang des Gesetzes**; aus Art. 2 Abs. 3, 19 Abs. 3 GG folgt die Selbstbindung der Justiz an das Recht und Gesetz.
2. **Anspruch auf Justizgewährung** bedeutet Anspruch auf effektiven Rechtsschutz, Anspruch auf den gesetzlichen Richter (Art. 101 Abs. 1 GG) und freier Zugang zu den Gerichten (Art. 19 Abs. 4 Satz 1 GG; **Rechtsweggarantie**).
3. **Anspruch auf rechtliches Gehör** (Art. 103 Abs. 1 GG) und auf ein **faires Verfahren** in **angemessener Zeit** (Art. 6 EMRK und § 198 GVG) vor einen **unabhängigen staatlichen Gericht** (Art. 92 und 97 Abs. 1).

Lektion 2: Verfahrensgrundsätze

 **Fall 2**

Vor dem AG wird die Klage des Handwerkers Udo gegen Grundstückseigentümer Christoph auf Zahlung von 3.000 € für die Erstellung eines Zaunes verhandelt. Udo verlangt in der Klageschrift 2.000 € für Material, 500 € für die Erstellung des Fundaments und 500 € für die Montage von Pfählen und Maschendraht.

Im Termin erklärt Christoph, dass er das Material auf jeden Fall bezahlen werde. Ferner soll ein gemeinsamer Freund die Qualität der Zaunerstellung beurteilen und verbindlich festlegen, was Christoph zahlen muss. Nur die Fertigstellung des Zaunes sei wirklich im Streit. Daraufhin erklärt der Kläger Udo, dass er für die Erstellung des Zaunes nun nur noch 250 € haben wolle, weitere 250 € fordere er aber jetzt für ein Darlehen, das er dem Christoph gegeben habe.

Dürfen Kläger und Beklagter von ihren bisherigen Positionen, die zum Prozess geführt haben, nachträglich abrücken?

Ja, das Verhalten von Udo und Christoph entspricht der täglichen Gerichtspraxis. Die Richter sind über die wechselhaften Launen der Parteien nicht erbost, weil solche Änderungen Ausdruck der Parteiherrschaft sind.

Leitsatz 1

Verfahrensmaximen der ZPO

Der Zivilprozess wird geprägt von dem Verfahrensgrundsatz (der **Prozessmaxime**) der **Parteiherrschaft**. Danach bestimmen allein die Parteien mit ihren Anträgen und ihrem Vortrag den Inhalt und den Umfang des zu entscheidenden Prozessstoffes. Sie können auf Grund eigener Entscheidung Anfang und Ende des gerichtlichen Verfahrens bestimmen. Ein anderes Wort für die Parteiherrschaft im Zivilprozess ist die **Dispositionsmaxime** oder **Verfügungsmaxime**.

Beispiel: Wer eine Klage erhebt, kann sie zurücknehmen, sofern das Gericht noch nicht durch Urteil entschieden hat; vgl. § 269.

Danach ist der Kläger Udo frei darin, z.B. auf einen Teil seines Anspruches, den er gerichtlich geltend gemacht hat, zu verzichten (§ 306) oder die Klage insoweit zurückzunehmen (§ 269). Er darf sich auch mit dem Beklagten gütlich einigen, also ohne Urteil verständigen (Vergleich nach § 779 BGB). Im Gegenzug steht es dem Beklagten Christoph zu, den Klageanspruch ganz oder teilweise anzuerkennen (§ 306). Außerdem liegt es allein an Udo, ob er tatsächlich Klage erhebt oder die Sache auf sich beruhen lässt: Wo kein Kläger, da kein Richter! Wird aber Klage erhoben, dann ist das Gericht an den Antrag des Klägers gebunden (§ 308 Abs. 1).

Ebenso kann der Beklagte Christoph selbst entscheiden, ob er sich überhaupt gegen die Klageforderung zur Wehr setzen möchte; insoweit kann Christoph dem Verfahren auch fern bleiben (Säumnisverfahren nach §§ 330 ff., siehe Lektion 7). Es ist sogar möglich, dass beide Parteien den Streit in der Hauptsache für erledigt erklären, so dass kein Urteil gesprochen wird, sondern nur über die Kosten entschieden wird (§ 91a, siehe Lektion 7).

Und wie sieht es mit dem Austauschen des Klagegrundes in Höhe von 250 € aus?

Udo hatte mit der Klage ursprünglich nur Ansprüche aus der Errichtung des Zaunes geltend gemacht. Jetzt tauscht Udo teilweise den Lebenssachverhalt und die Anspruchsgrundlage (Rückgewähr eines Darlehens statt Werklohn für Zaunaufbau) aus. Solche Änderungen haben Auswirkungen auf den Streitgegenstand: ihnen sind Grenzen gesetzt durch die Beschleunigungs- und Konzentrationsmaxime.

Dieser Verfahrensgrundsatz der ZPO soll das Gericht in die Lage setzen, zügig und vollständig über den Streitgegenstand zu entscheiden. Wenn Udo jetzt wegen der 250 € im laufenden Prozess die „Pferde wechselt" und ein neues Fass aufmacht (objektive Klagehäufung nach § 260), ist das aus Sicht des Gebotes zur Beschleunigung und Konzentration nicht unbedingt förderlich. Das Gericht wird das Ansinnen auf Klageänderung deshalb als nicht sachdienlich analog § 263 ablehnen, sofern nicht auch Christoph mit der Änderung einverstanden ist. Willigt Christoph ein, dann bekommt die Dispositionsmaxime den Vorzug gegenüber den Maximen zur Prozessbeschleunigung und Konzentration des Prozessstoffes.

Übersicht 4: Verfahrensmaximen der ZPO

Parteiherrschaft (Dispositions- oder Verfügungsmaxime)	Die Parteien legen mit ihren Anträgen den Inhalt des vom Zivilgericht zu entscheidenden Streitgegenstandes sowie Anfang und Ende des Zivilprozesses fest.
Verhandlungsmaxime (Beibringungsgrundsatz)	Die ZPO geht von einem Streit der Parteien aus, die unterschiedliche Interessen verfolgen (**kontradiktorisches Verfahren**). Sie tragen die Tatsachen und Beweise vor, die das Zivilgericht rechtlich würdigen soll. Unstreitige Tatsachen nimmt das Gericht ohne weitere Nachprüfung als gegeben und richtig hin. Der entscheidungserhebliche Sachverhalt wird im Zivilprozess nicht von Amts wegen ermittelt (kein Untersuchungsgrundsatz = Offizialmaxime; das gibt es aber z.B. in Familiensachen, in der Freiwilligen Gerichtsbarkeit (Nachlass, Vormundschaft) und in Strafsachen.
Konzentrations- und Beschleunigungsmaxime	Das Gericht hat zur Vermeidung von Prozessverschleppung die mündlichen Verhandlung umfassend vorzubereiten und dafür rechtzeitig Maßnahmen zu treffen (§ 273). Unter dem Aspekt der Prozessökonomie und Effizienz darf das Zivilgericht erwarten, dass die Parteien rechtzeitig und vollständig die für die Entscheidung erheblichen Tatsachen vortragen und Beweise anbieten (Pflicht der Parteien zur Prozessförderung). Verspätet vorgetragene Angriffs- und Verteidigungsmittel kann das Gericht zurückweisen (§§ 282, 296, **Präklusion**); sie werden für das Urteil nicht berücksichtigt. Siehe Lektion 6.
Verbot von Überraschungsentscheidungen	Nach § 139 hat das Zivilgericht den Sach- und Streitstand mit den Parteien in tatsächlicher und rechtlicher Hinsicht zu erörtern. Das Gericht muss dafür sorgen, dass die Parteien sich rechtzeitig und vollständig über alle erheblichen Tatsache erklären.

	Hat eine Partei einen Gesichtspunkt erkennbar übersehen oder ihn für unerheblich angesehen, muss das Gericht darauf hinweisen; es darf seine Entscheidung nur auf solche Gesichtspunkte stützen, bei denen die Parteien vorher Gelegenheit zur Stellungnahme hatten. Die Hinweispflicht des Gerichts aus § 139 Abs. 2 folgt dem Anspruch auf rechtliches Gehör aus Art. 103 Abs. 1 GG und steht in einem Spannungsverhältnis zum Beibringungsgrundsatz. Siehe Lektion 6.
Unmittelbarkeit	Nach § 309 kann ein Urteil nur von denjenigen Richtern gefällt werden, welche der dem Urteil zugrunde liegenden Verhandlung beigewohnt haben. Das gilt grundsätzlich auch für die Beweisaufnahme (§ 355).
Mündlichkeit	Ein Grundsatz mit vielen Ausnahmen aus Gründen der Prozessökonomie. Grundsätzlich verhandeln die Parteien über den Rechtsstreit vor dem erkennenden Gericht mündlich. Mit Zustimmung der Parteien kann auch im schriftlichen Verfahren, also ohne mündliche Verhandlung entschieden werden (§ 128 Abs. 2; entsprechend bei Anerkenntnis und Säumnis nach §§ 276 Abs. 2, 331 Abs. 3).
Öffentlichkeit	Die Verhandlung vor den erkennenden Zivilgerichten einschließlich der Verkündung des Urteils ist öffentlich (§ 169 GVG). Ausnahmen in Familiensachen und zum Schutz Minderjähriger und der Privatsphäre.
Gütliche Streitbeilegung	Schlichten ist besser als Richten! Das Gericht soll in jeder Lage des Verfahrens auf eine gütliche Beilegung des Rechtsstreits oder einzelner Streitpunkte bedacht sein. Zu diesem Zweck geht der mündlichen Verhandlung regelmäßig eine Güteverhandlung voraus (§ 278). Eine gütliche Einigung trägt unter Umständen mehr zum Rechtsfrieden bei als ein Gerichtsurteil, das die Parteien zwangsweise akzeptieren müssen. Mehr dazu in den Lektionen 5 und 6.

II. Erkenntnisverfahren
Wie komme ich zu meinem Recht?

Lektion 3: Zivilgerichte und Zuständigkeiten

Zivilgerichtsbarkeit in erster Instanz

 **Fall 3**

Handwerker Rudi beabsichtigt den Michel auf Zahlung von 4.000 € zu verklagen. Michel schuldet Rudi diesen Betrag für die Sanierung seines Badezimmers. Rudi wohnt in Leipzig. Michel lebt in Halle; dort ist auch das Badezimmer, das Anlass für den Rechtsstreit ist.

Bei welchem Gericht kann Rudi seine Klage einreichen?

Es geht um die Frage, welcher Rechtsweg Rudi für seinen Streit mit Michel um die Bezahlung einer privaten Rechnung offen steht. Für die Antwort sind mehrere Gesichtspunkte zu unterscheiden:

1. Welcher Zweig der Gerichtsbarkeit ist zuständig?
2. Welches Gericht ist für die Klage sachlich zuständig?
3. Welches Gericht ist für die Klage örtlich zuständig?
4. Wer entscheidet über den Fall?

Leitsatz 2

Gerichtsbarkeit

Die rechtsprechende Gewalt liegt in der Hand von Gerichten der Länder und des Bundes, die aufgeteilt sind in die Verfassungsgerichte und die Fachgerichtsbarkeiten: Es gibt die Fachgerichte der **ordentlichen Gerichtsbarkeit** (12 GVG), die Verwaltungsgerichte, die Finanzgerichte, die Arbeitsgerichte, und die Sozialgerichte; Art. 92, 95, 101 Abs. 2 GG und die Verfassungsgerichte.

Zur ordentlichen Gerichtsbarkeit gehören die Strafgerichte und die Zivilgerichte.

Die Zivilgerichte sind zuständig für **bürgerliche Rechtsstreitigkeiten** (§ 13 GVG), Familiensachen und Angelegenheiten der Freiwilligen Gerichtsbarkeit (u.a. Nachlass, Vormundschaft, Handelsregister).

Geht es bei Rudi und Michel um einen bürgerlichen Rechtsstreit im Sinne des § 13 GVG?

> ## Leitsatz 3
> **Bürgerlicher Rechtsstreit**
>
> Kennzeichnend für einen bürgerlichen Rechtsstreit ist, dass sich natürliche Personen, private Unternehmen oder juristische Personen gegeneinander um Ansprüche streiten, deren Ursprung im Privatrecht liegt, z.B. dem BGB, HGB, VVG, WEG. Das können Ansprüche sein aus Verträgen, ungerechtfertigter Bereicherung, unerlaubter Handlung, Eigentum, Besitz, o.ä.
>
> Die **Zuordnung** erfolgt nach dem **Streitgegenstand**, also nach dem Lebenssachverhalt, den die Parteien im Prozess vortragen und ihren Anträgen (Prozessualer Anspruch).
>
> Die ZPO findet Anwendung auf alle bürgerlichen Rechtsstreitigkeiten, welche vor die ordentlichen Gerichte gehören (§ 3 EGZPO).

Hier handelt es sich um einen bürgerlicher Rechtsstreit, weil Rudi und Michel um Rechte und Pflichten aus einem privaten Vertrag streiten.

Ergänzung: Sind die anderen Gerichte nicht ordentlich?

Zivil- und Strafgerichte werden nach § 13 GVG traditionell unter dem Begriff der ordentlichen Gerichtsbarkeit zusammengefasst, weil sie in der historischen Entwicklung die ersten unabhängigen Gerichtszweige waren. Nach Art. 92, 95 und 97 GG sind auch die anderen Gerichtszweige unabhängig.

Der Begriff des bürgerlichen Rechtstreites grenzt die Zuständigkeiten der Zivilgerichte von denen der anderen Fachgerichte ab. Praktische Bedeutung hat das im Verhältnis zu den Verwaltungsgerichten (§ 40 VwGO) und zu den Arbeitsgerichten (§ 2 ArbGG).

Fall 4

Luitpold organisiert Konzerte für deutsche Volksmusik. Er möchte in Bonn die Beethoven-Halle buchen. Eigentümerin der Halle ist die Stadt Bonn. Sie weigert sich, die Stadthalle für Zwecke der „volkstümlichen

Unterhaltungsmusik" zu vermieten, weil sie um den Ruf ihres weltberühmten Stadtbürgers Ludwig van B. fürchtet.

Wo kann Luitpold gegen die Ablehnung klagen?

Für einen bürgerlichen Rechtsstreit spricht, dass es um den Abschluss eines Mietvertrages geht; Wir befinden uns auf dem ersten Blick im Privatrecht. Hier streiten aber nicht private Personen miteinander, sondern ein Bürger gegen die Stadt Bonn. Gegen ein privates Rechtsverhältnis spricht hier, dass die Parteien nicht auf derselben Augenhöhe stehen. Luitpold begehrt etwas von einem Träger staatlicher, also öffentlicher Gewalt. Dieses Verhältnis bezeichnet man als Über-/Unterordnungsverhältnis und ist ein Indiz für die Zuständigkeit der Verwaltungsgerichte (Subjektion). Es spielt auch keine Rolle, dass die Stadt ihre Entscheidung in eine privatrechtliche Form kleidet, hier den Abschluss eines Mietvertrages. Denn es geht ja in der Sache darum, ob eine private Person oder ein privates Unternehmen überhaupt zur Nutzung öffentlicher Einrichtungen zugelassen werden. Die Entscheidung über die Bewilligung wird auf dem Gebiet des öffentlichen Rechts getroffen. Luitpold muss nach § 40 VwGO vor das Verwaltungsgericht ziehen.

Abwandlung: Luitpold hat nach zähen Verhandlungen doch einen Mietvertrag bekommen. Nach dem Konzert möchte er die hinterlegte Kaution in Höhe von 10.000 € von der Stadt zurück haben. Die weigert sich aber, weil die Besucher des Konzerts in ihrer Begeisterung für die Darbietung des Kufstein-Liedes das Mobiliar zertrümmert haben.

Wo kann Luitpold auf Rückzahlung klagen?

Der Unterschied zum Ausgangsfall liegt darin, dass es um die Abwicklung eines Vertrages geht und nicht mehr um die öffentlich-rechtliche Frage der Zulassung zur Hallennutzung. Bei der Abwicklung des Vertrages ist ein öffentlich-rechtlicher Interessenschwerpunkt nicht erkennbar. Es macht keinen Unterschied, ob die Halle der Stadt gehört oder einer privaten Person. In jedem Fall haftet der Veranstalter dem Eigentümer für Schäden der Konzertbesucher. Hier spricht die Rechtsnatur des Verhältnisses der Parteien deshalb eher für einen bürgerlichen Rechtsstreit.

Fall 5

Klara ist Eigentümerin eines gemütlichen, kleines Hauses am Stadtrand. Die Stadt möchte den Verkehr in der Innenstadt beruhigen und plant den Bau einer Umgehungsstraße. Die Trasse der neuen Straße soll direkt durch Klaras Garten führen. Der Bürgermeister schreibt, dass er einen Teil von Klaras Grundstück zwecks Straßenbaus enteigne und ihr dafür 1.000 € Entschädigung zahle. Klara ist nicht einverstanden und wünscht eine gerichtliche Klärung.

An welches Gericht kann Klara sich wenden?

Es kommt darauf an, was Klara klären will: Die Rechtmäßigkeit der Enteignung und / oder die Höhe der Entschädigung.

Die Enteignung von Eigentum ist ein Akt staatlicher Gewalt der Exekutive und wird vor dem Verwaltungsgericht überprüft. Da eine Enteignung nur rechtmäßig ist, wenn für den Verlust des Eigentums eine Entschädigung gezahlt wird, spricht viel dafür, dass auch die Frage der Entschädigungsleistung vor dem Verwaltungsgericht verhandelt wird. Jedoch greift hier stattdessen ausdrücklich eine gesetzliche Zuweisung an die Zivilgerichte, obwohl der Sache nach keine bürgerliche Rechtsstreitigkeit vorliegt: Art. 14 Abs. 3 Satz 1 und 4 GG. Ähnliches gilt für alle Fälle, die in den Verfahrensordnungen anderer Gerichtszweige nicht zugeordnet sind (Art. 19 Abs. 4 Satz 2 GG) und für den Anspruch auf Schadensersatz aus Staatshaftung (Art. 34 Satz 3 GG).

Fall 6

Friedrich ist Fahrradkurier. Als er drei Tage krank ist, wird er vom Unternehmen Speedforce GmbH gekündigt. Friedrich erhebt Klage vor dem Arbeitsgericht und verlangt Lohnfortzahlung für die Krankheitstage und die Klärung, ob die Kündigung rechtmäßig ist. Der Geschäftsführer von Speedforce wehrt sich dagegen, dass die Sache vor dem Arbeitsgericht verhandelt wird, weil Friedrich nach dem Vertrag ein selbstständiger Subunternehmer sei und er allein seine Arbeitszeit bestimme und kein Stundenlohn gezahlt, sondern nur ausgeführte Aufträge bezahlt werden. Nach Ansicht der Beklagten müsse bei einem Rechtsverhältnis zwischen Selbstständigen das Zivilgericht den Fall entscheiden.

Wie wird das angerufene Arbeitsgericht entscheiden?

Friedrich geht davon aus, dass er Ansprüche aus einem Arbeitsverhältnis hat. Das ist ein Dienstvertrag nach § 611 BGB. Damit handelt es sich der Rechtsnatur nach um einen bürgerlichen Rechtsstreit. Die Besonderheit besteht darin, dass Friedrich behauptet, Arbeitnehmer zu sein; d.h., dass er seine Kurierdienste in persönlicher und wirtschaftlicher Abhängigkeit anbietet und der Arbeitgeber ein umfassendes Weisungsrecht hat. Für solche bürgerlichen Rechtsstreitigkeiten begründet § 2 Abs. 1 Nr. 3 ArbGG eine ausschließliche Zuständigkeit der Arbeitsgerichte.

Da der Betreiber des Kurierdienste die Arbeitnehmereigenschaft von Friedrich bestreitet, hat das angerufene Arbeitsgericht Anlass, seine Zuständigkeit zu prüfen. Diese Prüfung erfolgt von Amts wegen und auch dann, wenn beide Parteien von der Zuständigkeit des angerufenen Gerichts ausgehen.

Leitsatz 4

Zulässigkeit des gewählten Rechtsweges

Die Zulässigkeit des gewählten Rechtsweges ist eine **allgemeine Prozessvoraussetzung** und wird im Rahmen der **Zulässigkeit der Klage** geprüft. Mehr dazu in Lektion 5.

Das Arbeitsgericht entscheidet nach §§ 17, 17a GVG selbstständig, ob es zuständig ist oder nicht. Wenn das Arbeitsgericht glaubt, der Rechtsweg vor das Arbeitsgericht sei nicht zulässig, hört es die Parteien an und verweist den Rechtsstreit an das seiner Meinung nach zuständige Gericht. Diese Entscheidung ergeht durch Beschluss und bindet das Gericht, an das verwiesen wird, wenn der Beschluss rechtskräftig wird (§ 17a Abs. 1 und 2 GVG).

In unserem Fall wird sich das Arbeitsgericht sehr genau den Vertrag und die tatsächlichen Bedingungen und Umstände der Tätigkeit von Friedrich anschauen müssen, bevor es eine Entscheidung über die Zuständigkeit treffen kann.

Zur Wiederholung und Erinnerung: Ob bürgerliche Rechtsstreitigkeit oder nicht, ist abhängig vom Streitgegenstand.

Leitsatz 5

Streitgegenstand

Der Streitgegenstand ist ein wichtiger Begriff in der ZPO, um u.a. die Zuständigkeit des angerufenen Gerichts, den genauen Gegenstand des Rechtsstreites und der Verhandlung sowie Inhalt und Umfang der gerichtlichen Entscheidung und ihre Wirkung (Rechtskraft) zu bestimmen.

Der Begriff Streitgegenstand beschreibt sowohl das konkrete Begehren einer Partei auf eine gerichtliche Entscheidung (**prozessualer Anspruch**) als auch den **Lebenssachverhalt**, den die Parteien vortragen und auf den sie ihren Anspruch stützen. Mehr dazu in Lektion 4.

Ergänzung: Das Arbeitsgericht entscheidet im Fall des Friedrich, die Sache an das Zivilgericht zu verweisen. Kläger Friedrich ist damit nicht einverstanden.

Was kann er tun?

Friedrich kann nach § 17a Abs. 4 GVG sofortige Beschwerde einlegen, damit das übergeordnete Landesarbeitsgericht den Verweisungsbeschluss überprüft.

Art. 19 Abs. 4 GG und das allgemeine Persönlichkeitsrecht aus Art. 2 Abs. 1 GG verlangen von der Justiz einen effektiven Rechtsschutz. Das bedeutet, dass die Justiz grundsätzlich Verfahren anbieten muss, damit ein Betroffener sich gegen eine für ihn nachteilige Entscheidung zur Wehr setzen kann. Das ist hier geschehen durch § 17a GVG.

Aus dem Gebot effektiven Rechtsschutzes folgt aber kein unmittelbarer Anspruch auf einen kompletten Rechtszug durch alle Instanzen für jede gerichtliche Entscheidung. Mehr zum Thema Rechtsmittel und Instanzen sowie zur Rolle der Verfassungsgerichtsbarkeit siehe Lektion 9.

Zuständigkeit

 **Fall 7**

Fortsetzung zum Badezimmer-Sanierungs-Fall 3: Welches Zivilgericht ist für den Streit zwischen Rudi und Michel zuständig?

§ 12 GVG nennt mehrere Zivilgerichte: Die Amtsgerichte (AG), die Landgerichte (LG), die Oberlandesgerichte (OLG; in Berlin das Kammergericht = KG) und den Bundesgerichtshof (BGH).

Welches Zivilgericht ist hier sachlich zuständig?

Übersicht 5: Sachliche Zuständigkeit

Die **sachliche Zuständigkeit** beschreibt, welches der in § 12 GVG genannten Zivilgerichte zur Entscheidung über eine bürgerliche Rechtsstreitigkeit angerufen werden kann.

Die konkrete Zuordnung erfolgt für neue Rechtsstreitigkeiten (**erster Rechtszug, erste Instanz**) nach § 1 in Verbindung mit §§ 23, 71 GVG.

Nach § 23 GVG ist das AG zuständig in bürgerlichen Rechtsstreitigkeiten, soweit die Sache nicht dem LG zugewiesen ist, u.a.

1. für Streitigkeiten über Ansprüche, deren **Gegenstand** an Geld oder Geldeswert **5.000 €** nicht übersteigt;

2. ohne Rücksicht auf den Wert des Streitgegenstandes:

   a) Streitigkeiten über Ansprüche aus einem **Mietverhältnis über Wohnraum** oder über den Bestand eines solchen Mietverhältnisses; diese Zuständigkeit ist ausschließlich;

   b) Streitigkeiten zwischen Reisenden und Wirten;

   c) Streitigkeiten wegen Wildschadens;

   d) Ansprüche aus einem mit der Überlassung eines Grundstücks in Verbindung stehenden Leibgedinge-, Leibzuchts-, Altenteils- oder Auszugsvertrag;

   e) Streitigkeiten nach dem WEG.

Ferner werden bei den AG **Familiensachen** entschieden (§§ 23a, 23b GVG).

In allen anderen Fällen bürgerlicher Rechtsstreitigkeiten sind die LG in erster Instanz zuständig; § 71 GVG.

Fall 8

Bertram verwaltet für Klara ein Mietshaus. Beide streiten über die Abrechnung für ein Kalenderjahr. Bertram verweigert Klara die Einsicht in die Unterlagen. Sie weiß nicht, wie hoch der Überschuss aus Mieteinnahmen abzüglich Betriebsausgaben und Verwalterhonorar ist.

Welches Zivilgericht ist in erster Instanz zuständig für die Klage von Klara auf Auskunft und Zahlung?

Das hängt nach §§ 23 Nr. 1, 71 GVG davon ab, ob der Wert des Streitgegenstandes (Streitwert) 5.000 € übersteigt oder nicht. Maßgeblich ist das Interesse des Klägers an der Durchsetzung seines prozessualen Anspruches. Ob der Anspruch direkt auf eine Geldzahlung gerichtet ist oder nicht, spielt keine Rolle (mehr). Bei einem Anspruch, der auf Zahlung gerichtet ist, entspricht der Anspruch dem Klägerinteresse.

Im Fall von Klara müssen wir etwas genauer hinsehen:

Klara hat bei einer Stufenklage (§ 254) folgende Probleme: Der Anspruch auf Auskunft lässt sich nicht unmittelbar selbst in Geld bemessen. Ferner kann sie bei Einreichung der Stufenklage noch nicht den Betrag nennen, den ihr Bertram schuldet. Das Gericht setzt den Streitwert deshalb für jeden Anspruch nach freiem Ermessen fest (§ 3). Die Schätzung des Gerichts geht von den Erwartungen der Klägerin aus. Insoweit tut Klara gut daran, nach § 253 Abs. 3 in der Klageschrift die Höhe der erwarteten Zahlung anzugeben. Dieser Wert kann das Gericht für den Zahlungsanspruch zu Grunde legen. Das Gericht setzt dann einen Bruchteil davon als Wert für den Auskunftsanspruch zusätzlich (§ 5 Halbsatz 1) an. Das Ergebnis der Addition beider Werte bestimmt die sachliche Zuständigkeit.

Fall 9

Die Firma Software-Guru e.K. hat für die Volcano GmbH vor zwei Jahren eine Software zur Steuerung einer Fräsmaschine programmiert. Die Volcano GmbH bezahlt die Software nicht, weil sie nicht zu 100% funktionieren soll. Daraufhin klagt der Inhaber von Software-Guru e.K. das Honorar für die Programmierung in Höhe von 5.000 € ein nebst 300 € Zinsen seit Überlassung der Software.

Welches Zivilgericht ist zuständig?

Das AG ist zuständig, weil der Streitwert des Hauptanspruches 5.000 € nicht übersteigt. Nach § 4 Abs. 1 Halbsatz 2 werden die Zinsen nicht mit eingerechnet, wenn sie als Nebenforderungen geltend gemacht werden.

Abwandlung: Die beklagte Volcano GmbH wendet im Prozess ein, dass die Software defekt sei. Der Defekt habe zum Ausfall der Fräsmaschine geführt und einen Schaden von 3.000 € verursacht. Die Beklagte macht jetzt diesen Betrag im Wege der Widerklage geltend.

Bleibt es bei der Zuständigkeit des AGs?

Ja, denn nach § 5 Halbsatz 2 wird für den Zuständigkeitsstreitwert der Wert der Widerklage grundsätzlich nicht berücksichtigt. Das AG entscheidet in demselben Prozess auch über den Schadensersatzanspruch der Beklagten.

Ergänzung: Der Rechtsanwalt der Volcano GmbH findet diese Streitwertberechnung nicht gerecht, weil er mit der Widerklage zusätzliche Arbeit hat.

Muss sich der Rechtsanwalt mit dem Additionsverbot des § 5 Halbsatz 2 abfinden?

Nein. Der Rechtsanwalt erhält für seine Tätigkeiten vor Gericht Gebühren, deren Höhe sich nach dem so genannten Gegenstandswert berechnet (§ 2 Abs. 1 RVG).

Leitsatz 6

Werte

Die §§ 2 bis 11 gelten nur für die **Wertberechnung des Streitgegenstandes**, um die sachliche Zuständigkeit des Gerichts festzustellen; ferner für den **Wert des Beschwerdegegenstandes**, der Beschwer oder einer Verurteilung (§ 2). Z.B. kann Berufung gegen ein Urteil des AG nur eingelegt werden, wenn der Beschwerdewert mindestens 600 € beträgt oder die Berufung zugelassen wird (§ 511 Abs. 2; mehr dazu in Lektion 8).

Die Werte für die **Gebühren des Gerichts** werden nach § 48 GKG und die der **Rechtsanwälte** nach §§ 2, 22 ff. RVG (Gegenstandswert) berechnet und festgesetzt.

Nach § 45 GKG werden die Werte von Klage und Widerklage, wenn sie unterschiedliche Gegenstände betreffen, für die Ermittlung der Gerichtsgebühren addiert. Legt das Gericht diesen Wert durch Beschluss fest (§ 63 GKG), dann ist dieser Wert auch für die Bemessung der Gebühren des Rechtsanwalts maßgeblich (§ 32 RVG).

Abwandlung: Der Schadensersatzanspruch der beklagten Volcano GmbH beträgt 10.000 € und wird als Widerklage geltend gemacht.

Ist das AG weiterhin zuständig?

Nein, es ist durch Erhebung der Widerklage nachträglich unzuständig geworden. Zwar werden für den Zuständigkeitsstreitwert Klage und Widerklage nicht addiert, die sachliche Zuständigkeit bemisst sich aber allein nach dem höheren Wert, also dem Wert der Widerklage. Das AG wird den Beklagten darauf hinweisen (§ 504) und auf Antrag einer der Parteien den Rechtsstreit an das LG durch Beschluss verweisen (§ 506).

Entsprechendes gilt auch für Klageerweiterungen im Sinne des § 264 Nr. 2.

Fall 10

Müßig schuldet seinem Wohnungsvermieter Volker die Mieten für Februar und März; zusammen 4.000 € Miete für eine Luxus-Penthouse-Wohnung in Berlin-Mitte. Nach Zustellung der Klage kündigt Volker den Mietvertrag, weil Müßig auch die Miete für April nicht gezahlt hat. Kläger Volker erweitert nun den Klageantrag um weitere 2.000 € und fordert von Müßig ferner die Räumung der Wohnung.

Bleibt das AG für die Klage auch im Fall der Klageerweiterung zuständig?

Ja, es liegt zwar eine Klageerweiterung vor, aber nach § 23 Nr. 2. a) GVG ist das AG – ohne Rücksicht auf den Streitwert – für Streitigkeiten aus Mietverhältnissen über Wohnraum und über den Fortbestand ausschließlich zuständig. Anders sähe das z.B. aus, wenn Müßig Mieter einer Gaststätte wäre.

Zum vorläufigen Rechtsschutz in Mietsachen siehe Lektion 12.

Örtliche Zuständigkeit

Die Bundesländer weisen den Gerichten örtliche Bereiche zu, in denen sie ihre Gerichtsbarkeit ausüben. Die ZPO weist ihrerseits den Parteien ein für sie örtlich zuständiges Gericht zu.

> ### Leitsatz 7
> **Örtliche Zuständigkeit**
>
> Die örtliche Zuständigkeit der Zivilgerichte ist in §§ 12 ff. geregelt.
>
> Eine Klage gegen eine Person kann grundsätzlich dort erhoben werden, wo sie ihren **allgemeinen Gerichtsstand** hat (§ 12). Der allgemeine Gerichtsstand einer natürlichen Person wird durch ihren **Wohnsitz** bestimmt (§ 13); bei juristischen Personen ist es der Sitz (Gesellschaften, Vereinen, Behörden; §§ 17–19).
>
> Eine Ausnahme bilden **ausschließliche Gerichtsstände** und **besondere Gerichtsstände**. Letztere erlauben dem Kläger eine Wahl zwischen mehreren Gerichtsständen (§ 35).

Fall 11

Johann (Köln) hat seinen gebrauchten PKW an Jakob (München) für 11.000 € verkauft. Jakob holt den Wagen nicht ab. Johann möchte auf Zahlung und Abnahme der Kaufsache klagen.

Welches Gericht ist örtlich zuständig?

Ein ausschließlicher Gerichtsstand ist nicht gegeben. Johann kann Jakob beim LG am Wohnort des Beklagten (§ 13) verklagen oder wahlweise (§ 35) beim Gericht des Erfüllungsortes (§ 29). Die Klage des Verkäufers auf Zahlung und Abnahme des PKW ist eine Streitigkeit aus einem Vertragsverhältnis, dem Kaufvertrag. Der Erfüllungsort für die Verpflichtungen des Käufers Jakob ergibt sich aus §§ 269, 270 BGB. Beim Kaufvertrag ist der Käufer verpflichtet, das Geld auf seine Gefahr und Kosten an den Verkäufer zu übermitteln; Jakob leistet an seinem Wohnort, indem er von dort das Geld losschickt (so genannte Schickschuld). Dasselbe gilt für die Verpflichtung des Jakob, den PKW von Johann abzunehmen, egal wo der vereinbarte Übergabeort liegt. Also ist auch nach § 29 das LG in München örtlich zuständig.

Fall 12

Ergänzung zum Badezimmer-Sanierungs-Fall 3: Handwerker Rudi aus Leipzig klagt auf Zahlung von 4.000 € Werklohn gegen Michel aus Halle; das Streitobjekt liegt in Halle.

Wie im vorherigen Fall ist auch hier das Wohnortgericht des Beklagten und auch das Gericht am Erfüllungsort zuständig. Bei Handwerkern ist es etwas schwieriger, den Erfüllungsort nach § 29 zu bestimmen. Maßgeblich ist der Schwerpunkt der vertraglichen Beziehung. Wenn der Handwerker sein Werk in einer Werkstatt erbringt (z.B. Reparatur eines PKW), dann ist die Werkstatt der Erfüllungsort für die gegenseitigen Verpflichtungen der Parteien. Bei Arbeiten an Grundstücken und Bauwerken ist jedoch der Ort der Ausführung maßgeblich. In unserem Fall hat Rudi das Badezimmer von Michel saniert. Also ist Erfüllungsort hier ebenfalls Halle.

Die Wahl zwischen dem allgemeinen Gerichtsstand des Beklagten und dem besonderen des Erfüllungsortes bringt in unserem Fall nichts, weil jedes mal das AG in Halle zuständig ist. Interessant wird es, wenn beide Gerichtsstände auseinanderfallen oder wenn mehrere besondere Gerichtsstände zur Verfügung stehen: Z.B. kann der Kläger bei einem Unfall wählen zwischen dem Wohnort des Beklagten und dem Unfallort (Ort der unerlaubten Handlung nach § 32).

Abwandlung: Der Beklagte Michel zieht nach Einreichung der Klage um und wohnt nun bei seinem Freund in Erfurt.

Bleibt das Gericht in Halle zuständig?

Ja, der besondere Gerichtsstand des Erfüllungsortes bleibt ja bestehen. Zudem hat der Umzug keine Auswirkung auf den einmal begründeten Gerichtsstand des Wohnortes, wie § 261 Abs. 3 Nr. 2 zeigt; zu den Wirkungen der Rechtshängigkeit siehe Lektion 5.

Fall 13

Ergänzung zum Luxus-Penthouse-Fall 10: Die Wohnung liegt jetzt in Hannover. Vermieter Volker wohnt in Braunschweig und der ehemalige Mieter Müßig inzwischen in Celle.

Wo kann der Vermieter Volker seinen säumigen Mieter Müßig verklagen?

Ausschließlicher Gerichtsstand für Klagen für Mieträume, egal ob Wohnungsmiete oder Gewerbepacht, egal ob privat oder gewerblich, ist der Ort der Mietsache (§ 29a), hier ist es Hannover.

Die ZPO kennt eine Reihe weiterer, ausschließlicher Gerichtsstände: z.B. Klagen gegen Verbraucher bei Haustürgeschäften im Sinne des § 312 BGB (§ 29c Abs. 1), Klagen betreffend Eigentum an unbeweglichen Sachen und Rechten daran (§§ 24 – 25), ferner Klagen im Rahmen der Zwangsvollstreckung (siehe Lektion 12).

Abwandlung zum Fall 9: Im Mietvertrag steht, dass Gerichtsstand für alle Klagen das AG Lüneburg sein soll.

Ist eine solche Klausel wirksam?

Trotz Privatautonomie und Parteiherrschaft sind bei der Festlegung der gerichtlichen Zuständigkeit Grenzen gesetzt. Gerichtsstandsvereinbarungen der Parteien sind grundsätzlich zulässig, jedoch nur bei Streitigkeiten zwischen Kaufleuten und juristischen Personen (§ 38 Abs. 1), nicht aber bei Beteiligung von Privatpersonen und Verbrauchern. Die Klausel ist unwirksam, weil Müßig kein Kaufmann ist. Zudem kann nach §§ 40 Abs. 2 Nr. 2, 29a der ausschließliche Gerichtsstand bei Mietsachen nicht ausgeschlossen werden.

Internationale Zuständigkeit

Fall 14

Der englische Schauspieler Martin Miller wohnt seit Jahren in München und bestellt im Internet bei einem portugiesischen Weinhändler mehrere Kisten Wein für 500 €. Martin zahlt nicht, weil der gelieferte Wein korkt.

Ist ein Gericht in Portugal zuständig für die Zahlungsklage des Weinhändlers?

Nein. Es geht um die Frage der internationalen Zuständigkeit des angerufenen Gerichts. Es liegt ein grenzüberschreitender Sachverhalt vor, so dass grundsätzlich die Zivilgerichtsbarkeit sowohl in Portugal als auch in Deutschland in Frage käme. Die gerichtliche Zuständigkeit wird gesondert angeknüpft, d.h., dass nach dem so genannten Kollisionsrecht entschieden wird, in welchem Staat das jeweilige Zivilgericht zuständig ist. Die Staatsangehörigkeit ist kein geeigneter Anknüpfungspunkt. Bei Sachverhalten im Binnenmarkt der EU wird die ZPO durch die EuGVO verdrängt, die nach Art. 2 und 59 auf den Wohnort des Beklagten unabhängig von seiner Staatsangehörigkeit und nach Art. 5 Abs. 1b) auf den Erfüllungsort, also jeweils München abstellt. So steht es auch schon in §§ 13 und 29 ZPO, wenn der gesamte Fall nur in Deutschland stattfindet.

Ergänzungsfrage: Wozu braucht man dann die EuGVO, wenn das Ergebnis nach der ZPO dasselbe ist?

Die EuGVO stellt sicher, dass der Weinhändler gegen Martin in Deutschland klagen muss und nicht etwa in Portugal klagen könnte, wenn es nach der portugiesischen Verfahrensordnung eine wahlweise Zuständigkeit in Portugal gäbe (was hier zu Lehrzwecken unterstellt wird). Die EuGVO geht bei einem Onlinegeschäft eines Gewerbetreibenden (Art. 15 Abs. 1 lit c)) mit einem Verbraucher von einem typischen Ungleichgewicht aus. Martin wird geschützt, weil er Verbraucher ist (Art. 16 Abs. 2). Der Weinhändler könnte den Gerichtsstand noch nicht einmal durch Allgemeine Geschäftsbedingungen (AGB) zu seinen Gunsten gestalten, weil Martin als Verbraucher die nicht leistungsgerechte Lieferung beanstandet und ggf. Gewährleistungsansprüche geltend macht. Zu Gunsten von Martin gelten damit zwingende Vorschriften seines Heimat- (Wohnsitz-)rechts. Martin hingegen könnte sich aussuchen, ob er den Weinhändler auf vertragsgemäße Lieferung in Portugal oder in München verklagt (Art. 16 Abs. 1).

Ergänzungsfrage: Welches Recht ist anzuwenden, wenn der Weinhändler gegen Martin in Deutschland klagt?

Hier geht es nicht um die Zuständigkeit des Gerichts (Verfahrensrecht), sondern um die Frage, welches Privatrecht (Sachrecht) anzuwenden ist: das deutsche BGB oder das portugiesische Zivilgesetzbuch? Der Rechtsstreit weist eine Verbindung zum Recht verschiedener Mitgliedsstaaten auf. Die Verordnung (EG) Nr. 593/2008 17.6.2008 über das auf vertragliche Schuldverhältnisse anzuwendende Recht (Rom I) regelt das einheitlich für den gesamten Binnenmarkt. Nach Art. 6 dieser Verordnung kommt das deutsche BGB zur Anwendung, weil Martin Verbraucher ist und seinen gewöhnlichen Aufenthalt in Deutschland hat. Der Weinhändler als Unternehmer kann das nicht durch seine AGBs ausschließen.

Abwandlung: Der portugiesische Weinhändler klagt gegen Martin vor dem AG München auf Zahlung. Die Presse verfolgt den Gerichtstermin. Das Online-Magazin einer österreichischen Illustrierten berichtet: „Der Schauspieler Martin Miller wirkte im Gerichtssaal sehr abwesend. Lag das wohl daran, dass er dem Wein, den er nun nicht bezahlen will, kurz vorher ordentlich zugesprochen hatte?" Martin ärgert sich über den Bericht, weil er am Verhandlungstag eine Grippe auskurierte und nicht etwa sturzbetrunken war.

Kann Martin die österreichische Illustrierte auf Unterlassung und Schadensersatz bzw. Schmerzensgeld wegen Verletzung von Persönlichkeitsrechten in München verklagen?

Ja, in München; aber auch in Österreich. Die unrichtigen Behauptungen stellen eine unerlaubte Handlung dar, so dass nach Art. 5 Nr. 3 EuGVO das Gericht zuständig ist am Ort, an dem das schädigende Ereignis eingetreten ist. Das Internet ist überall. Damit ist es grundsätzlich schwierig, den Ort zu bestimmen, an dem der Schaden entstanden ist. Wer aber im Internet unrichtige Behauptungen aufstellt und Menschen im Inland verunglimpft, kann sich nicht pauschal darauf berufen, dass sein Server im Ausland steht und dort auch seine Redaktion tätig ist. International zuständig ist hier daher auch das deutsche Gericht, wenn der beanstandete Beitrag einen engen Bezug zum Inland hat; hier ist der Online-Beitrag in Deutsch verfasst ist und die betroffene Person hat mit ihrem Wohnsitz den Mittelpunkt ihrer Interessen in Deutschland. Das deutsche Zivilgericht kann über den gesamten, in Europa entstanden Schaden entscheiden; ein Zivilgericht in Österreich jedoch nur den in diesem Mitgliedsstaat entstanden Schaden.

Richter, Rechtspfleger, Geschäftsstellen

Leitsatz 8

Funktionelle Zuständigkeit

Neben der sachlichen und örtlichen Zuständigkeit gibt es noch die Unterscheidung nach der **funktionellen Zuständigkeit**. Es geht darum:

- welche Instanz eines Rechtszuges (siehe Lektion 8),
- welcher Teil oder Spruchkörper eines Gerichts oder
- welches Rechtspflegeorgan eine bestimmte Entscheidung zu treffen hat.

Fall 15

Die Präsidentin des LG sieht, dass der stadtbekannte Schläger Wilhelm mal wieder verklagt wird auf Zahlung von Schadensersatz und Schmerzensgeld wegen Körperverletzung. Im letzten Prozess gegen Wilhelm hatte das klagende Opfer verloren, weil der Einzelrichter Milde ein Nachsehen mit dem Beklagten hatte. Die Präsidentin beschließt, den neuen Fall der Kammer des Vorsitzenden Richters Dr. Scharf zu übertragen.

Geht das?

Nein, eine gezielte Zuweisung einer Klage an einen bestimmten Spruchkörper des Gerichts oder gar an einen bestimmten Richter ist durch Einzelweisung nicht möglich. Die konkrete Besetzung der Spruchkörper und die Zuweisung der eingehenden Fälle an Spruchkörper eines Gerichts wird als Geschäftsverteilung (§ 21e GVG) bezeichnet und dient der Bestimmung des gesetzlichen Richters.

Spruchkörper sind beim AG Abteilungen mit Einzelrichtern nach § 22 Abs. 1 und 4 GVG, beim LG Kammern nach § 60 GVG und beim OLG Senate nach § 116 GVG. Die Entscheidung über die Geschäftsverteilung trifft das Präsidium (§ 21a GVG), ein Gremium bestehend aus Richtern des angerufenen Gerichts unter Leitung des Gerichtspräsidenten. Die Entscheidung wird aber nicht von Fall zu Fall getroffen, sondern vorher nach einem abstrakten Verteilungsschlüssel, z.B. nach Buchstaben, nach Eingangsnummern oder nach Fachgebieten. Der Geschäftsverteilungsplan kann von jedermann eingesehen werden. Sobald die Klage eingereicht und die Akte für den konkreten Fall angelegt ist, steht der gesetzliche Richter schon fest. Auf gar keinen Fall kann ein Präsident einem nach dem Geschäftsverteilungsplan zuständigen Richter oder Spruchkörper einen Fall wegnehmen: Niemand kann seinem gesetzlichen Richter entzogen werden (Art. 101 Abs. 1 Satz 2 GG)! Der stand schon fest, als Wilhelm mal wieder zugeschlagen hatte.

Ergänzung: Die Schadensersatz- und Schmerzensgeldklage landet bei der nach dem Geschäftsverteilungsplan zuständigen Kammer des LG. Die Vorsitzende der Kammer (§ 21f Abs. 1 GVG) möchte sich mit dem Gerichtspräsidenten gut stellen und zieht den Fall zur Bearbeitung an sich.

Geht das?

Nein, zuständiger Spruchkörper ist die Zivilkammer des angerufenen LG; die Kammer besteht aus drei Berufsrichtern. Innerhalb des Spruchkörpers werden die Geschäfte ebenfalls auf der Grundlage eines vorher festgelegten und abstrakten Schlüssels verteilt (§ 21g GVG), z.B. den Endziffern des Aktenzeichens. Die Verteilung kann innerhalb des Geschäftsjahres nur geändert werden bei Überlastung, ungenügender Auslastung, Wechsel oder dauernder Verhinderung einzelner Richter der Kammer. Außerdem legt nicht die Vorsitzende Richterin den Bearbeiter fest, sondern allein die §§ 348 und 348a. Hierin wird geregelt, ob der Fall von einem Mitglied der Kammer (Einzelrichter) zu entscheiden ist oder ob die Kammer in voller Besetzung über den Fall richtet.

Der Begriff der funktionellen Zuständigkeit spielt ferner eine Rolle bei der Abgrenzung zwischen den Gerichten oder Spruchkörpern eines Gerichts, die mit besonderen Aufgaben betraut sind.

Beispiele: In einer Großstadt werden oftmals mehrere AG eingerichtet; z.B. eins als Familiengericht, ein weiteres für die anderen Fälle der Ordentlichen Gerichtsbarkeit. Auch innerhalb eines Gerichts kann es funktionelle Zuweisungen geben, wenn der Geschäftsverteilungsplan entsprechende Abteilungen, Kammern oder Senate vorsieht. Eine typische Abgrenzung gibt es zwischen bürgerlichen Rechtsstreitigkeiten und der Freiwilligen Gerichtsbarkeit (u.a. Nachlass, Betreuung, Handels- und andere Register, vgl. §§ 23, 23a, 23b GVG), ferner zwischen dem Prozessgericht und dem Zwangsvollstreckungsgericht sowie dem Insolvenzgericht und die funktionelle Zuständigkeit der Kammer für Handelssachen beim LG, die u.a. über Klagen aus Handelsgeschäften von Kaufleuten, Ansprüche aus Wechsel und Scheck und Ansprüche wegen unlauteren Wettbewerbs (§§ 71 Abs. 1, 93, 95 GVG) entscheidet.

Fall 16

Karl hat seine Handyrechnung nicht bezahlt; aber auch nie bestritten, dass er die Rechnung bezahlen muss. Nach mehrmaliger Mahnung reicht es der Telefongesellschaft. Sie möchte Karl auf Zahlung verklagen.

Wird der Fall immer von einem Richter durch Urteil entschieden?

Nein, nicht immer. Da Karl die Pflicht zur Zahlung vorgerichtlich nicht bestritten hat, ist damit zu rechnen, dass er sich einer Klage nicht widersetzen wird. Daher wird die Telefongesellschaft in Erwägung ziehen, statt Klage einzureichen beim Amtsgericht einen Antrag auf Erlass eines Mahnbescheides zu stellen (§ 688; siehe Lektion 8). Funktionell zuständig ist beim AG nach § 20 Nr. 1 RPflG der Rechtspfleger.

Übersicht 6: Rechtspfleger

Rechtspfleger sind **Organe der Rechtspflege** und nehmen anstelle von Richtern einzelne Geschäfte in der Justiz wahr, die ihnen nach dem Gesetz übertragen werden. Sie üben ihr Amt in **sachlicher Unabhängigkeit** aus und sind nur an Recht und Gesetz gebunden (§ 9 RPflG).

Im Bereich der bürgerlichen Streitigkeiten sind sie u.a. zuständig:
- nach § 20 RPflG für das vereinfachte Verfahren nach §§ 645 ff.,
- für das Mahnverfahren und große Teile der Zwangsvollstreckung;
- nach § 21 RPflG für die Festsetzung der Gerichtskosten und der Vergütung von Rechtsanwälten (siehe Lektion 4);
- nach §§ 24, 24a RPflG weitest gehend für die Aufnahme von Erklärungen in der Rechtsantragsstelle und
- die Entscheidung über Anträge auf Beratungshilfe (siehe Lektion 4).

Ergänzung: Legt Karl gegen den Mahnbescheid keinen Widerspruch ein, dann kann die Telefongesellschaft den Erlass eines Vollstreckungsbescheides beantragen, der einem Versäumnisurteil gleich steht (§§ 699, 700; siehe auch Lektion 8).

Reicht der Antrag allein schon aus, um Karl zur Zahlung zu bewegen?

Nein, der Vollstreckungsbescheid wird erst mit Zustellung wirksam (§ 699 Abs. 4). Das Bewirken der Zustellung ist Aufgabe der Geschäftsstellen.

Leitsatz 9

Geschäftsstellen

Bei den Gerichten werden Geschäftsstellen eingerichtet und mit Urkundsbeamten besetzt. Die **Urkundsbeamten der Geschäftsstelle** (UdG, vgl. § 153 GVG) sind ebenfalls Organe der Rechtspflege und zuständig für alle Geschäfte, die nicht von Richtern und Rechtspflegern wahrgenommen werden, und alle Arbeiten, die Entscheidungen der Richter und Rechtspfleger vorbereiten, begleiten und ihnen nachfolgen. Das sind im Zivilprozess u.a. Protokollführung, Entgegennahme von Klagen, Erwiderungen, Anträgen zu Protokoll der Geschäftsstelle und von Schriftstücken, Notieren von Eingangsdaten und Fristen, ferner das Laden der Parteien und Zeugen zum Termin, Erteilung von vollstreckbaren Ausfertigungen, Abschriften sowie von Notfrist- und Rechtskraftzeugnissen.

Und wenn das nicht reicht, Karl zur Zahlung eines höheren Betrages zu bewegen, kann die Telefongesellschaft einen Gerichtsvollzieher (§ 154 GVG) mit der Zwangsvollstreckung beauftragen.

Leitsatz 10

Gerichtsvollzieher

Die **Zwangsvollstreckung** wird, soweit sie nicht den Gerichten zugewiesen ist, durch Gerichtsvollzieher durchgeführt, die sie im Auftrag des Gläubigers zu bewirken haben.

Der **Gläubiger** kann wegen Erteilung des Auftrags zur Zwangsvollstreckung die Mitwirkung der **Geschäftsstelle** in Anspruch nehmen. Der von der Geschäftsstelle beauftragte Gerichtsvollzieher **gilt** als von dem Gläubiger beauftragt (§ 743).

Die funktionelle Zuständigkeit für die Zwangsvollstreckung ist verteilt auf Gerichtsvollzieher, das Vollstreckungsgericht und teilweise auf das

Prozessgericht, hier entscheiden entweder Richter oder Rechtspfleger. Mehr zur Zwangsvollstreckung in den Lektionen 9 bis 11.

Fall 17

Ergänzung zum Luxus-Penthouse-Fall 10: Müßig hat Pech, weil der nach dem Geschäftsverteilungsplan zuständige Richter ausgerechnet der Bruder des Vermieters Volker ist. Der Richter ist zudem selbst Eigentümer von Mietshäusern und bezeichnet Müßig in der mündlichen Verhandlung als Schmarotzer.

Muss Müßig einen solchen Richter akzeptieren?

Die Äußerungen des Richters lassen den Schluss zu, dass er den Fall möglicherweise nicht getreu dem Grundsätzen einer unabhängigen und allein dem Gesetz und Recht verpflichteten Justiz verhandelt. Insoweit ist der Richter in bestimmten Fällen persönlicher Betroffenheit ausgeschlossen (z.B. bei Verwandtschaft mit einer Partei; § 41) und kann von einer Partei wegen Besorgnis der Befangenheit abgelehnt werden (§§ 42, 4).

Ein entsprechendes Ablehnungsgesuch des Müßig könnte Erfolg haben. Effektiver Rechtsschutz bedeutet eben manchmal auch, Schutz des Rechtssuchenden vor bestimmten unsachlichen Mitgliedern der Justiz.

Seinem Prozess entgeht Müßig dadurch aber nicht, weil nach erfolgreicher Ablehnung der im Geschäftsverteilungsplan ausgewiesene Vertreter den Fall behandelt. Ob der Vertreter wirklich „besser" ist? Niemand entgeht seinem gesetzlichen Richter (Art. 101 Abs. 1 Satz 2 GG).

Im Fall des Vermieters gegen Müßig wird der unsachliche und befangene Richter abgelehnt. Nunmehr ist ein anderer Richter als Vertreter für den Rechtsstreit zuständig. Der neue Richter hat es aber nicht eilig und lässt den Fall zwei Jahre unbearbeitet in der Schublage

Muss der Kläger das hinnehmen?

Nein, Das Rechtsprechungsmonopol aus Art. 92 GG und der Justizgewährungsanspruch aus Art. 19 Abs. 4 GG ergänzen sich hier. Da der Fall ja nicht besonders kompliziert ist und der zuständige Richter nicht überfordert ist, sondern faul zu sein scheint, kann der Kläger neben seiner Klage eine Entschädigung wegen überlanger Verfahrensdauer verlangen.

Leitsatz 11

Entschädigung bei unangemessener Dauer

Nach § 198 GVG wird ein **Verfahrensbeteiligter**, der infolge **unangemessener Dauer** eines Gerichtsverfahrens einen Nachteil erleidet, **angemessen entschädigt**. Die Angemessenheit der Verfahrensdauer richtet sich nach den **Umständen** des Einzelfalles, insbesondere nach der **Schwierigkeit** und **Bedeutung** des Verfahrens und nach dem Verhalten der Verfahrensbeteiligten und Dritter. Ein Nachteil, der nicht Vermögensnachteil ist, wird vermutet, wenn ein Gerichtsverfahren unangemessen lange gedauert hat; im Regelfall 1.200 € für jedes Jahr der Verzögerung. Zudem soll Art. 6 EMRK eine zügiges Verfahren gewährleisten.

Voraussetzung ist, dass der Kläger beim AG die unangemessene Dauer gerügt hat, sobald er Anlass zu der Besorgnis hat, dass das Verfahren nicht in einer angemessenen Zeit abgeschlossen wird. Fazit: Nur schnelle Rechtsprechung ist auch wirklich gutes Recht.

Lektion 4: Parteien, Rechtsanwälte, Kosten, Prozesskostenhilfe

Parteien

 Fall 18

Handwerker Rudi hat Michels Badezimmer saniert; Michel bezahlt aber nicht, weil er der Ansicht ist, dass Rudi a) noch nicht fertig ist und b) die Arbeiten Pfusch sind. Rudi möchte Geld haben und Michel möchte, dass Rudi sein Badezimmer ordentlich fertig saniert.

Wer kann klagen?

Rudi oder Michel! Der Zivilprozess ist eine Art juristischer Zweikampf, dem ein Streit zwischen zwei Beteiligten mit unterschiedlichen Positionen zugrunde liegt. Einer der Streithähne muss sich ein Herz fassen und gerichtliche Hilfe zur Durchsetzung seines Anspruches beantragen.

Rudi ist nicht automatisch Kläger, weil er Geld haben will. Denn auch Michel könnte klagen; und zwar auf Fertigstellung des geschuldeten Werkes und auf Beseitigung der Mängel. Wer zuerst eine Klage einreicht, ist Kläger. Und da es sich um einen Streit handelt, gibt es zu jedem Kläger immer einen Beklagten.

Leitsatz 12

Parteien, Prozesshandlung

Kläger ist, wer eine Klage erhebt (§§ 253, 130). In der **Klageschrift** werden **Kläger** und **Beklagte** benannt (Parteien).

Mit der Einreichung einer Klageschrift und deren Zustellung an den Beklagten wird der Zivilprozess eingeleitet. Die **Klageerhebung** ist eine prozessgestaltende Handlung (Prozesshandlung).

In unserem Fall muss Michel nicht in der Position des „passiven" Beklagten verharren. Es nützt ihm nämlich nichts, wenn Rudi seine Klage wegen der Mängel und fehlenden Fertigstellung verliert. Um nicht auf Dauer mit einer Baustelle zu leben, kann Michel Widerklage erheben auf Fertigstellung und Mängelbeseitigung.

Ergänzung: Könnte Rudi auch klagen, wenn er tschechischer Staatsbürger ist?

Ja, die Nationalität spielt grundsätzlich keine Rolle, um Partei eines Zivilprozesses zu sein. Die Prozessfähigkeit des Tschechen Rudi beurteilt sich nach dem Recht seines Heimatlandes (§ 51 Abs. 1, Art. 7 EGBGB). Er unterliegt der deutschen Gerichtsbarkeit.

Kläger und Beklagte müssen einige persönliche Voraussetzungen erfüllen:

Übersicht 7: Prozessbeteiligte

§ 50. Die **Parteifähigkeit** entspricht im Wesentlichen der Rechtsfähigkeit. Parteifähig sind also alle natürlichen Personen, unabhängig vom Alter und der Geschäftsfähigkeit. Ferner alle juristischen Personen, das sind u.a. alle Rechtsformen von Unternehmen (z.B. GmbH, Aktiengesellschaft, Genossenschaften, auch ausländische Rechtsformen), Vereine, Stiftungen, Körperschaften (z.B. Bund, Länder, Städte, Gemeinden, Universitäten, Behörden). Außerdem Rechtsformen, denen das Gesetz oder die Rechtsprechung Rechtsfähigkeit verleiht: Offene Handelsgesellschaft (OHG; § 124 Abs. 1 HGB), Kommanditgesellschaft (KG, GmbH & Co. KG; § 161 Abs. 2 HGB), der nicht rechtsfähige Verein (§ 50 Abs. 2) und die Gesellschaft bürgerlichen Rechts (GbR) als Außengesellschaft.

§§ 51, 52. Die **Prozessfähigkeit** ist die Fähigkeit, überhaupt selbst Prozesshandlungen vorzunehmen. Eine Person ist insoweit prozessfähig, als sie sich durch Verträge verpflichten kann. Das ist eine Frage der Geschäftsfähigkeit und beurteilt sich nach dem BGB: unbeschränkt geschäftsfähige Personen sind prozessfähig, das sind alle volljährigen Menschen, die ihren Willen frei bestimmen können. Kinder unter sieben Jahren sind geschäftsunfähig (§ 104 BGB), ältere Kinder bis zum achtzehnten Lebensjahr sind beschränkt geschäftsfähig (§ 106 BGB), so dass minderjährige Kinder durch ihre Eltern als gesetzliche Vertreter vor Gericht vertreten werden (§§ 1629 BGB, 51 Abs. 1). Juristische Personen werden durch ihre Organe vertreten (Geschäftsführer, Vorstände etc.).

Postulationsfähigkeit ist die Fähigkeit, selbst Prozesshandlungen vor dem angerufenen Zivilgericht vorzunehmen. Z.B. kann eine prozessfähige, natürliche Person nicht selbst eine Klage beim LG erheben, weil Anwaltszwang besteht nach § 78: Der Kläger ist vor dem LG nicht postulationsfähig (Anwaltsprozess). Bei vermögensrechtlichen Streitigkeiten, für das die AG zuständig ist, können die Parteien selbst auftreten (Parteiprozess).

Prozessführungsbefugnis – Prozessstandschaft

Maßgeblich für den Erfolg einer Klage ist, ob der Kläger tatsächlich derjenige ist, der a) nach dem materiellen Recht Inhaber des Rechtes ist (Sachbefugnis), dessen er sich jetzt im Zivilprozess berühmt, und b) ob er im eigenen Namen als die richtige Partei klagen kann oder verklagt werden kann. Sachbefugnis als Rechtsträger und das Recht zur Prozessführung weichen voneinander ab in Fällen der

Prozessstandschaft

Beispiele: Ein ehemaliger Mieter klagt gegen den Eigentümer auf Rückzahlung der Kaution. Der Eigentümer ist nicht prozessführungsbefugt, wenn über das Grundstück im Wege der Zwangsvollstreckung die Zwangsverwaltung angeordnet ist. Der Zwangsverwalter ist zwar nicht Eigentümer des Grundstücks, aber Partei kraft Amtes (§ 152 ZVG), also berechtigt, im eigenen Namen zu klagen oder verklagt zu werden. Oder der Verwalter einer Wohnungseigentümergemeinschaft klagt nach § 27 WEG im Namen der Gemeinschaft (gesetzlich angeordnete Prozessstandschaft).

Etwas anders sieht es aus bei der **gewillkürten Prozessstandschaft**.

Beispiele: Ein Inkassounternehmen klagt eine fremde Forderung ein; der Besucher eines Mieters verletzt sich im Treppenhaus und verklagt direkt den Vermieter aus Verletzung der Sorgfaltspflichten aus dem Vertrag zwischen dem Vermieter und dem Mieter (Drittschadensliquidation). In diesen Fällen geht es um die materielle Sachbefugnis (Aktiv- und Passivlegitimation), die im Rahmen der Begründetheit der Klage geprüft wird. Siehe auch Lektion 8.

Die **persönlichen Voraussetzungen** der Parteien – mit Ausnahme der Sachbefugnis – prüft das Gericht im Rahmen der Zulässigkeit der Klage von Amts wegen (§ 56); hierzu Lektion 5.

Fall 19

Anton und Ida sind stolze Eigentümer eines Wohnwagens, der am Baggersee auf einem Campingplatz steht. Martin, der sechzehnjährige Sohn der Platznachbarn zerstört ein Fenster des Wohnwagens beim Fußballspielen.

Wer kann gegen wen auf Schadensersatz klagen?

Anton und Ida sind gemeinsam Eigentümer des Wohnwagens und bilden an dieser Sache eine Bruchteilsgemeinschaft (§ 741 BGB). Als Eigentümer können sie auf Reparatur oder auf Zahlung von Schadensersatz klagen. Beklagter ist Martin. Er ist parteifähig, aber nicht prozessfähig. Seine Eltern vertreten ihn im Prozess. An sie ist die Klage zuzustellen.

Abwandlung: Könnte denn auch Ida alleine den Schaden einklagen?

Ja, das ist eine Frage der Prozessstandschaft. Ida kann als Miteigentümerin grundsätzlich nicht alleine klagen, weil sie ja etwas begehren würde, was ihr zwar zusteht, aber eben nicht alleine. Sie und Anton sind nämlich Gesamtgläubiger (§ 432 BGB); die geforderte Reparatur ist eine unteilbare Leistung ist (halbe Scheiben gibt es nicht). Die Mitwirkung des anderen Miteigentümers Anton als Kläger ist jedoch ausnahmsweise entbehrlich, wenn die Klage zur ordnungsgemäßen Verwaltung der Sache gehört und Ida die Zahlung des Schadensersatzes an sich und gleichzeitig an Anton in ihrer Eigenschaft als BGB-Gemeinschaft verlangt. So sollte Ida die Klage formulieren; sie ist dann alleine prozessführungsbefugt.

Abwandlung: Statt Klage zu erheben, haben Anton und Ida den Schaden bei ihrer Vollkaskoversicherung für den Wohnwagen abgerechnet. Die Nachbarn haben ihrerseits die Haftpflichtversicherung des Martin informiert.

Wer kann jetzt gegen wen klagen?

Die Schadensersatzforderung gegen Martin ist auf den Wohnwagen-Versicherer übergegangen, weil er den Schaden reguliert hat (§ 67 VVG). Die Wohnwagen-Versicherung kann jetzt selbst gegen Martin vorgehen. Das ist kein Fall der Prozessstandschaft, weil Anton und Ida Inhaber nicht mehr Inhaber des Schadensersatzanspruches sind, sondern die Versicherung ist kraft Übergangs Inhaber der Forderung.

Die Haftpflichtversicherung des Martin ändert nichts daran, dass Martin als Schädiger Beklagter bleibt.

Übersicht 8: Mehrheit von Klägern und Beklagten und Parteiänderungen

Streitgenossen	§§ 59–63: Mehrere Personen als Kläger (**subjektive Klagehäufung**) oder Beklagte, wenn wegen des Streitgegenstandes eine Rechtsgemeinschaft besteht oder gleichartige Ansprüche geltend gemacht werden. Die Streitgenossen stehen dem Gegner trotz der Gemeinsamkeiten als einzelne Parteien gegenüber; d.h. es gibt für jeden Streitgenossen ein Prozessrechtsverhältnis: Anton und Ida nach der BGB-Gemeinschaft an dem Wohnwagen Streitgenossen (Fall 19). Bei Klage eines Unfallopfers sind Fahrer, Halter des KFZ und Haftpflichtversicherer Streitgenossen; jeder Kläger entscheidet aber für sich, welche Prozesshandlungen er vornimmt (z.B. Anerkenntnis, Abschluss eines Vergleich, Einlegen eines Rechtsmittels).
Notwendige Streitgenossen	§ 62: Ausnahme von dem Grundsatz der Unabhängigkeit der einzelnen Prozessrechtsverhältnisse, wenn die Entscheidung des Gerichts in der Sache nur einheitlich sein kann: Z.B. Anton und Ida im Fall 19 als Kläger aus Ansprüchen aus ihrem gemeinsamen Eigentum an dem Wohnwagen. Hingegen keine notwendige Streitgenossenschaft (sondern einfache) bei den Beklagten eines KFZ-Unfallopfers (Fahrer, Halter, Versicherer).
Beteiligung Dritter an einem Prozess	Drei Formen: Hauptintervention, Nebenintervention und Streitverkündung
Hauptintervention	§§ 64–5: Klage eines Dritten gegen die Parteien mit der Behauptung, ihm stünden Rechte aus diesem Prozess zu: Hauptintervenient behauptet, Inhaber einer abgetretenen Forderung zu sein, die der Kläger im Hauptprozess geltend macht.

Nebenintervention	§§ 66 – 71: Streithilfe eines Dritten mit rechtlichem Interesse daran, dass eine bestimmte Partei obsiegt; erfolgt durch Beitritt an der Seite der zu unterstützenden Partei. Beitritt kann u.U. zur Erstreckung der Rechtskraft gegen den Nebenintervenienten führen; siehe Lektion 9: Z.B.: Der Hauptschuldner tritt einem Prozess gegen den beklagten Bürgen bei (§ 774 BGB).
Streitverkündung	§§ 72 – 7: Eine Partei, die befürchtet, im Prozess zu unterliegen, setzt einen unbeteiligten Dritten, gegen den sie einen Freistellungs- oder Regressanspruch hat, über den Rechtsstreit in Kenntnis. Wenn der Streitverkündeter beitritt, kann sich die Rechtskraft des Urteils wie bei einem Nebenintervenienten auch auf ihn erstrecken: Z.B. Hersteller tritt auf der Seite des beklagten Händlers ein in einen Prozess eines Kunden, der gegen den Händler wegen Sachmängeln klagt.
Parteiänderung	Sie kommt in jeder Phase des Zivilprozesses vor; Änderungen in der Person der Parteien können nach Rechtshängigkeit nach § 263 und nach § 269 (bei Parteiwechsel) behandelt werden. Zu Parteiänderungen zählen auch Parteierweiterungen, z.B. durch Verbindung (§ 147) mehrerer Prozesse, bei Streitgenossen und Beitritt infolge Streitverkündung.

Fall 20

Peter und Paul betreiben eine Tischlerei. Ein Kunde hat nicht bezahlt und soll verklagt werden.

Wer ist Kläger?

Peter und Paul bilden eine Gesellschaft bürgerlichen Rechts (GbR), die nach § 704 BGB eine Gesamthandsgemeinschaft ohne Rechtspersönlichkeit ist. Insoweit müssten Peter und Paul gemeinsam klagen. Da die GbR aber im Rechtsverkehr aktiv auftritt (so genannte Außengesellschaft), kann sie nach der Rechtsprechung des BGH die Forderung auch selbst einklagen. Etwas anderes ist die Frage, wer die GbR im Sinne der Prozessfähigkeit vertritt: Peter und Paul vertreten die GbR gemeinsam, es sei denn, einer der beiden ist zur Vertretung ermächtigt (§ 714 BGB).

Abwandlung: Wer ist Kläger, wenn Peter und Paul ihre Tischlerei als GmbH betreiben?

Kläger ist dann die GmbH selbst, weil sie als juristische Person rechtsfähig ist und damit Inhaber der Forderung (§ 13 GmbHG). Vertreten wird die GmbH durch ihre Geschäftsführer als Organe (§ 35 GmbHG). Wer das ist, ergibt sich aus dem Beschluss der Gesellschafter und aus dem Handelsregister.

Leitsatz 13

Vertretung durch Organe

Juristische Personen und **Personengesellschaften** (GbR, OHG, KG) können nicht selbst vor Gericht auftreten. Sie werden bei den Prozesshandlungen durch ihre jeweiligen Organe vertreten. Wer zur Vertretung berechtigt ist, bestimmt sich nach der jeweiligen Rechtsform.

Rechtsanwälte

 Fall 21

Die Montagefix GmbH (Köln) hat für die Fleischmaster KG (Wiesbaden) eine Kühlanlage in Schwerin montiert. Die Parteien streiten über die Höhe der vertraglich vereinbarten Vergütung. Die Montagefix GmbH möchte klagen, weiß aber nicht, ob das Sinn macht und wie sie die Klage formulieren soll. Außerdem scheut sie die Fahrt zum Verhandlungstermin beim örtlich zuständigen Gericht in Schwerin.

Kann Frau Fix, die Geschäftsführerin der Montagefix GmbH, ihren Neffen beauftragen mit der Erstellung der Klage und der Wahrnehmung des Termins?

Wohl kaum, es sei denn, der Neffe ist Rechtsanwalt. Denn die geschäftsmäßige Besorgung fremder Rechtsangelegenheiten, also die Beratung, die Wahrnehmung fremder rechtlicher Interessen und die Vertretung gegenüber der anderen Partei und vor Gericht ist den Rechtsanwälten vorbehalten (Art. 1 §§ 1, 3 RBerG).

> ## Leitsatz 14
>
> **Rechtsanwälte**
>
> Rechtsanwälte sind unabhängige **Organe der Rechtspflege**. Ihre Berufsausübung setzt eine **Zulassung** bei der örtlichen Rechtsanwaltskammer voraus. Sie sind unabhängige Berater und Vertreter in allen Rechtsangelegenheiten und zur **gewissenhaften** Berufsausübung sowie zur **Verschwiegenheit** verpflichtet (§§ 1, 43, 43a BRAO).

Die besondere Vertrauensstellung und Funktion verbietet es Rechtsanwälten z.B. wahrheitswidrig vorzutragen oder unsachlich zu verhandeln. Sie sorgen dafür, dass die Parteien ihr Recht wahrnehmen und durchsetzen können.

Das Tätigwerden eines Rechtsanwaltes für die Montagefix GmbH setzt einen entsprechende Beauftragung voraus. Die rechtlichen Beziehungen zwischen Mandant und Anwalt bestehen aus dem Anwaltsvertrag (entgeltliche Geschäftsbesorgung im Rahmen eines Dienst- oder Werkvertrages; §§ 675, 611, 631 BGB) und der Vollmacht für den Rechtsanwalt (Prozessvollmacht; §§ 164, 167 BGB). Reicht der Rechtsanwalt im Auftrag des Mandanten Klage ein, so handelt er auf der Grundlage einer Prozessvollmacht (§ 80). Der Rechtsanwalt wird in der Klage und im Urteil dann als Prozessbevollmächtigter bezeichnet.

Ergänzung: Was wird ein Rechtsanwalt machen, wenn er von der Montagefix GmbH beauftragt wird?

In unserem Fall erteilt die Montagefix GmbH keinen unbedingten Klageauftrag, weil sie ja nicht weiß, ob ein Prozess gegen die Fleischmaster KG überhaupt Sinn macht. Vor der Einleitung eines Gerichtsverfahrens steht immer die Beratung durch den Rechtsanwalt über das Prozessrisiko. Und zwar unter drei Gesichtspunkten:

Erstens geht es darum, die Erfolgsaussichten eines Prozesses zu beurteilen. Die rechtliche Beratung durch den Rechtsanwalt ist Voraussetzung dafür, dass das Unternehmen nach objektiven Kriterien entscheiden kann, ob die Rechtsverfolgung überhaupt wirtschaftlich zweckmäßig ist. Kein Mensch wirft gutes Geld schlechtem Geld hinterher!

Zweitens wird der Rechtsanwalt ausloten, ob es Möglichkeiten für eine außergerichtliche Beilegung des Streites gibt, etwa durch Abschluss eines Vergleichs, durch ein Schiedsverfahren oder eine Mediation. Denn ein Prozess ist nicht der einzige Weg, Rechtsfrieden zu schaffen (siehe Lektion 7). Zudem wird der Rechtsanwalt auf die mögliche Dauer eines Rechtsstreits hinweisen. Bevor sich der Prozess über Jahre in den Instanzen hinzieht, kann es sinnvoll sein, sich schneller zu vergleichen.

Drittens umfasst die Beratung immer auch die Aufklärung über die Kosten des Rechtsstreits (Prozesskostenrisiko).

Abwandlung: Im Streit zwischen der Montagefix GmbH und der Fleischmaster KG geht es um 10.000 €. Die Geschäftsführerin der Montagefix GmbH ist Juristin und glaubt, die Rechtslage und das Risiko selbst einschätzen zu können. Sie will klagen.

Muss sie hierfür einen Rechtsanwalt beauftragen?

Ja, für einen bürgerlichen Rechtsstreit um 10.000 € ist das LG zuständig. Nach § 78 muss jede Partei sich vor dem LG durch einen Rechtsanwalt vertreten lassen (Anwaltszwang). Ohne Rechtsanwalt sind die Parteien vor dem LG nicht postulationsfähig, also nicht in der Lage, die Klage einzureichen, sich zu verteidigen oder andere Prozesshandlungen vorzunehmen: deshalb spricht man hier von einem Anwaltsprozess.

Bei einem Streitwert bis 5.000 € wäre das AG zuständig. Dort besteht – mit Ausnahme bestimmter Familiensachen – kein Anwaltszwang. Hier könnte die Montagefix GmbH, vertreten durch ihre Geschäftsführerin selbst Klage einreichen oder sich vertreten lassen; so genannter Parteiprozess nach § 79. Der Vertretung durch eine andere Person als einen Anwalt (Beistand im Sinne des § 90) sind durch das RBerG Grenzen gesetzt. Häufig bedienen sich Gewerbetreibenden eines Angestellten, um die Klage vorzubereiten, und der im Parteiprozess als Beistand auftritt. Das ist jedoch nicht immer sinnvoll, weil hier die gewissenhafte und objektive Beratung eines Außenstehenden fehlt; zudem ist ein Rechtsanwalt haftpflichtversichert, falls ihm ein Fehler unterläuft. Für die Fehler eines Angestellten muss der Arbeitgeber meist selbst bezahlen.

Kosten

Ergänzung: Die Montagefix GmbH hat einen Rechtsanwalt beauftragt. Dieser beginnt seine Beratung mit dem bedeutungsvollen Satz: „Recht hat seinen Preis."

Was meint er damit?

Gericht und Rechtsanwalt arbeiten nicht für lau. Die Beratung durch den Rechtsanwalt über das Prozesskostenrisiko beinhaltet vier Aspekte:

1. Für die Klage fallen Gerichtskosten an. Freier Zugang zu den Gerichten heißt nicht, kostenloser Zugang! Grundlage für die Erhebung von Gerichtskosten ist das GKG. Die Gerichtskosten umfassen die Gerichtsgebühren, deren Höhe vom Streitwert, dem Verfahrensstand und der Art der Entscheidung abhängt (§§ 1, 3 GKG). Daneben fallen Auslagen an (z.B. für die Entschädigung von Zeugen und Sachverständigen, Auslagen für Zustellungen etc.). Der Kläger muss bei Einreichung der Klage einen Vorschuss in Höhe von drei Gerichtsgebühren einzahlen, weil sonst die Klage nicht zugestellt wird (§§ 12, 34 Kostenverzeichnis Nr. 1210 GKG). Das sind bei 10.000 € Streitwert schlappe 723 € Gerichtskostenvorschuss.

2. Der Rechtsanwalt verlangt für seine Tätigkeit vor Gericht eine Vergütung auf der Grundlage des RVG. Die Vergütung des Rechtsanwalts setzt sich aus Gebühren und Auslagen seiner anwaltlichen Tätigkeit zusammen (§ 1 RVG). Die Höhe der Gebühren bemisst sich hier nach dem Wert der Angelegenheit und dem Umfang der Tätigkeit. Für die Tätigkeit vor Gericht kann auch eine höhere Vergütung als die gesetzlichen Gebühren vereinbart werden (Honorarvereinbarung, § 4 RVG). Auch der Anwalt kann einen Vorschuss verlangen, bevor er die Klage einreicht (§ 9 RVG). Das RVG ist auch dann einschlägig, wenn der Anwalt berät und es nicht zum Prozess kommt, z.B. weil der Mandant Abstand nimmt von einer Klage oder die Parteien sich außergerichtlich einigen. Ist der Mandant Verbraucher und findet nur ein erstes Beratungsgespräch statt, fällt eine geringere Gebühr an.

3. Der Rechtsanwalt wird auf die Höhe der möglichen Prozesskosten hinweisen. In unserem Fall können bei einem Streit über 10.000 €, der in der ersten Instanz ausgeurteilt wird, Kosten für Gericht und für die Anwälte beider Parteien in Höhe von mindestens 4.500 € entstehen. Zusätzlich können Auslagen und Entschädigung für Zeugen und Sachverständige nach dem JVEG, Reisen der Parteien und Anwälte zum Termin u.a. anfallen. Geht der Rechtsstreit in die Berufung, entstehen weitere Kosten von ca. 4.700 €.

4. Wer muss das alles bezahlen? Diese Frage interessiert die Mandanten sehr. Der Rechtsanwalt wird auf die Regelungen zur Kostentragung hinweisen.

Ganz allgemein gilt der Grundsatz, dass derjenige die Musik bezahlt, der sie bestellt hat. D.h., dass der Kläger für die Gerichtskosten haftet, weil er das Verfahren beantragt hat (§ 22 GKG). Dasselbe gilt für die Kosten des von ihm beauftragten Rechtsanwaltes.

Daneben gibt es die gerichtliche Entscheidung, wer die Kosten des Rechtsstreits zu tragen hat (Kostenentscheidung). Im Urteil bzw. einem Beschluss spricht das Zivilgericht von Amts wegen aus (§ 308 Abs. 2), wer die Kosten des Rechtsstreits zu tragen hat.

Böse Zungen behaupten, dass das Risiko die Prozesskosten tragen zu müssen, ein wirksamer Beitrag sei, die Zahlungsmoral hoch zu halten und die Streitsucht einzudämmen!

Beispiel 1: Die Montagefix GmbH gewinnt den Prozess. Das Zivilgericht spricht im Tenor des Urteils von Amts wegen aus, dass die Beklagte, also die unterlegene Partei, die Kosten des Rechtsstreits zu tragen hat (§ 91 Abs. 1 Satz 1). Kosten des Rechtsstreits sind die Gerichtskosten und die Kosten der anwaltlichen Vertretung beider Parteien. Das klingt gut, hat aber einen Haken, wenn die unterlegene Partei nicht in der Lage ist zu zahlen. Denn dann bleibt es bei dem Grundsatz, dass der Kläger seinen Anwalt selbst bezahlen muss und trotz Obsiegens auf den Gerichtskosten sitzen bleibt.

Beispiel 2: Die Montagefix GmbH hat den Prozess verloren. Die Gesellschafter der Beklagten wurden nach § 141 zum Gerichtstermin geladen und sind von Wiesbaden nach Schwerin angereist. Nach § 91 Abs. 1

Satz 1 stellt das Gericht die Kostentragungspflicht der Klägerin fest. Jetzt muss die Klägerin die Gerichtskosten und die Kosten beider Anwälte tragen. Außerdem muss sie nach § 91 Abs. 1 Satz 2 auch die Reisekosten der angereisten Partei tragen. Deshalb macht es Sinn, vor Erhebung der Klage zu klären, ob der Beklagte überhaupt zahlen kann.

Beispiel 3: Die Parteien haben sich vor Gericht in der Sache verglichen, ohne eine Regelung über die Kosten zu treffen. Das Gericht spricht nach § 98 aus, dass die Kosten gegeneinander aufgehoben werden. Das bedeutet, dass die Gerichtskosten halbiert werden und jede Partei ihre Anwaltskosten selbst trägt.

Abwandlung: Es klagt nicht eine GmbH, sondern eine Privatperson. Sie teilt dem Rechtsanwalt mit, dass sie eine Rechtsschutzversicherung habe.

Kann sich der Rechtsanwalt die ganze Beratung über das Prozesskostenrisiko sparen?

Nein, eine Rechtsschutzversicherung ist eine Sachversicherung, die den Versicherungsnehmer vor den Kostenrisiken eines Prozesses schützt. Die Versicherung ändert aber nichts daran, dass der Mandant den Auftrag erteilt und deshalb primär dem Anwalt für seine Vergütung haftet. Daneben besteht die Eintrittspflicht der Versicherung im Verhältnis zum Versicherungsnehmer, nicht im Verhältnis zum Anwalt. Der Rechtsanwalt wird deshalb klären, ob das streitgegenständliche Risiko überhaupt versichert ist und ob die Versicherung eine Deckungszusage erteilen wird.

Ergänzung zu Beispiel 1: Die Montagefix GmbH hat den Prozess gewonnen. Im Urteil steht, dass die Beklagte die Kosten des Rechtsstreits zu tragen habe. Der Rechtsanwalt der Klägerin hat in Köln seine Kanzlei und ist zum Gerichtstermin nach Schwerin mit dem Auto gefahren.

Was wird der Rechtsanwalt der Klägerin jetzt tun?

Er wird dem LG in Schwerin eine Abrechnung schicken und die Festsetzung der Kosten beantragen. Wer die Kosten des Rechtsstreits zu tragen hat, ergibt sich aus der Kostengrundentscheidung des Urteils (§ 103). Der Rechtspfleger entscheidet durch Beschluss über die Höhe der vom Gegner zu erstattenden Kosten (§ 104). Im Kostenfestsetzungsbeschluss werden der vom Kläger verauslagte Gerichtskostenzuschuss und die Kosten ihrer anwaltlichen Vertretung berücksichtigt. Nach § 91 Abs. 1 Satz 1 sind die Kosten zu erstatten, die zur zweckentsprechenden Rechtsverfolgung notwendig sind. Die Notwendigkeit, einen Rechtsanwalt für die Klage zu beauftragen, ergibt allein schon aus dem Anwaltszwang vor dem LG. Dasselbe gilt grundsätzlich auch für den Parteiprozess vor einem AG. Jeder in Deutschland zugelassene Rechtsanwalt kann vor allen LG auftreten, unabhängig von seiner örtlichen Zulassung. Die Klägerin steckt in einem gewissen Dilemma, weil sie nicht am Ort des Gerichtsstandes residiert. Entweder beauftragt sie einen Anwalt am Gerichtsort und reist zu ihm zwecks Information oder sie beauftragt einen Anwalt an ihrem Geschäftssitz und wählt dann für die Terminsvertretung zwischen der Reise des eigenen Anwalts zum Termin oder der zusätzlichen Beauftragung eines Anwaltes am Gerichtsort. Die Reisekosten des klägerischen Anwalts sind regelmäßig als zur zweckentsprechenden Rechtsverfolgung notwendig anzusehen, wenn diese Kosten nicht höher sind als die Kosten eines zusätzlichen Anwalts vor Ort in Schwerin oder dieser Anwalt der „Hausanwalt" ist (§ 91 Abs. 2).

Ergänzung zum Beispiel 1: Der Rechtsanwalt der Beklagten hat seine Gebühren und Auslagen gegenüber seiner Mandantin abgerechnet; sie bezahlt aber nicht mit der Begründung, der Anwalt habe sie im Prozess miserabel vertreten.

Was kann der Rechtsanwalt der Beklagten jetzt tun?

§ 11 RVG sieht vor, dass der Rechtsanwalt seine gesetzliche Vergütung durch gerichtlichen Beschluss gegen seine Mandantin festsetzen lassen kann. Voraussetzung ist, dass die Gebühren fällig sind und eine Abrechnung vorliegt (§§ 11 Abs. 2 Satz 1, 8, 10 RVG).

Der Einwand der Mandantin betrifft den Bereich des materiellen Rechts; hierüber wird im Festsetzungsverfahren nicht entschieden. Die Erhebung von Einwendungen, die nicht wie hier ihren Grund nicht im Gebührenrecht haben, führen zur Ablehnung des Festsetzungsantrages (§ 11 Abs. 5 RVG). Der Rechtsanwalt der Beklagten muss seine Vergütung in einem eigenen Zivilprozess einklagen. Dort ist er der Rechtsverteidigung der Mandantin als Beklagte ausgesetzt, die versuchen wird, unter dem Gesichtspunkt des Schadensersatzes per saldo von einer Zahlungspflicht befreit zu werden.

Prozesskostenhilfe / Beratungshilfe

 Fall 22

Klara ist vor drei Monaten aus ihrer Wohnung ausgezogen. Der Vermieter zahlt die Kaution nicht zurück mit der Behauptung, Klara habe das Küchenfenster beschädigt und den Teppich versaut. Klara kennt sich nicht aus und kann sich keinen Rechtsanwalt leisten, weil sie seit einem halben Jahr arbeitslos ist.

Hängt die Einleitung eines Zivilprozesses oder die Verteidigung vom Portemonnaie der Parteien ab?

Nein, eine besondere Ausprägung des Rechtsstaates, des freien Zugangs zu den Gerichten und des verfassungsrechtlichen Diskriminierungsverbotes ist die Prozesskostenhilfe (PKH).

Leitsatz 15

Prozesskostenhilfe

Eine Partei, die nach ihren persönlichen und wirtschaftlichen Verhältnissen die Kosten der Prozessführung nicht, nur zum Teil oder nur in Raten aufbringen kann, erhält auf **Antrag** Prozesskostenhilfe, wenn die beabsichtigte Rechtsverfolgung oder Rechtsverteidigung hinreichende **Aussicht auf Erfolg** bietet und nicht mutwillig erscheint (§ 114). Entsprechendes gilt für die Rechtsverteidigung eines mittellosen Beklagten.

Klara kann PKH beantragen. Da das Gesetz voraussetzt, dass sie ihr Vermögen in zumutbarem Umfang einsetzt, hat sie dem Antrag mit einem bestimmten Formular eine Erklärung über ihre persönlichen und wirtschaftlichen Verhältnisse (Familienverhältnisse, Beruf, Vermögen, Einkommen und Lasten) sowie entsprechende Belege beizufügen. Das Gericht kann verlangen, dass Klara die tatsächlichen Angaben glaubhaft macht (§§ 115, 117 Abs. 2 und 3, 118 Abs. 2). Das Gericht befindet über die Erfolgsaussichten der jeweiligen Instanz und beurteilt die wirtschaftlichen Verhältnisse. Die Entscheidung ergeht durch Beschluss nach Anhörung des Antragsgegners (§ 118). Mit der Bewilligung wird der Antragstellerin ein Rechtsanwalt beigeordnet, wenn für den künftigen Prozess Anwaltszwang besteht, im Parteiprozess, wenn der Gegner anwaltlich vertreten ist oder die Vertretung durch einen Rechtsanwalt erforderlich erscheint (§ 121). Die Beiordnung bewirkt, dass Klara keinen Gerichtskostenvorschuss zahlen muss und dass der ihr beigeordnete Rechtsanwalt keine Ansprüche auf Vergütung gegen sie geltend machen kann (§ 122). Klaras Anwalt erhält seine Vergütung aus der Staatskasse.

Ergänzung: Klara wird PKH bewilligt. Doch im Laufe des anschließendes Prozesses dreht sich das Blatt und ihre Klage wird abgewiesen mit der Folge, dass sie die Kosten des Rechtsstreits zu tragen hat.

Kann der Rechtsanwalt des Beklagten die Kosten gegen Klara festsetzen lassen?

Ja, denn nach § 123 hat die Bewilligung der Prozesskostenhilfe keinen Einfluss auf die Verpflichtung, die dem Gegner entstandenen Kosten zu erstatten. Das ist bitter, aber gerecht, weil ja auch eine bemittelte Partei keinen Anspruch auf Prozessführung auf Staatskosten hat. Auch für den Beklagten kann ein solcher Prozessausgang böse enden: Wenn Klara die Anwaltskosten des Gegners nicht bezahlen kann, wendet sich der Rechtsanwalt an den Beklagten, der ihn beauftragt hat.

Abwandlung: Klara weiß noch gar nicht, ob sie recht hat oder ihr Vermieter. Klagen möchte sie nicht ohne vorherige Beratung durch einen Rechtsanwalt.

Wer zahlt die vorgerichtliche, anwaltliche Beratung?

Für diese Fälle gibt es Beratungshilfe nach dem BerHG.

Übersicht 9: Beratungshilfe

Hilfe für die Wahrnehmung von Rechten außerhalb eines gerichtlichen Verfahrens und im obligatorischen Güteverfahren nach § 15a EGZPO (Beratungshilfe) wird auf Antrag gewährt, wenn

1. der Rechtsuchende die erforderlichen **Mittel** nach seinen persönlichen und wirtschaftlichen Verhältnissen **nicht aufbringen** kann,
2. **nicht andere Möglichkeiten** für eine Hilfe zur Verfügung stehen, deren Inanspruchnahme dem Rechtsuchenden zuzumuten ist,
3. die Wahrnehmung der Rechte **nicht mutwillig** ist.

> Über den Antrag auf Beratungshilfe **entscheidet das AG** am Wohnort des Hilfesuchenden. Die Beratung selbst erfolgt regelmäßig **durch Rechtsanwälte**, die eine Vergütung aus der Staatskasse erhalten.

Unabhängig von der Beratungshilfe bieten Vereine ihren Mitgliedern Rechtsberatung an. In unserem Fall z.B. ein örtlicher Mieterverein. Diese Rechtsberatung ist für Mitglieder nach § 7 des Rechtsdienstleistungsgesetzes (RDG) erlaubt. Ebenso wird sich der Vermieter bei einem Verein, in dem nur Grundbesitzer vereinigt sind, juristischen Rat holen. Bedingung für eine zulässige Beratung ist stets die Mitgliedschaft. Weit verbreitet ist die Rechtsberatung und sogar Prozessvertretung im Arbeitsrechts durch Gewerkschaften und Arbeitgeberverbände.

Außerdem muss nicht bei allen Tätigkeiten in fremden Angelegenheiten, die eine Prüfung des Einzelfalls erfordert, zwingend ein Rechtsanwalt beauftragt werden. Nach § 5 RDG können außergerichtlich Rechtsdienstleistungen im Zusammenhang mit einer anderen Tätigkeit angeboten werden, wenn sie als Nebenleistung zum Berufs- oder Tätigkeitsbild gehören z.B. die Hausverwaltung; ein Architekt berät den Bauherrn bei Sachmängeln, die Handwerker zu verantworten haben; eine KFZ-Werkstatt rechnet den Glasschaden mit der Kasko-Versicherung des Kunden ab.

Lektion 5: Klageverfahren, Einleitung

Klageschrift

 Fall 23

Die Montagefix GmbH hat einen Anwalt beauftragt, die Erfolgsaussichten einer Klage gegen die Fleischmaster KG (Wiesbaden) auf Zahlung von 10.000 € zu beurteilen für die Montage einer Kühlanlage in Schwerin. Der Anwalt rät zur Klage. Die Geschäftsführerin der Montagefix GmbH ist einverstanden und unterschreibt eine Prozessvollmacht.

Was wird der Anwalt jetzt machen?

Er wird einen Schriftsatz verfassen und die Klage einreichen, damit sie der Fleischmaster KG zugestellt werden kann. Erst dann ist die Klage rechtshängig. Durch die Klage wird bestimmt, wer Kläger und Beklagte sind und was auf Grund des Antrages und der vorgetragenen Tatsachen Streitgegenstand des Verfahrens ist.

Klageschrift, Klageerhebung, Streitgegenstand und Rechtshängigkeit sind zentrale Begriffe bei der Einleitung eines Zivilprozesses. Im Detail bedeutet das:

Leitsatz 16

Rechtshängigkeit

Mit der Einreichung einer Klageschrift beim Prozessgericht wird die Sache **rechtsanhängig**.

Durch **Zustellung der Klage** an den Gegner wird die Sache **rechtshängig**: Die Klage ist damit erhoben (§§ 253 Abs. 1, 261). Ein Prozessrechtsverhältnis entsteht dann auch im Verhältnis zum Beklagten.

Der Zeitraum zwischen Einreichung der Klage und ihrer Zustellung kann bedeutsam sein für die Rückwirkung nach § 167 und z.B. wenn der Beklagte in diesem Zeitraum die mit der Klage geltend gemachte Forderung bezahlt (siehe unten zur Zustellung und Lektion 6 zur Erledigung).

Ergänzung: Welche Form und Inhalt hat die Klageschrift?

In unserem Fall muss die Klage wegen des Streitwertes beim LG angebracht werden. Einschlägig sind hierbei die §§ 253 Abs. 2 bis 4, 129 ff.

Leitsatz 17

Die Klageschrift

muss nach § 253 Abs. 2 bis 4 enthalten:
1. die **Bezeichnung der Parteien** und des **Gerichts**;
2. die bestimmte Angabe des **Gegenstandes** und des **Grundes des erhobenen Anspruchs**, sowie einen bestimmten Antrag. Ferner gelten die allgemeinen Vorschriften über die **vorbereitenden Schriftsätze** (§ 129 ff.).

Die Klageschrift enthält auch eine Angabe zum **Wert** des Streitgenstandes, wenn hiervon die Zuständigkeit des Gerichts abhängt und der Streitgegenstand nicht in einer bestimmten Geldsumme besteht, sowie eine Äußerung dazu, ob einer Entscheidung der Sache durch den Einzelrichter Gründe entgegenstehen.

Im Verfahren vor dem AG entfällt der letzte Punkt.

Ergänzung: Wie wird die Klageschrift beim Prozessgericht eingereicht?

Leitsatz 18

Formen der Klage

Der Klageschrift sowie sonstigen Anträgen und Erklärungen einer Partei, die zugestellt werden sollen, sind bei dem Gericht **schriftlich** unter Beifügung der für ihre Zustellung oder Mitteilung erforderlichen Zahl von Abschriften einzureichen (§ 253 Abs. 5). Im Verfahren vor dem AG kann die Klage auch **mündlich** zu Protokoll der Geschäftsstelle (Rechtsantragsstelle) angebracht werden (§§ 496, 129a).

Soweit die technischen Voraussetzungen vorliegen und die Justiz eine entsprechende Rechtsverordnung erlässt, kann die Klage auch als elektronisches Dokument **elektronisch** eingereicht werden (130a). In einem solchen Fall entfällt die Pflicht zur Beifügung von Abschriften (§ 254 Abs. 5 Satz 2).

Abwandlung: Der Rechtsanwalt der Montagefix GmbH reicht die Klage nur als Telefax ein.

Geht das?

Ja, unter den Voraussetzungen § 130 Nr. 6. Der Anwalt kann die Klage einreichen entweder schriftlich in Papier oder als elektronisches Dokument, sofern der „Briefkasten" des angerufenen LG Letzteres zulässt. In jedem Fall muss die Klageschrift die Unterschrift des Anwalts tragen. Die Unterschrift zeigt, dass der Unterzeichner den Inhalt der vorhergehenden Textes als eigene Erklärung und Antrag will. Nur dann liegt eine Erklärung des Anwalts als Prozessbevollmächtigten vor, die für und gegen seine Partei, die Klägerin wirkt (§ 85). Ohne Unterschrift des Ausstellers liegt keine wirksame Klageschrift vor.

Leitsatz 19

Schriftform

Bei der **klassischen** Schriftform unterschreibt der Aussteller den Text auf dem papiernen Original (Schriftform nach 126 BGB). Bei der **elektronischen** Form setzt der Aussteller seinen Namen auf die elektronische Datei und signiert sie in qualifiziert elektronischer Form (elektronische Form nach § 126a BGB, nur Sollvorschrift für die Klageeinreichung nach § 130a).

Reicht denn ein Telefax für den Nachweis, dass die Klage vom Anwalt unterschrieben wurde?

Das Telefax ist das eingescannte Abbild eines Schriftstücks oder einer elektronischen Datei (Computerfax), das mittels Telefonleitung übermittelt wird (Telekopie). Das Telefax ist damit kein elektronisches Dokument im Sinne des § 130a Abs. 1, weil es keine qualifizierte elektronische Signatur nach dem Signaturgesetz enthält und auch nicht zur elektronischen Weiterbearbeitung durch das Gericht geeignet ist. Die Unterschrift des Anwalts ist auf dem klassischen Papier-Telefax als Abbild der Unterschrift auf dem Original zu sehen; auf einem Computerfax ist die Unterschrift als Grafik eingefügt. Das lässt § 130 Nr. 6 Halbs. 2 ausreichen, sofern eine Unterschrift vorliegt und erkennbar ist, wer Autor der Klageschrift ist.

Klagegrund, Klageantrag, Streitgegenstand

Fall 24

Schmitz hat einen PKW gemietet und den Wagen durch unachtsames Zurücksetzen aus einer Parklücke gegen eine Laterne gesetzt. Die Reparatur des PKW kostet 3.000 €. Die Mietwagenfirma möchte gegen Schmitz diese Kosten und den entgangenen Gewinn aus der Nichtvermietbarkeit während der Reparatur einklagen. Ihr Anwalt teilt mit, dass Grundlage für die Schadensersatzpflicht des Schmitz u.a. sind a) eine Klausel im Mietvertrag, die unbeaufsichtigtes Rückwärtsfahren untersagt, b) die allgemeine Pflicht, die unsachgemäße Benutzung der Mietsache zu unterlassen, und c) der Anspruch auf Schadensersatz wegen Eigentumsverletzung aus § 823 BGB.

Wie genau muss der Anwalt der Mietwagenfirma den Fall in der Klageschrift beschreiben?

Nach § 253 Abs. 2 Nr. 2 muss die Klageschrift die bestimmte Angabe des Gegenstandes und des Grundes des erhobenen Anspruchs, sowie einen bestimmten Antrag enthalten.

Deshalb wird der Anwalt den Lebenssachverhalt konkret schildern: Was ist wann, wo und wie vorgefallen? Dazu gehört hier z.B. auch, dass der Wagen bei der Übergabe an Schmitz unbeschädigt war und welche Schäden der Wagen bei Rückgabe hatte, wenn Schmitz dem Vermieter nicht offenbart, dass er gegen eine Laterne gefahren ist. Zur Konkretisierung gehört auch der Vortrag in Bezug auf das pflichtwidrige Verhalten des Schmitz, den Schaden und die Schadenshöhe, sowie zur Ursächlichkeit des Fehlverhaltens von Schmitz für das Entstehen des Schadens. Der Anwalt wird die Tatsachen insgesamt so konkret vortragen, dass der Grund, weswegen die Klage eingereicht wird, individualisierbar ist. Verlangt der Kläger Zahlung von 3.000 €, dann muss er in der Klage deutlich machen, ob er keine Miete für den Wagen erhalten hat oder ob er Schadensersatz wegen Beschädigung infolge des Unfalls verlangt. Es ist aber nicht erforderlich, dass der Kläger in der Klageschrift die rechtlichen Grundlagen für den konkret erhobenen Zahlungsanspruch beschreibt. Das oben angeführte a) bis c) kann sich der Anwalt sparen.

Leitsatz 20

Verhandlungsmaxime

Aus dem Verhandlungsmaxime (**Beibringungsgrundsatz**) folgt, dass die Parteien nach §§ 253 Abs. 2 Nr. 2, 130 Nr. 3 dem Prozessgericht den für die Entscheidung **maßgeblichen Lebenssachverhalt** vortragen müssen. Die Parteien haben sich vollständig und wahrheitsgemäß über die tatsächlichen Umstände zu erklären (§ 138 Abs. 1). Das gilt aber **nicht** für einschlägigen **Rechtsnormen** und die rechtlichen Folgerungen. Denn das Gericht wendet das einschlägige Recht auf den von den Parteien vorgetragenen Sachverhalt selbstständig an (Subsumtion).

Der **Tatsachenvortrag**, also die Beschaffung des Prozessstoffes (Entscheidungsgrundlage) ist **Sache der Parteien**, die **Rechtsanwendung** ist **Sache des Gerichts**.

Dieses Prinzip der Arbeitsteilung zwischen Parteien und Gericht kannten schon die Römer. Die Richter sagten damals schon: Da mihi facta, tibi dabo ius (Schildere mir die Tatsachen, ich gebe Dir das Recht). Außerdem gilt: iura novit curia (Das Gericht kennt das einschlägige Recht und wendet es selbst an).

Fall 25

Gabriele hatte vor drei Jahren einen schweren Fahrradunfall. Ein besoffener Idiot hat sie beim Abbiegen mit seinem PKW übersehen. Gabriele wurde drei Mal am rechten Bein operiert. Sie hat immer noch Schmerzen und kann ihr Bein nicht richtig bewegen; weitere Operationen sind erforderlich. Die Ärzte wissen nicht, ob Gabrieles rechtes Bein jemals wieder voll belastbar und beweglich sein wird. Behandlungskosten bisher 30.000 €, Höhe der weiteren Arztkosten und Umfang der bleibenden Behinderung unbekannt. Gabrieles Anwalt möchte jetzt umfassend Schadensersatz und Schmerzensgeld einklagen.

Kann der Anwalt jetzt schon einen bestimmten Antrag im Sinne des §§ 252 Abs. 2 Nr. 2, 130 Nr. 2 stellen und einen Wert angeben, obwohl weder der weitere Verlauf der Behandlung, die künftigen Kosten noch der Grad der bleibenden Behinderung und Schmerzen feststehen?

Ja, der Anwalt wird in der Klageschrift mehrere Anträge stellen:

1. Antrag auf Verurteilung des Beklagten auf Zahlung von 30.000 € (für die bereits angefallenen Arztkosten) nebst 5% Zinsen über dem Basissatz seit Klagerhebung.

2. Antrag auf Verurteilung des Beklagten auf Zahlung eines angemessenen Schmerzensgeldes (als Schmerzensgeld für den Unfall und die bisherige Behandlung) nebst Zinsen ...

3. Antrag auf Feststellung, dass der Beklagte verpflichtet ist, der Klägerin alle künftigen Schäden aus dem Unfall vom ... zu zahlen.

Der unbezifferte Antrag zu 2. ist zulässig, wenn der Anwalt der Klägerin in der Begründung die maßgeblichen tatsächlichen Umstände (Art der Verletzung, Behandlung, Beeinträchtigung) vorträgt, damit das Gericht den Betrag für ein angemessenes Schmerzensgeld nach § 287 schätzen kann. Die Klägerin kann aber auch beantragen, den Beklagten zur Zahlung eines angemessenen Schmerzensgeldes zu verurteilen, mindestens jedoch x €. Sollte das Gericht einen Betrag unterhalb des Mindestantrages aussprechen, muss die Klägerin auch nicht befürchten, auf einem Teil der Kosten sitzen zu bleiben (§ 92 Abs. 2 Nr. 2).

Der Klageantrag zu 3. zielt auf Feststellung einer Zahlungspflicht dem Grunde nach. Niemand kann den weiteren Krankheitsverlauf und die künftigen Behandlungskosten vorhersagen. Deshalb kann die Klägerin jetzt noch nicht auf Zahlung klagen. Da aber feststeht, dass der Unfall mit dem Beklagten Ursache dieser künftigen Kosten ist, besteht ein rechtliches Interesse nach § 256, die Verpflichtung des Beklagten dem Grunde nach festzustellen, dass er für alle künftigen Unfallfolgen aufkommen muss.

Fall 26

Karl hat eine Reise beim Veranstalter FIX-Reisen nach Italien gebucht. In seinem Weblog berichtet Karl nicht nur über das schöne Reiseland, sondern auch über die – seiner Meinung nach – miserable Organisation und Durchführung der Reise. Er spart nicht mit Kritik und harten Worten. Karl schreibt in einem Weblog u.a.: „FIX-Reisen hat die dümmsten Busfahrer, seit Dick und Doof den Führerschein gemacht haben". Der Reiseveranstalter ist „not amused" und findet, dass Karl ihn zu Unrecht disst; er befürchtet, dass er durch die unberechtigte Kritik Kunden verlieren wird.

Was kann der Reiseveranstalter gegen Karl unternehmen?

Es macht wenig Sinn, zu warten, bis die Kunden ausbleiben und dann Karl auf Zahlung eines bestimmten Geldbetrages als Schadensersatz zu verklagen. Stattdessen kann der Reiseveranstalter verlangen, dass Karl seine Kritik aus dem Weblog nimmt. Der Klageantrag lautet dann, dass Karl verpflichtet wird, es künftig zu unterlassen, bestimmte Behauptungen über den Reiseveranstalter aufzustellen. Der Unterlassungsanspruch kann bei offensichtlich beleidigenden Inhalten eines Weblogs unter Umständen zusätzlich auch gegen den Provider gerichtet werden. Die Kunst des klägerischen Anwalts besteht darin, den Unterlassungsantrag einerseits möglichst konkret zu bezeichnen, damit er einen vollstreckbaren Inhalt hat, andererseits aber auch so umfassend, dass ähnliche Verstöße gleich mituntersagt werden. Der Reiseveranstalter wird hier beantragen, dass Karl es künftig zu unterlassen hat, die konkret beanstandete Äußerung zu wiederholen oder ähnliche Äußerungen zu tätigen.

Wird Karl zur Unterlassung verurteilt, muss er den beanstandeten Teil des Weblogs entfernen. Tut er das nicht, dann kann der Reiseveranstalter im Wege der Zwangsvollstreckung die Verhängung eines Ordnungsgeldes beantragen (§ 890; siehe Lektion 10).

Sollte Karl künftig im Weblog schreiben, die Busfahrer von FIX-Reisen hätten den Intelligenzquotienten von Knäckebrot, dann hat er zwar nicht nach dem Wortlaut gegen den ausgeurteilten Unterlassungstitel verstoßen. Gleichwohl muss er mit einem Ordnungsgeldverfahren wegen Verstoßes gegen die Unterlassungsanspruch rechnen, weil ihm im Kern jegliche überzogene, herabwürdigende Kritik und unrichtige Behauptungen in Bezug auf die Qualität der Busfahrer des Klägers untersagt worden ist.

Da ein Zivilprozess doch etwas Zeit in Anspruch nimmt bis zum Urteil, wird der Reiseveranstalter seine Klage gegen Karl auf Unterlassung regelmäßig mit einem Antrag auf Gewährung vorläufigen Rechtsschutzes verbinden und den Erlass einer Einstweiligen Verfügung gegen Karl beantragen (§§ 938, 940; siehe Lektion 12).

Fall 27

Vater Schmidt ist gestorben und hat seinen Kindern Luise, Lena und Ludwig u.a. ein Mietshaus hinterlassen. Ludwig verwaltet das Mietshaus und teilt seinen Schwestern mit, dass das Mietshaus kein Geld abwirft, sondern nur Miese macht. Luise und Lena wundern sich, weil Ludwigs Freundin ¾ des Hauses bewohnt und Ludwig plötzlich einen neuen Porsche fährt.

Was können Luise und Lena machen?

Die Schwestern wissen nicht, wie hoch der Saldo aus Mieteinnahmen und Kosten sowie Lasten ist. Deshalb macht es keinen Sinn, Ludwig direkt auf Zahlung eines bestimmten Betrages zu verklagen. Vielmehr werden sie im Wege der Stufenklage (§ 254) vorgehen: Zunächst wird Ludwig vom Gericht verpflichtet, Rechnung zu legen (Auskunftsanspruch) und ggf. die Richtigkeit an Eides statt zu versichern; erst dann steht der bestimmte Zahlbetrag fest, den die Schwestern einklagen.

So vielfältig das Leben, so vielfältig die möglichen Klagearten und Anträge.

Übersicht 10: Klagearten, Anträge und Gesuche

Klage und Gesuch	Klagen werden mit einem Antrag eingereicht. Andere ZPO-Verfahren werden mit Gesuchen eingeleitet: Mahnverfahren, Prozesskostenhilfe, Kostenfestsetzung, vorläufiger Rechtsschutz u.a.
	Klage und Gesuch haben als Gemeinsamkeit, dass jemand Rechtsschutz von dem Gericht begehrt.
Klagearten	Grobe Einteilung: Leistungsklagen, Feststellungsklagen und Gestaltungsklagen.
Leistungsklage	Klage mit dem Ziel, einen materiellrechtlichen Anspruch auf Tun oder Unterlassen durchzusetzen; z.B. Zahlung eines bestimmten Geldbetrages, Herausgabe einer Sache, Erfüllung eines Vertrages, Abgabe einer Willenserklärung, Unterlassung oder Duldung.
	Leistungsklagen setzen im Regelfall einen konkreten Antrag voraus und gehen einer Feststellungsklage vor. D.h.: Wer einen Anspruch auf Zahlung des Kaufpreises hat, kann nicht auf Feststellung klagen, der Beklagte sei zur Kaufpreiszahlung verpflichtet.
	Eine Ausnahme gibt es bei Beklagten, über deren Vermögen das Insolvenzverfahren eröffnet ist; siehe weiter unten zur Feststellungsklage.

unbezifferter Zahlungsantrag	Trotz § 253 Abs. 2 Nr. 2 ausnahmsweise zulässig, wenn Höhe der Zahlung in das Ermessen des Gerichts gestellt ist; z.B. die Schätzung nach § 287 zur Höhe eines angemessenen, d.h. billigen Schmerzensgeldes (§ 253 Abs. 2 BGB). Da der Wert der eingeklagten Betrages auch für die Festlegung des Streitgegenstandes, die gerichtliche Zuständigkeit, den Kostenvorschuss etc. von Bedeutung ist, empfiehlt sich die Angabe eines Mindestbetrages.
Klage auf künftige Zahlung und auf wiederkehrende Leistungen	§ 257: Wird eine Zahlung an einem bestimmten Kalendertag fällig, kann bereits vorher auf künftige Zahlung geklagt werden. Entsprechend kann nach § 258 auf künftige Entrichtung von Mieten etc. geklagt werden für Zeiträume nach Erlass des Urteils.
Klage wegen Besorgnis nicht rechtzeitiger Leistung	§ 259 : Klage auf künftige Leistung kann außer den Fällen der §§ 257, 258 erhoben werden, wenn den Umständen nach die Besorgnis gerechtfertigt ist, dass der Schuldner sich der rechtzeitigen Leistung entziehen werde. Eine Besonderheit gibt es im Prozess vor dem AG nach § 510b : Erfolgt die Verurteilung zur Vornahme einer Handlung, so kann der Beklagte zugleich auf Antrag des Klägers für den Fall, dass die Handlung nicht binnen einer zu bestimmenden Frist vorgenommen ist, zur Zahlung einer Entschädigung verurteilt werden; das Gericht hat die Entschädigung nach freiem Ermessen festzusetzen.
Stufenklage	§ 254: Wird mit der Klage auf Rechnungslegung oder auf Vorlegung eines Vermögensverzeichnisses oder auf Abgabe einer eidesstattlichen Versicherung die Klage auf Herausgabe desjenigen verbunden, was der Beklagte aus dem zugrunde liegenden Rechtsverhältnis schuldet, so kann die bestimmte Angabe der Leistungen, die der Kläger beansprucht, vorbehalten werden, bis die Rechnung mitgeteilt, das Vermögensverzeichnis vorgelegt oder die eidesstattliche Versicherung abgegeben ist.

Antrag auf Verurteilung Zug-um-Zug	Kann der Beklagte einwenden, ihm stehe ein Zurückbehaltungsrecht zu oder der Vertrag sein noch nicht erfüllt (§§ 273, 320 BGB), dann kann der Kläger auf Leistung klagen Zug-um-Zug gegen Erbringung der eigenen Leistung. Beispiel: Willi hat Ware bestellt, bezahlt sie aber nicht und holt sie beim Verkäufer nicht ab. Verkäufer kann auf Zahlung des Kaufpreises gegen Willi klagen, wenn er selbst seine Leistung (Übergabe und Übereignung der Kaufsache) anbietet.
Feststellungsklage	§ 256: Klage auf Feststellung des Bestehens oder Nichtbestehens eines Rechtsverhältnisses, auf Anerkennung einer Urkunde oder auf Feststellung ihrer Unechtheit kann nur erhoben werden, wenn der Kläger ein rechtliches Interesse (Feststellungsinteresse) daran hat, dass das Rechtsverhältnis oder die Echtheit oder Unechtheit der Urkunde durch richterliche Entscheidung alsbald festgestellt werde. Die Leistungsklage geht der Feststellungsklage vor. Sie ist subsidiär, d.h., dass der Kläger nicht beantragen kann, das Gericht möge feststellen, der Beklagte sei zur Zahlung des Kaufpreises verpflichtet, wenn der Kaufpreis schon fällig ist. Denn dann kann direkt auf Leistung geklagt werden. Ist der Preis noch nicht fällig, dann kann zumindest auf künftige Zahlung geklagt werden. Die Feststellungsklage bleibt hier unzulässig. Feststellungsklage bei Insolvenz: Die Insolvenzgläubiger melden ihre Forderungen beim Insolvenzverwalter zur Tabelle an. Der Eintrag in die Tabelle wirkt wie ein rechtskräftiges Urteil (§§ 174–5, 178 Abs. 3 InsO). Lehnt der Insolvenzverwalter die Eintragung einer Forderung ab, kann der Gläubiger auf Feststellung klagen (§ 179 InsO).

negative Feststellungsklage	Der Streitgegenstand entspricht dem einer Leistungsklage, jedoch mit vertauschten Rollen. Der Unterschied besteht darin, dass nicht der Gläubiger der Forderung auf Zahlung klagt, sondern der vermeintliche Schuldner auf Feststellung, dass eben keine Forderung bestehe. Beispiel: Vermieter stellt eine unrichtige Betriebskostenabrechnung auf und fordert vom Mieter eine zu hohe Nachzahlung. Der Mieter zahlt den niedrigeren, richtigen Betrag und fordert den Vermieter erfolglos auf, zu bestätigen, dass jetzt alles bezahlt sei. Besteht der Vermieter weiterhin auf einer Nachzahlung aus der unrichtigen Abrechnung, dann kann der Mieter auf Feststellung klagen, dass die höhere Forderung, deren sich der Vermieter berühmt, nicht besteht.
Gestaltungsklage	Kläger begehrt die Änderung eines zwischen den Parteien bestehenden Rechtsverhältnisses. Beispiel: Nichtigerklärung von Beschlüssen (z.B. bei Wohnungseigentümergemeinschaften), Unzulässigerklärung der Zwangsvollstreckung bei der Vollstreckungsabwehrklage (§ 767) und bei der Drittwiderspruchsklage (§ 771; siehe Lektion 12).
Hilfsantrag/ Eventualantrag	Gegenstück zum Hauptantrag: Kläger legt mit seinem (Haupt-)Antrag fest, worüber das Gericht entscheiden soll. Für den Fall, dass das Gericht z.B. die Klage abweist, kommt ein Hilfsantrag des Klägers zum Zuge. Haupt- und Hilfsantrag stehen in einem Eventualverhältnis und sind nicht auf die Sachentscheidung begrenzt. Beispiel: Kläger klagt auf Zahlung und hilfsweise wird für den Fall, dass der Beklagte die Forderung anerkennt, der Ausspruch beantragt, dass der Beklagte trotz Anerkenntnisses die Kosten des Rechtsstreits zu tragen hat (§ 93).

Widerklage	Besondere Klageart, die der Beklagte während des anhängigen Prozesses gegen den Kläger erhebt; der Streitgegenstand der Widerklage steht in einem Zusammenhang mit der Klage. Stehen Klage und Widerklage nicht in einem solchen Zusammenhang, kann das Gericht die Prozesse trennen (§ 245 Abs. 2). Die Widerklage ist abzugrenzen zur Rechtsverteidigung des Beklagten nach § 282. Beispiel: Der Vermieter verlangt mit seiner Klage eine höhere Miete wegen Modernisierung des Badezimmers. Bei den Bauarbeiten wurde die gesamte Wohnung des beklagten Mieters unter Wasser gesetzt. Der Mieter kann wählen, ob er seinen Anspruch auf Schadensersatz für die Beseitigung der Wasserschäden gegen die Mieterhöhung aufrechnet, oder ob er Widerklage erhebt.
Klage im Urkunden- und Wechselprozess	§ 592: Besondere Form der Zahlungsklage, bei der die Widerklage ausgeschlossen und die Beweismittel auf Urkunden und Parteivernehmung beschränkt sind; siehe Lektion 8.

Fall 28

Lara hatte eine Wohnung von Werner für monatlich 500 € gemietet; sie ist am 30. Juni ausgezogen und hat die Mieten für März bis Juni nicht gezahlt. Werner hat jetzt im Juli Klage erhoben auf Zahlung der drei Monatsmieten bis zum Auszug (1.500 €) und ferner auf Zahlung drei weiterer Mieten bis einschließlich September (1.500 €) mit der Behauptung, die Kündigungsfrist betrage drei Monate. Lara stellt die vertraglich vereinbarte Kündigungsfrist nicht in Frage, behauptet aber, dass sie Werner bereits im Januar, also rechtzeitig gekündigt habe und deshalb keine Miete für Juli bis September schulde.

Worum wird jetzt gestritten? Über 1.500 € (März – Juni) oder über 3.000 € (März – September)?

Tatsächlich gestritten wird nur über die Verpflichtung zur Zahlung von drei Monatsmieten für Juli bis September. Gleichwohl sind auch die „unstreitigen" Mietrückstände eingeklagt, weil Lara nicht gezahlt hat. Das gibt Gelegenheit, das Verhältnis zwischen dem materiellen Anspruch und dem Gegenstand des Prozesses zu beschreiben.

Übersicht 11: Streitgegenstand

Im materiellen Recht ist **Anspruch** das Recht einer Person, von einer anderen Person ein Tun oder Unterlassen zu verlangen (§ 194).

Mit dem Begriff des **prozessualen Anspruchs** wird hingegen der Streitgegenstand bezeichnet.

Der Streitgegenstand setzt sich zusammen aus **Klageantrag** (§ 130 Nr. 2) und dem von den Parteien vorgetragenen **Lebenssachverhalt** (§§ 130 Nr. 3, 253 Abs. 2 Nr. 2).

Der Klageantrag beinhaltet

1. das **Begehren des Klägers**, dass ihm das staatliche Gericht zur Durchsetzung seiner materiellen Ansprüche Rechtsschutz gewährt (**Rechtsschutzbegehren**),
2. und die **Behauptung, vom Beklagten** nach materiellem Recht ein Tun oder Unterlassen verlangen zu können (**Rechtsbehauptung**).

Die **Festlegung des Streitgegenstandes** erfolgt – mit Ausnahme der Widerklage – durch den Kläger und ist bedeutsam für den Umfang der Rechtshängigkeit, die Entscheidungsbefugnis des Gerichts (Bindung des Gerichts an die Anträge der Parteien nach § 308 Abs. 1) und den Umfang der Rechtskraft eines Urteils.

Fall 29

Die X-Bank AG hat Klemens einen Kredit über 10.000 € zu 8 % Zinsen p.a. gewährt. Klemens hat seit sechs Monaten die vereinbarten Raten nicht gezahlt. Die Bank kündigt den Kredit und verlangt in einem Schreiben von Klemens die Rückzahlung des gesamten offenen Betrages nebst rückständiger Zinsen. Klemens offenbart der Bank, dass er enorme Schulden und ansonsten kein Einkommen mehr hat. Da die Bank nicht weiß, ob sie im Fall einer Verurteilung überhaupt Geld von Klemens erhalten wird, möchte sie das Prozesskosten- und Zwangsvollstreckungsrisiko minimieren und entscheidet, zunächst nur 1.000 € von Klemens einzuklagen.

Geht das?

Ja, es handelt sich um eine so genannte Teilklage. Nach dem Grundsatz der Parteiherrschaft und der Dispositionsmaxime (Verfügungsgrundsatz) steht es dem Kläger frei, aus einem einheitlichen materiellen Rechtsverhältnis nur einen Teil einklagen. Im Gegensatz zum materiellen Anspruch ist hier Streitgegenstand nur der Teilbetrag. Zwar muss der Kläger die tatsächlichen Geschehnisse umfassend vortragen (Darlehensvertrag über die gesamte Summe, Rückstände, Kündigung, erfolglose Mahnung); jedoch begrenzt der Kläger den Streitgegenstand durch den Klageantrag (auch Sachantrag genannt). Der Kläger legt mit seinem Vortrag den zur Entscheidung aufgerufenen Prozessstoff fest. Deshalb muss der Kläger in der Klageschrift ausführen, ob der einklagte Betrag sich nur auf die Kreditsumme bezieht oder teilweise auch auf die bis zur Kündigung aufgelaufenen Zinsen.

Entsprechend dem Grundsatz der Parteiherrschaft und dem Beibringungsgrundsatz (Verhandlungsmaxime) steht es dem Kläger auch frei, den Prozessstoff einzuschränken oder zu erweitern.

Folgende Beispiele in Abwandlung zum Laternen-Unfall-Fall 24 :

Beispiel 1: Der Anwalt kann bei der Schilderung des Sachverhaltes den Umstand weglassen, dass die Mietwagenfirma und Schmitz einen Mietvertrag geschlossen hatten. Dann lautet der Vortrag des Anwalts, dass Schmitz den im Eigentum der Mietwagenfirma stehenden PKW gefahren und kaputt gemacht hat. Das reicht dem Gericht regelmäßig für eine Verurteilung zum Schadensersatz wegen Eigentumsverletzung aus § 823 BGB. Eine solche Beschränkung des Vortrages kann aber riskant sein, wenn das Gericht z.B. zu der Erkenntnis kommt, dass Schmitz nicht schuldhaft gehandelt habe, was aber für eine Verurteilung zu Schadensersatz wegen Eigentumsverletzung notwendig ist. Dann riskiert der Kläger eine Abweisung seiner Klage. Er kann dann die Klage nicht noch einmal mit dem Vortrag einreichen, es habe ein Mietvertrag bestanden mit einer Klausel über eine verschuldensunabhängige Vertragsstrafe bei unachtsamem Rückwärtsfahren. Denn die Rechtskraft eines klageabweisenden Urteils erstreckt sich auf den gesamten tatsächlichen Vorgang, der zur Beschädigung des konkreten PKW geführt hat. Ein Anwalt wird deshalb immer umfassend alle Umstände schildern, aus denen sich der Anspruch herleiten lässt; hier also auch den Mietvertrag erwähnen. Das Gericht sucht sich dann die passende Rechtsgrundlage aus oder spricht unter Umständen sogar eine Verurteilung aus mehreren Rechtsgrundlagen aus. Denkbar ist auch, dass das Gericht die Klausel im Mietvertrag für unwirksam hält und allein auf die Eigentumsverletzung abstellt. In jedem Fall ist es besser, umfassend vorzutragen.

Beispiel 2: Schmitz hat den Mietwagen mit einem vollen Tank erhalten, den Wagen aber mit leerem Tank zurückgegeben, obwohl er nach dem Mietvertrag die Benzinkosten selbst zu tragen hat. Der Kläger kann selbst entscheiden, ob er in der Klage nur den Unfallschaden oder auch noch die Erstattung der Benzinkosten einklagt oder nicht. Verbindet er beide materiellen Ansprüche (Schadensersatz und Kostenerstattung) in einer Klage, dann liegt in prozessualer Hinsicht eine objektive Klagehäufung (§ 260) vor, weil die geltend gemachten Ansprüche auf unterschiedlichen Lebenssachverhalten beruhen. Das angerufene Gericht wird über beide Ansprüche in einem Prozess entscheiden, wenn es für beide Ansprüche zuständig ist.

Beispiel 3: Der Kläger trägt im Prozess vor, dass der von Schmitz beschädigte PKW drei Monate repariert werden musste und legt Unterlagen vor, aus denen sich der entgangene Gewinn während der langen Reparatur ergibt. Der Kläger beantragt die Verurteilung zur Zahlung von Schadensersatz jedoch nur für die Reparatur, nicht aber den entgangenen Gewinn. Mit dem Klageantrag legt der Kläger den Streitgegenstand fest; das Gericht darf dem Kläger den entgangenen Gewinn nicht zusprechen, weil der Antrag den zur Entscheidung vorgelegten Prozessstoff beschränkt.

Leitsatz 21

Umfang

Das Gericht ist **nicht** befugt, einer Partei etwas zuzusprechen, was **nicht** beantragt ist (§ 308 Abs. 1 = ne ultra petita).

Entsprechendes gilt, wenn der Kläger z.B. vergisst, Zinsen auf seine Hauptforderung geltend zu machen. Diese Beschränkung der Entscheidungsbefugnis des Zivilgerichts folgt aus der Parteiherrschaft und der Verhandlungsmaxime. Der Zivilprozess verfolgt nicht den Zweck, von Amts wegen die objektive Wahrheit zu ermitteln und die Rechtsbeziehungen der Parteien umfassend zu beurteilen. Wegen der widerstreitenden Interessen darf unterstellt werden, dass die Parteien von selbst ihre Angriffs- und Verteidigungsmittel vorbringen. Der Staat hat kein Interesse daran, die privaten Rechtsbeziehungen von sich aus auszuloten; das ist allein Sache der Parteien (kontradiktorisches Erkenntnisverfahren).

Wer vergisst, Zinsen seit Fälligkeit oder seit Rechtshängigkeit einzuklagen, ist selber schuld oder hat zuviel Geld.

Rechtshängigkeit

 Fall 30

Die Montagefix GmbH hat für die Fleischmaster KG eine Kühlanlage montiert; es gibt Streit über die Höhe der vertraglich vereinbarten Vergütung. Der Anwalt der Montagefix GmbH reicht am Montag schriftlich Zahlungsklage gegen die Fleischmaster KG beim örtlich zuständigen LG ein. Am Dienstag trifft die Geschäftsführerin der Montagefix GmbH zufällig den persönlich haftenden Gesellschafter der Fleischmaster KG und teilt ihm mit, dass sie Klage erhoben habe.

Stimmt das?

Nicht ganz. Die Klage liegt dem Gericht zwar vor und ist damit rechts<u>an</u>hängig. Sie ist in der Terminologie des §§ 253 Abs. 1, 271 aber erst dann erhoben, wenn die Klageschrift auch der beklagten Kommanditgesellschaft zugestellt worden ist.

Leitsatz 22

Zustellung und Rechtshängigkeit

Erst mit der Zustellung der Klage an den Gegner wird die Rechtshängigkeit der Streitsache begründet (§ 261).

Nach Eingang der Klage wird das Gericht regelmäßig bei der Klägerin, also der Montagefix GmbH, einen Kostenvorschuss auf die Gerichtskosten in Höhe von drei Gebühren anfordern, andernfalls die Klage nicht zugestellt wird (§§ 12, 34 GKG, Kostenverzeichnis Nr. 1210 GKG).

Ergänzung: 648 € Gerichtskostenvorschuss für 10.000 € Klagesumme sind der Klägerin zu viel, dafür, dass das Gericht die Klage nur zustellt. Deshalb wirft die Klägerin eine Kopie der Klageschrift in den Briefkasten der Beklagten.

Reicht das für die Zustellung der Klage?

Nein. Erstens erfolgt die Zustellung der Klage von Amts wegen (§ 166 Abs. 2) und nicht im Parteibetrieb, zweitens nicht mit einfachen Kopien sondern mit beglaubigten Abschriften (§§ 169 Abs. 2, 133) und drittens in einem förmlichen, rechtssicheren Verfahren. Nun hübsch der Reihe nach:

Leitsatz 23

Zweck der Zustellung

Der Zweck der Zustellung besteht darin, den **Zeitpunkt** der Übergabe eines Schriftstückes nachweisen zu können, an den sich wichtige prozessuale Wirkungen knüpfen.

Dem Adressaten gegenüber soll die Zustellung gewährleisten, dass er **Kenntnis** von dem zuzustellenden Schriftstück nehmen und seine Rechtsverteidigung oder Rechtsverfolgung darauf einrichten kann.

Die Geschäftsstelle des Gerichts wird das beglaubigte Schriftstück in einem Umschlag verschließen und entweder einen Justizbediensteten oder (das ist die Regel) einen Postdienstleister mit der Zustellung beauftragen (§ 168 Abs. 1). Dem Umschlag ist der Vordruck einer Zustellungsurkunde beigefügt.

Ergänzung: Die beklagte Fleischmaster KG hat Betriebsferien. Der persönlich haftende Gesellschafter Schulte ist zur Zeit auf Ibiza.

An wen wird zugestellt?

Zu unterscheiden ist, an wen zuzustellen ist und ob durch Übergabe oder in Form einer Ersatzzustellung.

Übersicht 12: Zustellung

Die Zustellung erfolgt

– durch Übergabe an dem Ort, an dem die Person angetroffen wird (§ 177);

– ersatzweise:
- in der Wohnung an einen erwachsenen Familienangehörigen, Mitbewohner oder Beschäftigten (§ 178),
- durch Einlegen in den Briefkasten (§ 180) oder
- durch Niederlegung (§ 181);

Die Ersatzzustellung ist auch zulässig in den Geschäftsräumen eines Gewerbetreibenden oder Freiberuflers, an den zugestellt werden soll.

Bei **nicht prozessfähigen Personen** erfolgt die Zustellung an den gesetzlichen Vertreter (§ 170 Abs. 1).

Bei **rechtgeschäftlicher Vertretung** erfolgt die Zustellung an den Vertreter.

Bei Klageeinreichung ist die Klage noch nicht rechtshängig, so dass eine Zustellung an den künftigen **Prozessbevollmächtigten** (§§ 171, 172) erst im weiteren Verlauf des Prozesses in Frage kommt.

Bei Adressaten, die **keine natürlichen Personen sind**, ist an den Leiter zuzustellen (§ 170 Abs. 2). Das ist nicht notwendigerweise der gesetzliche Vertreter, sondern jeder Repräsentant.

In unserem Fall ist Adressat die Fleischmaster KG, also Kommanditgesellschaft, die durch ihre(n) persönlich haftende(n) Gesellschafter vertreten wird (§§ 161 Abs. 1, 125 HGB). Es wird kaum möglich sein, in der kurzen Urlaubszeit die Zustellung an den Urlaubsort des Schulte zu bewerkstelligen (§ 183, 1068). Deshalb wird der Postdienstleister durch Einlegen in den Briefkasten am Geschäftssitz der Fleischmaster KG zustellen (§ 180). Die Zustellung ist damit wirksam erfolgt.

Ergänzung: Wird die Zustellung immer durch Zustellungsurkunde nachgewiesen?

Nein, weitere Formen sind die Zustellung durch Einschreiben mit Rückschein nebst Übergabe (§ 175) und die Zustellung gegen Empfangsbescheinigung nach § 174 an einen Anwalt, einen Notar, einen Gerichtsvollzieher, einen Steuerberater oder an eine sonstige Person, bei der auf Grund ihres Berufes von einer erhöhten Zuverlässigkeit ausgegangen werden kann, eine Behörde, eine Körperschaft oder eine Anstalt des öffentlichen Rechts. Zu bedenken ist, dass weder das Einschreiben noch die Empfangsbestätigung die Beweiskraft einer öffentlichen Urkunde nach § 418 haben; das hat allein die Zustellungsurkunde (§§ 182 Abs. 1 Satz 2).

Ergänzung: Nach Zustellung der Klage stellt der Buchhalter der Klägerin fest, dass die Beklagte bereits Monate vor Klageeinreichung 5.000 € auf die Forderung gezahlt hat.

Kann die Klägerin jetzt die Klage in Höhe von 5.000 € zurücknehmen und die Klage statt beim LG nun beim AG einreichen?

Ja, für die teilweise Rücknahme der Klage (§ 269). Nein, für erneute Erhebung des verbleibenden Teils. Zwar ist nach § 23 GVG das AG für bürgerliche Rechtsstreitigkeiten bis 5.000 € zuständig. Jedoch kann nach § 261 Abs. 3 Nr. 1 die einmal rechtshängige Streitsache nicht zusätzlich bei einem anderen Prozessgericht anhängig gemacht werden. Auch eine Verweisung vom ursprünglich zuständigen LG an das AG scheidet aus, weil nach § 261 Abs. 3 Nr. 2 eine Veränderung der Umstände, die für die Begründung der Zuständigkeit maßgeblich sind, die mit der Klageerhebung begründete Zuständigkeit bestehen lässt. Das angerufene LG bleibt zuständig (Fortwirkung des Gerichtsstandes = perpetuatio fori).

Fall 31

Am 28. Dezember stellt Spielzeuggroßhändler Maxi fest, dass der Kunde Gert Müller (gelernter Sozialarbeiter und jetzt freiberuflicher Clown) eine Lieferung Luftballons vor vier Jahren noch nicht bezahlt hat. Gert weiß, dass er noch Schulden hat beim Spielzeuggroßhändler. Das kratzt ihn aber nicht, weil die Forderung nach drei Jahren verjährt ist.

Stimmt das?

Schauen wir uns an, was Verjährung bedeutet und welche Rolle das im Zivilprozess hat.

Der Anspruch auf Kaufpreiszahlung unterliegt einer Verjährungsfrist von drei Jahren. Verjährung bedeutet, dass der Schuldner nach Ablauf der Verjährungsfrist das Recht hat, die Zahlung zu verweigern, obwohl der Anspruch weiterhin besteht (§§ 194, 214 Abs. 1 BGB). Die Verjährungsfrist aus § 195 BGB beginnt mit dem Schluss des Jahres, in dem der Anspruch entstanden ist (§ 199 Abs. 1 Nr. 1 BGB). D.h., dass das Jahr der fälligen Rechnung bei der Berechnung der Verjährungsfrist nicht mitzählt (Jahr 00). Die Verjährungsfrist beginnt erst im Folgejahr (Jahr 01, 02, 03). Wir sind Jahr 03; die Forderung ist erst am 1. Januar des Jahres 04 verjährt.

Ergänzung: Spielzeughändler Maxi könnte noch vor Neujahr die Klage einreichen und den Kostenvorschuss gleich einzahlen. Es ist aber nicht zu erwarten, dass das Gericht die Klage noch im alten Jahr (Jahr 03) zustellen wird.

Lohnt es sich, trotz der drohenden Verjährung jetzt noch Klage zu erheben?

Ja. Denn die laufende Verjährungsfrist wird gehemmt durch Erhebung einer Leistungsklage (§ 204 Nr. 1). Wir wissen, dass die bloße Einreichung der Klageschrift bei Gericht noch nicht zur Erhebung der Klage führt, sondern erst die Zustellung. Die Zustellung wird wahrscheinlich erst im neuen Jahr erfolgen. Das Gesetz hält für den klagenden Großhändler jedoch eine Überraschung bereit: Nach § 167 wirkt die Zustellung auf den Tag der Klageeinreichung zurück, wenn die Zustellung demnächst erfolgt. Das ist hier der Fall. Dem Clown werden die Tränen kommen, wenn im Januar des Jahres 04 der Postbote an seiner Haustür klingelt, um die Klage zuzustellen.

Übersicht 13: Rechtshängigkeit

Rechtshängigkeit beginnt mit der Erhebung der Klage und **endet** mit dem Abschluss des Verfahrens sei es durch Urteil des angerufenen Gerichts oder Prozesshandlung der Parteien; z.B. Klagerücknahme, Verzicht, Vergleich u.a.

Wirkungen der Rechtshängigkeit sind:

1. **Hemmung** der Verjährungsfrist (§ 204 Nr. 1 BGB, § 262);

2. während der Dauer der Rechtshängigkeit kann die Streitsache von **keiner Partei anderweitig** anhängig gemacht werden (§ 261 Abs. 2 Nr. 1);

3. die **Zuständigkeit des Prozessgerichts** wird durch eine Veränderung der sie begründenden Umstände nicht berührt (§ 261 Abs. 2 Nr. 2),

4. nach Eintritt der Rechtshängigkeit ist eine **Änderung der Klage** nur zulässig, wenn der Beklagte einwilligt oder das Gericht sie für sachdienlich erachtet (§ 263).

5. Verzug und Anspruch auf **Prozesszinsen** (§§ 286, 291 BGB)

Vorbereitung des Haupttermins

Fall 32

Rosanna wurde als Fußgängerin von einem Pkw angefahren. Wegen Ihrer erlittenen Schmerzen begehrt sie Schmerzensgeld. Hierfür hat sie einen Anwalt beauftragt. Die Klage von Rosanna gegen den Unfallfahrer liegt dem Gericht jetzt vor. Der Kostenvorschuss ist eingezahlt.

Was wird der Richter jetzt machen?

Der Richter wird seine Geschäftsstelle anweisen, die Klage dem Beklagten unverzüglich zuzustellen (§ 271). Mit der Anweisung über die Zustellung wird der Richter die Verfahrensweise bestimmen. Hierzu trifft er verfahrensleitende Entscheidungen, die den Beklagten und den weiteren Gang des Verfahrens betreffen.

Zweck der Klageerhebung ist es, eine gerichtliche Entscheidung über den Klageanspruch herbeizuführen. Mittel dafür ist meist die Durchführung eines Haupttermins.

Das ist aber nicht zwingend. Es gibt eine Alternative, das schriftliche Vorverfahren.

Hier nun der Leitsatz zu den beiden Alternativen des Richters.

Leitsatz 24

Haupttermin

Der Rechtsstreit ist in der Regel in einem umfassend vorbereiteten **Termin zur mündlichen Verhandlung** (Haupttermin) zu erledigen (§ 272 Abs. 1).

Das Gericht bestimmt die Verfahrensweise:

1. Entweder wird zur Vorbereitung des Haupttermins nach § 272 Abs. 2 ein **früher erster Termin zur mündlichen Verhandlung** (§ 275) bestimmt.
2. Oder das Gericht veranlasst ein **schriftliches Vorverfahren** (§ 276).

Alles klar? Ehrlich gesagt nein, weil zwar das Ziel (gerichtliche Entscheidung) klar ist, das Gesetz aber viele Wege zur Vorbereitung der Entscheidung anbietet. Wann entscheidet sich ein Richter für welche Verfahrensweise?

Es gibt kein Patentrezept, wann eine mündliche Verhandlung dem schriftlichen Vorverfahren vorzuziehen ist oder umgekehrt. Der Richter wird sich im Einzelfall für die Verfahrensweise entscheiden, von der er sich eine möglichst zeitnahe und effiziente, aber auch erschöpfende Erledigung verspricht.

Beispiel 1: Die Parteien streiten im Fall einer Schadensersatz- und Schmerzensgeldklage aus einem Verkehrsunfall mit Personenschaden bereits vorgerichtlich heftig über den Unfallhergang, die Verantwortlichkeit des Beklagten, den Schaden und den künftigen Schadensverlauf. Beide Parteien bieten Zeugen auf für ihre Version des Unfallhergangs. Das Gericht wird eher einen frühen ersten Termin zur mündlichen Verhandlung anberaumen als ein schriftliches Vorverfahren anordnen. Erfahrungsgemäß lassen sich ein streitiger Sachverhalt und streitige Punkte besser im strukturierten persönlichen Gespräch vor Gericht aufbereiten als halb anonym per Schriftsatz. Zudem wird das Gericht vor der mündlichen Verhandlung versuchen, den Streit durch eine gütliche Einigung zu erledigen (Güteverhandlung nach § 278 Abs. 2, siehe unten Lektion 6 und 7). Effizienz bedeutet hier die Verfahrensweise zu wählen, die neben einer inhaltlichen Verfahrensleitung durch das Gericht (§ 139) auch den besten Beitrag zum Rechtsfrieden verspricht.

Was geschieht bei der Anberaumung einer mündlichen Verhandlung?

Übersicht 14: Früher erster Termin

Bei Wahl der Verfahrensweise nach § 272 Abs. 2 1. Alternative bestimmt das Gericht einen frühen ersten Termin (§ 276), in dem der **Prozessstoff ausführlich mündlich vorerörtert wird**.

Die Konzentrations- und Beschleunigungsmaxime und das Gebot einer materiellen Verfahrensleitung verlangen, dass das Gericht einen möglichst frühen Termin bestimmt (§ 272 Abs. 3) und ihn **umfassend vorbereitet** (§ 272).

Nach Bestimmung des Termins zur mündlichen Verhandlung werden die **Parteien geladen** (§ 274 Abs. 1). Die Ladung ist dem Beklagten **mit der Klageschrift** zuzustellen. Zwischen der Zustellung der Klageschrift und dem Termin muss ein Zeitraum von **zwei Wochen** liegen (**Einlassungsfrist** nach § 274 Abs. 3). Zur Vorbereitung des frühen ersten Termins zur mündlichen Verhandlung wird dem Beklagten regelmäßig eine Frist zur schriftlichen **Klageerwiderung** gesetzt bzw. der Beklagte aufgefordert, vorzubringende Verteidigungsmittel unverzüglich – durch einen Rechtsanwalt – in einem Schriftsatz dem Gericht mitzuteilen (§ 275 Abs. 1).

Ferner verlangt § 273 Abs. 1, dass das Gericht erforderliche **vorbereitende Maßnahmen** rechtzeitig zu veranlassen hat. Der Prozessstoff ist rechtzeitig vor dem Termin aufzubereiten.

Nach § 273 Abs. 2 **kann** das Prozessgericht **zur Vorbereitung** jedes Termins

1. den Parteien die **Ergänzung** oder **Erläuterung** ihrer vorbereitenden Schriftsätze **aufgeben**, insbesondere eine Frist zur Erklärung über bestimmte klärungsbedürftige Punkte setzen;
2. **Behörden** oder **Träger eines öffentlichen Amtes** um Mitteilung von Urkunden oder um Erteilung amtlicher Auskünfte **ersuchen**;
3. das **persönliche Erscheinen** der Parteien anordnen;
4. **Zeugen**, auf die sich eine Partei bezogen hat, und Sachverständige zur mündlichen Verhandlung laden sowie eine Anordnung treffen, dass Zeugen bestimmte Unterlagen zum Termin mitbringen;
5. Anordnungen über die **Einnahme des Augenscheins**, Begutachtung durch **Sachverständige** und Vorlegung von **Urkunden** treffen.

Beispiel 2: Student Lustig ist aus seiner Wohnung in München ausgezogen und wohnt jetzt im Fränkischen bei seiner Freundin. Lustig ist ausgezogen, ohne die Stromrechnung zu begleichen. Der Energieversorger klagt jetzt auf Zahlung der Rückstände und auf Herausgabe des Stromzählers.

Hier wird der Richter eher keine mündliche Verhandlung anberaumen, weil der Sach- und Streitstand übersichtlich ist. Zudem zeigt die Erfahrung, dass in solchen Fällen der Beklagte häufig keinen rechtlichen Grund hat, nicht zu zahlen, sondern entweder schludrig oder zur Zeit einfach knapp bei Kasse ist. Insoweit wehrt sich ein Beklagter häufig nicht gegen eine solche Klage. Die Klage wird hier hauptsächlich ohne Erwartung einer ernsten Gegenwehr betrieben, um schnell einen Titel zu erwirken. Deshalb wird der Richter aus Gründen der Effizienz (Prozessökonomie) das schriftliche Vorverfahren nach § 276 anberaumen. Wehrt sich der Beklagte nicht, dann gibt es bildlich gesprochen zwar einen Gegner, aber keinen hörbaren Streit (einseitige Sache). Auf Antrag des Klägers kann dann ohne mündliche Verhandlung gegen den Beklagten durch Versäumnisurteil entschieden werden (§§ 331 Abs. 2, 276; zum Versäumnisurteil siehe auch Lektion 7). Bezüglich des Zahlungsanspruches könnte der Energieversorger von vornherein anstelle der Klage versuchen, im Mahnverfahren einen Titel zu erwirken, wenn er nicht mit Gegenwehr des Mieters rechnet; zum Mahnverfahren siehe Lektion 8.

Wie läuft das schriftliche Vorverfahren ab?

Übersicht 15: Schriftliches Vorverfahren

Bei Wahl der Verfahrensweise nach § 272 Abs. 2, 2. Alternative (schriftliches Vorverfahren) fordert das Gericht den Beklagten mit der Zustellung der Klage auf:

– wenn er sich gegen die Klage verteidigen wolle
– dies binnen einer **Notfrist**
– von zwei Wochen nach Zustellung der Klageschrift
– dem Gericht schriftlich anzuzeigen.

Zugleich ist dem Beklagten eine Frist von mindestens zwei weiteren Wochen zur **schriftlichen Klageerwiderung** zu setzen.

Mit der Aufforderung ist der Beklagte über die **Folgen einer Versäumung** der ihm gesetzten Frist sowie darüber zu belehren, dass die Erklärung, der Klage entgegentreten zu wollen, im Anwaltsprozess nur ein Rechtsanwalt abgeben kann.

Ferner ist der Beklagte zu belehren, dass als Folge seiner Säumnis ein **Versäumnisurteil** nach § 331 Abs. 3 erlassen werden kann mit Hinweisen zur **Kostentragung** und zur **Vollstreckbarkeit**. Mehr zum Versäumnisurteil in Lektion 6.

Lektion 6: Klageverfahren, Durchführung

Nachdem das Gericht die Verfahrensweise ausgewählt hat und die Klage zugestellt hat, hängt der weitere Ablauf im Wesentlichen von dem Verhalten des Beklagten ab. Er entscheidet, ob er sich gegen die Klage verteidigen will oder nicht. Wenn der Beklagte sich nicht wehrt oder zu spät beim Gericht meldet, dann kann gegen ihn in beiden Verfahrensarten ein Versäumnisurteil erlassen werden. Diesen Fall besprechen wir in Lektion 7.

In dieser Lektion beschäftigen wir uns mit Parteien, die heftig miteinander streiten.

Bei der Durchführung des streitigen Klageverfahrens (kontradiktorisches Verfahren) stehen zwei Themen im Vordergrund:

1. Wie und was tragen die Parteien vor?

2. Wie berücksichtigt das Gericht den Vortrag und die Einlassung der Parteien?

Vorbereitende Schriftsätze, Vortrag und Einlassung der Parteien

Fall 33

Karsten nimmt mit seinem BMW der Anneliese im Opel die Vorfahrt. Bei dem Unfall wird Anneliese verletzt und der Opel stark beschädigt. Der nun von Anneliese verklagte Unfallfahrer Karsten entscheidet, sich gegen die Klage auf Schadensersatz- und Schmerzensgeld zu verteidigen. Da die Klage vor dem am Unfallort zuständigen LG erhoben worden ist, beauftragt Karsten einen Rechtsanwalt. Karsten hat das Unfallfahrzeug gesteuert, bittet den Anwalt aber, vorzutragen, dass Karsten an diesem Tag das Fahrzeug nicht benutzt habe.

Dürfen Karsten und sein Anwalt vor Gericht lügen?

Nein.

Leitsatz 25

Wahrheitspflicht

Nach § 138 Abs. 1 haben die Parteien ihre Erklärungen über tatsächliche Umstände **vollständig** und **der Wahrheit gemäß** abzugeben (Wahrheitspflicht).

Wer trotzdem lügt und damit ein für ihn günstiges Urteil rausschlägt, riskiert eine Verurteilung durch das Strafgericht wegen Prozessbetruges und dann eine Wiederaufnahme des Zivilprozesses, vgl. Lektion 9.

Karsten kann auch nicht den Anwalt bitten, für ihn zu lügen. Der Anwalt wird ein solches Anliegen zurückweisen, wenn er aus den Erzählungen des Karsten weiß, wer der Fahrer war. Als unabhängiges Organ der Rechtspflege und gemäß seinen beruflichen Richtlinien hat der Anwalt seinen Mandanten zu belehren, dass Lügen vor Gericht nicht erlaubt ist. Bleibt Karsten uneinsichtig, dann wird der Anwalt sogar sein Mandat niederlegen.

Ergänzung: Karsten hatte an dem besagten Tag heimlich seine Freundin im Hotel getroffen. Der Unfall passierte, als Karsten nach dem Rendezvous aus der Einfahrt dieses Hotels auf die Straße einbog. Karsten bittet den Anwalt, in der schriftlichen Klageerwiderung nicht die Umstände der Fahrt vollständig zu schildern, weil er sonst Stress mit seiner Ehefrau bekommt.

Darf Karsten sich vorbehalten, erst im Termin dem Richter den „wahren" Unfallhergang ins Ohr zu flüstern, statt seinen Seitensprung in einem Schriftsatz zu bekennen?

Nein.

Es ist die Pflicht des Gerichts, der Gegenseite zu allen Punkten das rechtliche Gehör zu verschaffen.

Leitsatz 26

Pflichten

Die **Pflicht des Gerichts**, den Parteien rechtliches Gehör zu verschaffen und den Prozess ökonomisch und effizient vorzubereiten und durchzuführen, wird ergänzt durch die **Pflicht der Parteien**, ihre Angriffs -und Verteidigungsmittel vollständig und rechtzeitig vorzubringen (**Erklärungspflicht**).

Es ist riskant, nicht vollständig und nicht rechtzeitig vorzutragen:

1. Nicht vollständiger Vortrag kann dazu führen, dass der Vortrag der **anderen Partei als zugestanden** gilt (§ 138 Abs. 2 und 3).
2. Nicht rechtzeitiger Vortrag kann als verspätet zurückgewiesen werden (§§ 282, 296). **Prozessverschleppung** wird **nicht geduldet**.

Fall 34

Handwerker Rudolph hat bei dem Kunden Werner Wasserleitungen installiert und dafür 1.000 € in Rechnung gestellt. Als Werner auf Mahnungen nicht reagiert, beauftragt Rudolph einen Rechtsanwalt, der im Namen seines Mandanten Klage gegen Werner auf Zahlung einreicht. Die Klage wird Werner zugestellt; Termin zur mündlichen Verhandlung ist anberaumt. Werner möchte sich gegen die Klage wehren, weil er die Rechnung schon vor Monaten bezahlt hat. Das kann er anhand eines entsprechenden Kontoauszuges belegen. Rudolph war die letzten Monate im Krankenhaus und hat nicht genug Geld, um einen Anwalt zu beauftragen. Er möchte nicht selbst an das Gericht schreiben, weil er in Deutsch immer ein „Mangelhaft" hatte.

Muss Werner seine Verteidigungsabsicht und seinen Klageerwiderung unbedingt in einem Schriftsatz bei Gericht einreichen?

Grundsätzlich ja, in unserem Fall aber nicht zwingend, weil das Verfahren vor dem AG stattfindet. Werner kann auf der Rechtsantragsstelle seine Klageerwiderung zu Protokoll geben.

Leitsatz 27

Schriftsätze

In Anwaltsprozessen (§ 78) wird die mündliche Verhandlung durch Schriftsätze vorbereitet. In anderen Prozessen kann den Parteien durch richterliche Anordnung aufgegeben werden, die **mündliche Verhandlung** durch Schriftsätze oder zu Protokoll der Geschäftsstelle abzugebende Erklärungen **vorzubereiten** (**vorbereitender Schriftsatz**, § 129 Abs. 1). Klage, Klageerwiderung und Anträge, die der anderen Partei zugestellt werden, sind mit der erforderlichen **Anzahl von Abschriften** einzureichen (§ 253 Abs. 3; Ausnahme bei elektronischer Klage).

Bei Verfahren vor dem AG können Klage, Klageerwiderung und weitere Anträge zu **Protokoll der Geschäftsstelle** erklärt werden (§ 496).

Dem vorbereitenden Schriftsatz oder der Erklärung zu Protokoll sind die in den Händen der Partei befindlichen **Urkunden**, auf die in dem Schriftsatz Bezug genommen wird, in Urschrift oder in Abschrift beizufügen (§ 131 Abs. 1).

Ergänzung: Werner fasst sich trotz seiner Rechtschreibschwäche ein Herz und schreibt selbst eine Klageerwiderung: Er holt weit aus und schildert seinen ganzen untadligen Lebenslauf. U.a. erzählt er, dass ein Arbeitskollege ihm den Rudolph als zuverlässigen Handwerker empfohlen habe, der Arbeitskollege sei jetzt in Rente und habe große Probleme mit den Knien ... im Übrigen habe Werner schon für den Cousin des Rudolph gearbeitet, was aber schon viele Jahre her sei ...

Ist das eine gelungene Verteidigung gegen die Klage?

Nein.

Leitsatz 28

Klageerwiderung

In der Klageerwiderung hat der Beklagte seine **Verteidigungsmittel** vorzubringen, soweit es nach der Prozesslage einer sorgfältigen und auf Förderung des Verfahrens bedachten Prozessführung entspricht (§ 277 Abs. 1).

Statt einen vom Pferd zu erzählen, sollte Rudolph sich zur Sache einlassen; und zwar dazu, dass der Zahlungsanspruch des Werner gegen ihn durch Erfüllung erloschen ist; vgl. § 362 Abs. 1 BGB.

Für eine wirkungsvolle Verteidigung kommt es nicht darauf an, dass der Beklagte das Wort „Erfüllung" verwendet und den Paragraphen des BGB zitiert. Es reicht vollkommen aus, dass Rudi vorträgt, er habe die 1.000 € gezahlt und die Erfüllungshandlung schildert (z.B. Überweisung am Tag X vom privaten Girokonto auf das Konto des Werner oder Barzahlung im Büro des Werner im Beisein des Angestellten Lars am Tag Y o.ä.).

Ergänzung: Warum hört sich das Gericht nicht die ganze Lebensgeschichte des Beklagten an?

Die Richter hören sich zwar Einiges an, blenden aber alles aus, was nicht als Tatsache oder Tatsachenbehauptung rechtlich verwertbar ist, um den Klageanspruch zu begründen oder ihn abzuwehren. Die ZPO gibt vor, dass eine Klage Erfolg hat, wenn der Kläger alle Tatsachen vortragen kann, die das Klagebegehren rechtlich voraussetzt. Aus Sicht des Beibringungsgrundsatzes bedeutet das, dass der Kläger die Darlegungslast trägt für alle Tatsachen, die seinen Anspruch rechtfertigen; d.h. alle Umstände, die für ihn günstig sind. Gelingt dem Kläger das nicht, dann ist die Klage nicht aus sich selbst heraus verständlich; sie ist nicht schlüssig (Schlüssigkeit).

Fall 35

Der Kläger trägt vor, er habe dem Beklagten Geld geliehen. Nun verlangt er das Geld zurück.

Reicht das für einen schlüssigen Klagevortrag?

Nein, der Anspruch ist nicht schlüssig dargelegt. Denn der Kläger muss alle Umstände vortragen, aus denen sich der Anspruch ergibt. Er muss also nicht nur das Bestehen eines Darlehensvertrages und die Hingabe des Darlehensbetrages vortragen, sondern auch die Fälligkeit des Rückzahlungsanspruches (§ 488 Abs. 1 Satz 2 Halbsatz 2 BGB). Dieser Anspruch wird aber erst fällig nach dem vereinbarten Zeitablauf oder nach Kündigung (§ 488 Abs. 3 Satz 1 BGB). Der Vortrag des Klägers ist also nur dann schlüssig, wenn er auch die Umstände vorträgt, aus denen sich die Fälligkeit des Rückzahlungsanspruches ergibt.

Ergänzung: Der Beklagte trägt vor, er habe das Darlehen bereits zurückgezahlt.

Wie berücksichtigt das Zivilgericht diesen Vortrag des Beklagten?

Die Einlassung des Beklagten ist für das Gericht unter zwei Aspekten von Bedeutung.

Erstens gibt der Beklagten in der Sache ja zu, dass es einen Darlehensvertrag gibt, dass er das Darlehen erhalten hat und dass die Rückzahlung fällig war. Der Beibringungsgrundsatz bedeutet aus Sicht des Beklagten, dass er sich zu den anspruchsbegründenden Vortrag des Klägers konkret äußern muss. War der Vortrag zum Darlehensvertrag, Hingabe des Darlehens und Fälligkeit der Rückzahlung bisher einseitig, also eine (einseitige) Behauptung des Klägers, wird dieser Vortrag durch die Nichteinlassung des Beklagten, also das fehlende Bestreiten zur unstreitigen Tatsache, die das Gericht als gegeben hinnimmt.

Leitsatz 29

Erklärungspflicht

Jede Partei hat sich über die von dem Gegner behaupteten Tatsachen zu erklären (Erklärungspflicht).

Tatsachen, die **nicht** ausdrücklich **bestritten** werden, sind als **zugestanden** anzusehen, wenn nicht die Absicht, sie bestreiten zu wollen, aus den übrigen Erklärungen der Partei hervorgeht (§ 138 Abs. 2 und 3).

Die Schlüssigkeit einer Klage hängt damit auch davon ab, ob und wie der Beklagte Behauptungen des Klägers bestreitet und selbst vorträgt. Unter Umständen muss der Kläger seinen Vortrag im Laufe des Verfahrens präzisieren (Substantiierung). Diese Wechselwirkung lässt sich wie folgt beschreiben:

Leitsatz 30

Schlüssigkeit

Ein Sachvortrag ist dann schlüssig, wenn der Kläger **Tatsachen** vorträgt, die in Verbindung mit einem **Rechtssatz geeignet** und **erforderlich** sind, das geltend gemachte Recht als in der Person des Klägers entstanden erscheinen zu lassen. Die Angabe **näherer Einzelheiten**, die Zeit, Ort und Umstände bestimmter Ereignisse betreffen, ist entbehrlich, soweit diese Einzelheiten für die Rechtsfolgen nicht von Bedeutung sind. Eine Ergänzung ist erst **geboten**, wenn infolge der Einlassung des Gegners der Tatsachenvortrag bestritten oder sonst unklar wird.

Anders sähe der Fall z.B. aus, wenn der Beklagte vorträgt, der Kläger habe ihm das Geld von Anfang an geschenkt. Dann bleibt es wegen des Bestreitens durch den Beklagten bei der (einseitigen) Behauptung des Klägers, es liege ein Darlehensvertrag vor, der zur Rückzahlung verpflichte.

Zweitens befasst sich das Gericht damit, ob die Einlassung des Beklagten erheblich ist. Der Tatsachenvortrag des Beklagten, mit dem er dem er die anspruchsbegründenden Umstände des Klägers bestreitet, ist im Rechtssinne erheblich, wenn er damit den Klageanspruch zu Fall bringen kann. In unserem Fall wendet der Beklagte die Erfüllung des Anspruches ein. Das ist ein rechtlich erheblicher Einwand des Beklagten, weil der Anspruch nämlich nicht mehr besteht, wenn der Beklagte bereits gezahlt hat. Die Einlassung des Beklagten führt dazu, dass der „Spieß" jetzt umgedreht wird: Der Beklagte hat die Darlegungslast für die für ihn günstige Tatsache, nämlich die geleistete Rückzahlung. Der Kläger könnte jetzt vortragen, dass er vom Beklagten nichts erhalten hat. Der Kläger bestreitet damit die vom Beklagten behauptete Erfüllung des Rückzahlungsanspruches. Das Bestreiten des Klägers ist für den Einwand der Erfüllung rechtlich erheblich.

Ist das Bestreiten einer Tatsachenbehauptung im rechtlichen Sinne erheblich, dann muss derjenige Beweis anbieten, der sich auf die für ihn günstige Tatsache beruft (Beweislast).

Beispiel 1: Bestreitet der Beklagte das Vorliegen eines Darlehensvertrages, dann muss der darlegungspflichtige Kläger Beweis für den Abschluss des Vertrages anbieten, also z.B. den schriftlichen Vertrag vorlegen oder Zeugen für den mündlichen Vertragsabschluss anbieten.

Beispiel 2: Bestreitet der Kläger, den Darlehensbetrag zurückerhalten zu haben, dann muss der Beklagte darlegen und beweisen, dass er das Geld gezahlt hat, weil die Erfüllung des Rückzahlungsanspruches eine für ihn günstige Tatsache ist.

Abwandlung: Könnte der Beklagte den Abschluss eines Darlehensvertrages damit bestreiten, er wisse nicht, ob er einen solchen Vertrag geschlossen habe?

Nein. Eine Erklärung mit Nichtwissen ist nur über Tatsachen zulässig, die weder eigene Handlungen der Partei noch Gegenstand ihrer eigenen Wahrnehmung gewesen sind (§ 138 Abs. 4).

Mehr zum Thema Darlegungs- und Beweislast, Schlüssigkeit, Erheblichkeit des Bestreitens weiter unten.

Zulässigkeit

Fall 36

Klara aus Köln hat von Bertram aus Bonn ein Fahrrad für 500 € gekauft und bezahlt. Das von Bonn nach Köln gelieferte Fahrrad hat ihrer Ansicht nach erhebliche Mängel. Bertram bestreitet die Mängel und ist nicht bereit, das Fahrrad gegen Rückzahlung des Kaufpreises zurückzunehmen. Klara reicht gegen Bertram Klage auf Rückzahlung des Kaufpreises beim LG Bonn ein und bietet selbst die Rückgabe der „Schrottmühle" an.

Wie werden das LG Bonn und der Beklagte reagieren?

Eine sachliche Zuständigkeit des LG ist bei diesem Streitwert nicht gegeben; vgl. § 23 Nr. 1 GVG. Der Beklagte sollte die Unzuständigkeit rügen und keinesfalls zur Sache verhandeln (vgl. § 39). Das LG wird die Klage zwar zustellen, die Klägerin aber im Rahmen des § 139 rechtzeitig auf die Unzuständigkeit des LG hinweisen, weil Klara riskiert, dass ihre Klage sonst als unzulässig abgewiesen wird (so genanntes Prozessurteil; siehe auch Lektion 7). Stattdessen kann die Klägerin nach § 281 einen Antrag auf Verweisung an das sachlich zuständige AG stellen. Klara muss nur noch das örtlich zuständige AG aussuchen. Örtlich zuständig ist bei der Rückabwicklung des Kaufvertrages das AG Köln, weil sich die Kaufsache vertragsgemäß hier befindet, die Zug-um-Zug gegen den Kaufpreis ausgetauscht werden soll.

Ergänzung: Wird denn das angerufene LG Bonn die Unzuständigkeit nur berücksichtigen, wenn der Beklagte dies ausdrücklich einwendet?

Nein. Die sachliche und örtliche Zuständigkeit ist eine Prozessvoraussetzung und wird im Rahmen der Zulässigkeit der Klage von Amts wegen geprüft.

Leitsatz 31

Zulässigkeit einer Klage

Das Zivilgericht unterscheidet bei der Prüfung einer Klage zwischen
1. den **allgemeinen Prozessvoraussetzungen** (Ist die Klage **zulässig**?) und
2. den **sachlichen Voraussetzungen** für den Erfolg oder Misserfolg der Klage (Ist die Klage **begründet**?).

Über die Begründetheit einer Klage darf wegen der Wirkungen der Rechtskraft **nur** entschieden werden, **wenn** die Klage **zulässig** ist: Die Zulässigkeit einer Klage ist Voraussetzung für ein Sachurteil (**Sachurteilsvoraussetzung**).

Ist die Klage unzulässig, ergeht ein **Prozessurteil**. Über die Zulässigkeit einer Klage oder einzelner Voraussetzungen kann durch Zwischenurteil entschieden werden (§ 281 Abs. 2). Mehr dazu in Lektion 6.

Das Prozessgericht beurteilt die Zulässigkeit einer Klage in jeder Phase des Verfahrens **von Amts wegen** (**Offizialmaxime**).

Ergänzung: Endlich landet der Fall von Klara und ihrem Fahrrad beim AG Köln. Die Richterin hält die Klage für unzulässig, weil Klara nicht belegen kann, dass sie zuvor versucht hat, sich vorher mit Bertram vor einer staatlichen Gütestelle zu einigen.

Kann Klara der Anspruch auf Zugang zu den Gerichten verwehrt werden?

Ja und nein. Festzustellen ist, dass Klara der Anspruch auf Justizgewährung (siehe Lektion 2) ja nicht genommen, sondern nur erschwert wird. Zur Entlastung der Justiz und als Beitrag zum Rechtsfrieden dürfen Bundesländer für ihre Zivilgerichte vorschreiben, dass die Erhebung der Klage erst zulässig ist, wenn versucht worden ist, die Streitigkeit vor einer Gütestelle einvernehmlich beizulegen (§ 15a EGZPO). Nordrhein-Westfalen und andere Bundesländer haben durch Landesgesetze obligatorische Schlichtungsverfahren eingeführt für vermögensrechtliche Streitigkeiten vor den AG über Ansprüche, deren Gegenstand 750 € nicht übersteigt.

Es gibt noch mehr allgemeine Prozessvoraussetzungen.

Übersicht 16: Zulässigkeit der Klage

Voraussetzungen, die u.a. erfüllt sein müssen, damit ein Sachurteil ergehen kann (Prozessvoraussetzungen):

Gerichtsbarkeit, Rechtsweg, sachliche, örtliche und internationale Zuständigkeit	§§ 13, 23, 71 GVG, 1 ff., §12 ff.; Lektion 3
Parteifähigkeit	§ 50; Lektion 4
Prozessfähigkeit	§§ 51, 52; Lektion 4
Postulationsfähigkeit	§ 78; Lektion 4
Prozessführungsbefugnis	Abzugrenzen von der Sachbefugnis (Aktiv- und Passivlegitimation); siehe Lektion 4
Rechtsschutzbedürfnis	wichtigster Fall: rechtliches Interesse an Feststellung (§ 256, siehe Lektion 4). Ferner z.B. regelmäßig nicht gegeben bei Leistungsklagen, wenn Kläger für den Streitgegenstand bereits einen Titel hat.
Ordnungsgemäße Klageerhebung	§ 253; Lektion 5

Keine rechtskräftige Entscheidung in derselben Streitsache	Zu den Wirkungen der Rechtskraft siehe Lektion 9
Keine Rechtshängigkeit bei einem anderen Gericht	§ 261 Abs. 3 Nr. 1; Lektion 5
Obligatorisches Gütestellenverfahren	§ 15a EGZPO in Verbindung mit Landesgesetz.
Schiedsklausel	§ 1032; Lektion 7

Begründetheit

Fall 37

Gisela hat sich „auf Pump" ein gebrauchtes Auto vom Händler Autoquelle GmbH zugelegt. Sie hat mit dem Händler acht Monatsraten à 1000 € vereinbart. Leider kommt sie nicht hinterher, die Raten pünktlich und in der vereinbarten Höhe zu zahlen. Eines Tages reicht die Low Performance GmbH eine Klage gegen Gisela auf Zahlung von 3.800 € bei dem AG an ihrem Wohnort ein. Mit der Klage wird der Kaufvertrag mit der Autoquelle GmbH nebst Ratenzahlungsvereinbarung vorgelegt. Die Begründung der Klage beschränkt sich darauf, dass die Beklagte aus dem Vertrag Rückstände in Höhe von insgesamt 3.800 € habe.

Wie reagiert das Gericht auf diese Klage?

Der Richter wird die Klage zwar zustellen lassen und die weitere Verfahrensart bestimmen. Und er wird jetzt schon die Begründetheit der Klage prüfen.

Dazu konkret nun im Leitsatz.

Übersicht 17: Begründetheit einer Klage

a) Die Begründetheit einer Klage beinhaltet die **Prüfung**, ob

1. der Kläger die Tatsachen **schlüssig** und **substantiiert** vorträgt, die für das Bestehen seines mit dem Klageantrag geltend gemachten Anspruchs erforderlich sind,
2. ob der Kläger **sachbefugt** ist (**aktivlegitimiert**) und
3. ob die vorgebrachten Tatsachen den klägerischen **Anspruch rechtfertigen**. Letzteres betrifft die Frage, ob es im materiellen Recht einen Rechtssatz für diesen Anspruch gibt und ob die vorgetragenen Tatsachen sich unter diesen Rechtssatz subsumieren lassen.

b) Dieselben Überlegungen stellt das Gericht auch in Bezug auf den **Beklagten** an:

– Wird der Vortrag des Klägers **bestritten** oder zugestanden?
– Ist der Beklagte **passivlegitimiert**?
– Trägt der Beklagte selbst **schlüssig Verteidigungsmittel** (Einwendungen im Sinne der ZPO) vor, die den klägerischen Anspruch ausschließen?

Legt man hier allein den Vortrag der Klägerin zugrunde, bestehen schon Bedenken gegen die Begründetheit:

Erstens ist die Aktivlegitimation nicht dargelegt, d.h. Inhaber des geltend gemachten Anspruches zu sein oder berechtigt zu sein, diesen Anspruch im Namen des Inhabers geltend zu machen. Ein Kaufvertrag mit Ratenzahlungsvereinbarung begründet Ansprüche nur zwischen den Vertragsparteien. Die Klägerin ist nicht Vertragspartei. Sie behauptet mit der Klageerhebung aber stillschweigend, dass sie entweder Inhaberin der Forderung ist oder zumindest ermächtigt ist, die fremde Forderung im Namen der Vertragspartei einzuklagen. Ohne Darlegung, dass die Forderung an sie abgetreten wurde (§ 398 BGB) oder sie berechtigt ist, die fremde Forderung im Wege der gewillkürten Prozessstandschaft geltend zu machen, ist die Klage nicht schlüssig.

Zweitens hat die Klägerin nicht schlüssig dargelegt, was denn eingeklagt wird. Die Beklagte ist vertraglich zur Zahlung bestimmter Monatsraten verpflichtet. Ohne Darlegung, welche Monatsraten und in welcher Höhe fällig und noch offen sind, ist der Vortrag nicht aus sich heraus verständlich.

Der Vortrag ist nicht hinreichend substantiiert, um zu erkennen, was denn eingeklagt wird. Eingeklagt werden können nur fällige und rückständige Raten. Ein Anspruch auf Ausgleich eines Saldo kann nur eingeklagt werden, wenn die Vertragsparteien eine entsprechende Kontokorrentklausel verabredet haben. Hierzu trägt die Klägerin nichts vor.

Ergänzung: Termin zur mündlichen Verhandlung wird anberaumt.

Wird der Richter das Ergebnis seiner Prüfung zur Begründetheit für sich behalten und die Klägerin erst im Termin damit überraschen?

Nein, das Gericht lässt die Parteien nicht ins offene Messer laufen.

Nach der Verhandlungsmaxime (Beibringungsgrundsatz) ist es zwar Aufgabe des Klägers, seine Klage schlüssig zu präsentieren. Zudem findet keine Aufklärung der Sache durch das Gericht von Amts wegen statt. Der Anspruch jeder Partei auf rechtliches Gehör aus Art. 103 Abs. 1 GG führt aber dazu, dass das Gericht die tatsächlichen und rechtlichen Aspekte des Falls rechtzeitig offenlegen muss, auf die es seine Entscheidung voraussichtlich stützen wird.

§ 139 stellt Grundsätze auf, wie das Zivilgericht den Prozess aktiv zu gestalten hat; das nennt man materielle Verfahrensleitung.

Leitsatz 32

Materielle Prozessleitung

Nach § 139 hat das Zivilgericht den Sach- und Streitstand mit den Parteien in **tatsächlicher und rechtlicher Hinsicht** zu erörtern (materielle Prozessleitung). Das Gericht muss dafür sorgen, dass die Parteien sich **rechtzeitig und vollständig** über alle erheblichen Tatsachen erklären. Hat eine Partei einen Gesichtspunkt **erkennbar übersehen** oder ihn für unerheblich angesehen, muss das Gericht darauf hinweisen; es darf seine Entscheidung nur auf solche Gesichtspunkte stützen, bei denen die Parteien vorher **Gelegenheit zur Stellungnahme** hatten (**Verbot von Überraschungsentscheidungen**).

Fall 38

Die Buchhaltung des Großhändlers Dacher stellt fest, dass der Kunde Ludwig eine Rechnung für eine Lieferung Dachlatten vor fünf Jahren trotz mehrfacher Mahnungen nicht bezahlt hat. Jetzt reicht Dacher Klage gegen Ludwig auf Zahlung ein. Ludwig beauftragt einen Rechtsanwalt mit seiner Verteidigung.

Darf das Gericht in einem rechtlichen Hinweis nach § 139 Abs. 2 den Kläger darauf hinweisen, das der Kläger keine Zinsen geltend gemacht hat, und den Beklagten darauf hinweisen, dass die Forderung verjährt ist?

Zunächst ist davon auszugehen, dass die Parteien ihre Angriffs- und Verteidigungsmittel selbst vorzubringen haben und dass nicht das Gericht die Sache von Amts wegen aufbereitet (Beibringungsgrundsatz). Die vom Gesetz gewollte umfassende Hinweispflicht des Gerichts findet ihre Grenzen in dem gleichfalls zu beachtenden Gebot, die Parteien gleich zu behandeln und Neutralität zu wahren.

Insoweit ist es grundsätzlich auch Sache des Klägers, welche Ansprüche er gerichtlich geltend macht. Das Gericht kann ihm nicht mehr zusprechen, als er beantragt (§ 308 Abs. 1). Der Hinweis des Gerichts zum fehlenden Zinsantrag ist daher unzulässig.

Nun zum Beklagten: Die Hinweispflicht des Gerichts besteht nach dem Wortlaut des § 139 Abs. 1 nur „soweit erforderlich". Sie entfällt jedoch nicht allein deshalb, weil der Beklagte anwaltlich vertreten ist. Bei der

Verjährung ist zwischen den materiellrechtlichen Wirkungen nach dem BGB und der Berücksichtigung im Prozess zu unterscheiden. Die Forderung für eine Warenlieferung von vor fünf Jahren ist verjährt (§ 195 BGB): Für die Berechnung der Verjährungsfrist aus §§ 195, 199 Abs. 1 Nr. 1 BGB wird das Jahr der Lieferung und Fälligkeit nicht mitgerechnet (Jahr 00, siehe Lektion 5); erst im Folgejahr beginnt die dreijährige Verjährungsfrist (Jahre 01, 02, 03). Wir befinden uns im Jahr 04. Damit hat der Beklagten das Recht, die Zahlung zu verweigern (§ 214 BGB). Durch die Verjährung ist der Anspruch weder in seiner Entstehung oder seiner Durchsetzung gehindert, noch ist der Anspruch automatisch vernichtet (Einwendungen im Sinne des BGB). Vielmehr muss der Beklagte die Einrede der Verjährung selbst erheben, damit sie im Prozess berücksichtigt werden kann.

Aus Sicht des Beibringungsgrundsatzes ist es allein Sache des Beklagten, ob er die Verteidigungsmittel überhaupt kennt, die den Klageanspruch zu Fall bringen können. Und es ist auch seine eigene Entscheidung, ob er – in Kenntnis der Verjährung – die Einrede überhaupt erhebt. Der Hinweis des Gerichts auf die Verjährung ist ein Grenzfall zulässiger Hinweise nach § 139. Der Kläger wird den Hinweis jedenfalls als großzügige Hilfestellung zugunsten des Beklagten ansehen, weil kaum ein Beklagter so blöd sein wird, nach dem ausdrücklichen Hinweis diese Einrede nicht zu erheben.

Ablauf der mündlichen Verhandlung

Fall 39

Ergänzung zum Ratenzahlungs-Auto-Fall 37: Die Beklagte Gisela und der Anwalt der Klägerin erscheinen zum Termin. Gisela ist eine sehr temperamentvolle, bisweilen vorlaute Person und fühlt sich durch die Klage in ihrer Ehre getroffen. Sie kann es kaum erwarten, dem gegnerischen Anwalt im Gerichtssaal öffentlich die Meinung zu sagen.

Geht es gleich nach Aufruf heftig zur Sache?

Nein. Die Beklagte kann nicht alleine das Wort ergreifen und erst recht nicht außerhalb des Streitverhältnisses vom Leder ziehen. Außerdem findet in der Sache vor der mündlichen Verhandlung eine so genannte Güteverhandlung statt.

Leitsatz 33

Gütliche Beilegung

Das Gericht soll nach § 278 Abs. 1 in jeder Lage des Verfahrens auf eine gütliche Beilegung des Rechtsstreits oder einzelner Streitpunkte bedacht sein.

Der mündlichen Verhandlung geht deshalb nach § 278 Abs. 2 zum Zwecke der gütlichen Beilegung des Rechtsstreits regelmäßig eine **Güteverhandlung** voraus. Das Gericht hat in der Güteverhandlung den Sach- und Streitstand mit den Parteien unter freier Würdigung aller Umstände zu erörtern und, soweit erforderlich, Fragen zu stellen. Die **erschienenen Parteien** sollen hierzu persönlich gehört werden; ihr persönliches Erscheinen kann angeordnet werden.

In geeigneten Fällen kann das Gericht den Parteien eine **außergerichtliche Streitschlichtung** vorschlagen. Mehr zum Thema gütliche Beilegung, Mediation und Vergleich siehe Lektion 7 und § 278a.

Ergänzung: Beide Parteien sind stur und uneinsichtig. Die Güteverhandlung bleibt erfolglos.

Schickt das Gericht jetzt Parteien und Anwälte zur Strafe nach Hause?

Nein, unmittelbar an die Güteverhandlung schließt sich die mündliche Verhandlung, also früher erster Termin oder Haupttermin an (§ 279 Abs. 1). Bereits in der Ladung zum Termin weist das Gericht auf die ggf. anschließende mündliche Verhandlung hin.

Die Verhandlung über den Rechtsstreit eröffnet und leitet der/die Vorsitzende des Spruchkörpers (§ 136 Abs. 1); das ist beim AG ein Einzelrichter (§ 22 Abs. 1 GVG) und beim LG der Einzelrichter, sofern nicht die Kammer tagt (§§ 348, 348a).

Leitsatz 34

Vortrag

Der Richter sorgt dafür, dass die Sache **erschöpfend erörtert** wird. Er erteilt den Parteien und ihren Prozessvertretern das Wort und kann es demjenigen entziehen, der seinen Anforderungen nicht Folge leistet (§ 136 Abs. 2 und 3).

Die mündliche Verhandlung wird dadurch eingeleitet, dass die **Parteien ihre Anträge** stellen.

Vorzutragen ist grundsätzlich in **freier Rede** (§ 137 Abs. 1 und 2). Gleichwohl ist das Verlesen aus den vorbereitenden Schriftsätzen und sogar die Bezugnahme auf die dort angekündigten Anträge (§§ 129, 253, 277, 297, Klageschrift, Klageerwiderung) in der Praxis eher die Regel und die freie Rede die Ausnahme.

Der Vortrag der Parteien umfasst das Streitverhältnis in tatsächlicher und in rechtlicher Beziehung. Und sonst nichts.

Fall 40

Weitere Ergänzung zum Ratenzahlungs-Auto-Fall 37: Zur Vorbereitung des Termins erteilt das Gericht der Klägerin einen rechtlichen Hinweis nach § 139 und fordert unter Fristsetzung um Ergänzung und Klärung wegen des bisher unschlüssigen Vortrages nach § 273 Abs. 2 Nr. 1 auf. Trotz Hinweises und Aufforderung schafft es die Klägerin nicht, eine detaillierte Abrechnung der fälligen und rückständigen Raten aufzustellen. Zum Termin bringt die Klägerin nur eine schlecht lesbare Faxkopie der Abtretungsurkunde ohne Unterschriften mit. Die Beklagte bestreitet die Existenz der Abtretung und vorsorglich die Echtheit der Abtretungsurkunde. Daraufhin bittet die Klägerin, vertreten durch einen Rechtsanwalt, im Termin um Gewährung einer angemessenen Frist, um die Klage „hübsch" zu machen.

Wie werden die Beklagte und das Gericht reagieren?

Die Geduld des Gerichts ist nicht unendlich. Der Beibringungsgrundsatz, die Erklärungspflicht aus § 138 und die Beschleunigungs- und Konzentrationsmaxime bedingen einander, so dass das Gericht ab einem bestimmten Zeitpunkt weiteren Vortrag der Parteien wegen Verspätung nicht mehr berücksichtigt.

Leitsatz 35

Angriffs- und Verteidigungsmittel

Nach § 282 Abs. 1 und 2 hat jede Partei in der mündlichen Verhandlung ihre Angriffs- und Verteidigungsmittel, insbesondere **Behauptungen, Bestreiten, Einwendungen, Einreden, Beweismittel** und **Beweiseinreden**, so zeitig vorzubringen, wie es nach der Prozesslage einer sorgfältigen und auf Förderung des Verfahrens bedachten Prozessführung entspricht. Anträge sowie Angriffs- und Verteidigungsmittel, auf die der Gegner voraussichtlich ohne vorhergehende Erkundigung keine Erklärung abgeben kann, sind vor der mündlichen Verhandlung durch **vorbereitenden Schriftsatz** so zeitig mitzuteilen, dass der Gegner die erforderliche Erkundigung noch einzuziehen vermag.

Nach § 296 Abs. 2 können Angriffs- und Verteidigungsmittel, die entgegen § 282 Abs. 1 nicht rechtzeitig vorgebracht oder entgegen § 282 Abs. 2 nicht rechtzeitig mitgeteilt werden, zurückgewiesen werden, wenn ihre Zulassung nach der freien Überzeugung des Gerichts die Erledigung des Rechtsstreits verzögern würde und die Verspätung auf grober Nachlässigkeit beruht.

Außerdem sind nach § 296 Abs. 1 Angriffs- und Verteidigungsmittel, die erst nach Ablauf einer hierfür gesetzten Frist (z.B. Auflage zwecks Vorbereitung nach § 273 Abs. 2 Nr. 1 und 5; Frist zur schriftlichen Klageerwiderung nach § 275 Abs. 1 Satz 1) vorgebracht werden, nur zuzulassen, wenn nach der freien Überzeugung des Gerichts ihre Zulassung die Erledigung des Rechtsstreits nicht verzögern würde oder wenn die Partei die Verspätung genügend entschuldigt. Entsprechendes gilt für Fristen, die im schriftlichen Vorverfahren, im Termin oder dem Kläger zwecks Stellungnahme des Klägers auf die Klageerwiderung (Replik) gesetzt werden; vgl. und §§ 275 Abs. 3 und 4, 276 Abs. 1 Satz 2 und Abs. 3, 277.

Die Nichtzulassung bzw. Zurückweisung verspäteter Angriffs- und Verteidigungsmittel wird Präklusion genannt.

Im vorliegenden Fall hat es die Klägerin versäumt, die Auflagen zwecks Ergänzung ihres Vortrages zu erfüllen. Die bisher fehlende Darlegung, für welche Monate sie Zahlungen verlangt, führt dazu, dass der Klägerin eine weitere Frist zur Ergänzung ihres Vortrages nachgelassen werden müsste und es bedürfte eines weiteren Termins, um die Sache abschließend zu verhandeln. Die Verspätung ist nicht entschuldigt und verzögert die Erledigung des Rechtsstreits. Außerdem ist es sehr nachlässig, erst zum Termin die Abtretung der Forderung zu behaupten und dann noch eine unvollständige Urkunde in Kopie vorzulegen, die ein Bestreiten der Existenz und Echtheit durch die Beklagte geradezu provoziert. Deshalb wird das Gericht jeden weiteren Vortrag der Klägerin wegen Verspätung nicht berücksichtigen.

Der Klägerin bleibt lediglich die Möglichkeit, heute keinen Antrag zu stellen. Die Beklagte wird dann den Erlass eines Versäumnisurteils beantragen. Auf den Einspruch der Klägerin kann der bisher versäumte Vortrag grundsätzlich nachgeholt werden; mehr zum Versäumnisurteil siehe Lektion 8.

Abwandlung: Nach eingehender Verhandlung und Erörterung erklärt nun der Anwalt der Klägerin,

1. dass er die Klage gegen Gisela zurücknehme in Höhe von 1.400 €;

2. dass er nur noch rückständige Raten in Höhe von 2.400 € geltend mache, und zwar jeweils 1.000 € für die Monate Juli und August und 400 € Rest für die Rate aus Dezember;

3. dass er keine andere Urkunde habe, um die Abtretung zu beweisen.

Die Beklagte ist skeptisch und sagt, dass sie das alles erst glaube, wenn sie es schriftlich hat. Außerdem wendet die Beklagte ein, dass sie noch keine Gelegenheit hatte, sich zu dem neuen Vortrag des Klägers zu äußern. Vorsorglich beantragt sie, die Klage „zurückzuweisen".

Wird das Gericht auf die Wünsche der Beklagten eingehen?

Teilweise ja. Es geht um drei Punkte.

Der erste Punkt betrifft die Protokollierung der mündlichen Verhandlung.

Übersicht 18: Protokoll

Über die **Verhandlung** und jede **Beweisaufnahme** ist ein Protokoll aufzunehmen, das nach § 160 u.a. folgende Angaben enthält:

1. – Ort und Tag der Verhandlung
   – Namen der Richter
   – Namen des Urkundsbeamten der Geschäftsstelle
   – Namen des etwa zugezogenen Dolmetschers
   – Bezeichnung des Rechtsstreits
   – Namen der erschienenen Parteien
   – Namen der Nebenintervenienten
   – Namen der Vertreter, Bevollmächtigten und Beistände
   – Namen der Zeugen und Sachverständigen
   – die Angabe, dass öffentlich verhandelt oder die Öffentlichkeit ausgeschlossen worden ist

Das Protokoll enthält zudem die **wesentlichen Vorgänge** der Verhandlung. Dazu zählen:

2. – Feststellungen zu Sachanträge und Prozesshandlungen; z.B. Anträge
   – Entscheidungen (Urteile, Beschlüsse und Verfügungen) des Gerichts
   – die Verkündung der Entscheidungen
   – das Ergebnis der Güteverhandlung

3. – Feststellungen zu einem Anerkenntnis
   – Feststellungen zu einem Anspruchsverzicht
   – Feststellungen zu einem Vergleich
   – Geständnis und Erklärung über einen Antrag auf Parteivernehmung
   – Aussagen der Zeugen, Sachverständigen und vernommenen Parteien
   – das Ergebnis eines Augenscheins
   – die Zurücknahme der Klage oder eines Rechtsmittels
   – der Verzicht auf Rechtsmittel
   – zu Protokoll aufgenommene Anträge
   Diese Angaben sind zudem den Beteiligten zwecks Genehmigung des Inhalts vorzulesen oder zur Durchsicht vorzulegen (§ 162)

Der zweite Punkt betrifft die Gewährung einer Frist zur Stellungnahme nach § 283 für die Beklagte, weil sie nicht in der Lage ist, sich noch in der mündlichen Verhandlung auf das neue Vorbringen des Gegners erklären. Ein Schriftsatznachlass zugunsten der Beklagten ist aber hier überflüssig, weil der Fall entscheidungsreif ist. Es kommt nicht mehr auf die Stellungnahme der Beklagten an. Entscheidungsreif ist der Rechtsstreit, weil die Beklagte die Existenz der Abtretung und die Echtheit der Urkunde bestritten hat und weil die darlegungspflichtige Klägerin auf dieses erhebliche Bestreiten keine Beweise anbietet. Hierzu mehr weiter unten.

Der dritte Punkt betrifft das Begehren der Beklagten, dass das Gericht der Klage nicht stattgebe.

Leitsatz 36

Abweisung/Zurückweisung

Die ZPO spricht bei einer **erfolglosen Klage** von der Abweisung der Klage. **Andere Anträge** und **Gesuche** werden in der Terminologie der ZPO zurückgewiesen.

Auf diese feine **sprachliche Unterscheidung** wird gerade bei Prüfungen großer Wert gelegt.

Das Gericht wird den Antrag der Beklagten schon verstehen und ihn richtig in das Protokoll einsetzen. Der Antrag der Beklagten belegt, dass sie im Termin zur Sache verhandelt hat und nicht etwas säumig gewesen ist. Eine streitige Verhandlung führt zu einem so genannten streitigen Urteil. Zum Verfahren bei Säumnis einer Partei siehe Lektion 7.

Ergänzung: Wann trifft das Gericht überhaupt eine Entscheidung über den Rechtsstreit? Nur bei Vollmond? Welche Entscheidung trifft das Gericht?

Die pauschale Antwort auf die beiden ersten Fragen lautet: Am Schluss der Sitzung. Die Antwort auf die dritte Frage lautet, dass es darauf ankommt.

Leitsatz 37

Entscheidungen

Ziel der mündlichen Verhandlung ist es, den Rechtsstreit in einem umfassend vorbereiteten Termin zu erledigen. Die Verhandlung wird geschlossen, wenn nach Ansicht des Gerichts die Sache **vollständig erörtert** ist. Das Gericht verkündet dann sein Urteil (§§ 272 Abs. 1, 136 Abs. 4). Das Urteil wird am **Schluss** der mündlichen Verhandlung oder in einem gesondert anberaumten **Termin** verkündet (§ 310). Ist der Rechtsstreit aber noch nicht zur Entscheidung reif, dann erlässt das Gericht entweder einen **Beschluss** (z.B. über die Erhebung von Beweisen), ordnet einen **weiteren Termin** zur Fortsetzung der mündlichen Verhandlung an **oder** trifft **andere** Verfügungen.

Ergänzung: Das Gericht hat am Schluss der Sitzung in das Protokoll aufgenommen, dass die Klage abgewiesen wird. Bevor das Urteil schriftlich vollständig abgefasst worden ist, legt die Klägerin nunmehr eine soeben erstellte Abtretungserklärung vor.

Wird das Gericht diesen Eingang und das neue Vorbringen der Klägerin berücksichtigen?

Nein, nach Schluss der mündlichen Verhandlung, auf die das Urteil ergeht, können Angriffs- und Verteidigungsmittel nicht mehr vorgebracht werden (§ 296a). Ausnahmsweise wird die geschlossene Verhandlung nach § 156 wiedereröffnet, wenn z.B. der Anspruch auf rechtliches Gehör oder die Hinweis- und Aufklärungspflichten aus § 139 verletzt worden sind oder ein Grund vorliegt, der ein Wiederaufnahmeverfahren rechtfertigt.

Das ist hier nicht der Fall. Die Klägerin muss schauen, ob sie mit einer Berufung neuen Angriffsmittel vorbringen kann; mehr dazu Lektion 9.

Beweisverfahren

 Fall 41

Der Kläger verlangt von dem Pizzeriabetreiber Giuseppe in Gelsenkirchen für die Lieferung von Getränken am 5. Mai Zahlung von 2.000 €. Der

Beklagte trägt vor, dass er den Betrag am 10. Oktober bar an einen Mitarbeiter des Klägers gezahlt habe; der Mitarbeiter habe ihm eine Quittung erteilt; die Quittung sei leider nicht mehr auffindbar. In der Replik trägt der Kläger vor: er habe sämtliche Geschäftsunterlagen durchsucht, ohne eine Kopie oder Durchschrift der vom Beklagten angeführten Quittung zu finden; ein Geldeingang sei nicht verbucht worden und er wisse nichts von einer Übergabe des Geldes an einen seiner Mitarbeiter, die er vorsorglich alle befragt habe.

Wie wird das Gericht am Schluss der mündlichen Verhandlung entscheiden?

Es kommt darauf an, ob der Beklagte Beweis anbieten kann für seine Behauptung, er habe bar bezahlt. Das Gericht wird die Klage durch Urteil abweisen, wenn er trotz Beweislast keine Beweismittel anbietet. Andernfalls wird das Gericht direkt in die Beweisaufnahme einsteigen oder einen Beweisbeschluss erlassen und in einem weiteren Termin anberaumen.

Beweislast? Beweisaufnahme? Warum kommt es darauf an, ob ausgerechnet der Beklagte Beweis anbietet oder nicht? Warum nicht der Kläger?

Ausgangspunkt ist die Verhandlungsmaxime, d.h., dass die Parteien im eigenen Interesse die vom Gericht zu würdigenden Tatsachen vollständig vortragen. Da es einen Streit zwischen den Parteien gibt, geht die ZPO davon aus, dass jede Partei die für sie günstigen Tatsachen schlüssig vorträgt.

Der Vortrag des Klägers, er habe mit dem Beklagten einen Vertrag geschlossen, aus dem ein Anspruch auf Zahlung in Höhe von 2.000 € entstanden ist, ist schlüssig. Dieser Vortrag ist als zugestanden anzusehen, weil der Beklagte in der Klageerwiderung diese vom Kläger behauptete Tatsache nicht bestreitet (unstreitig und zugestanden; § 138 Abs. 2 und 3).

Im Streit steht die vom Beklagten behauptete Tatsache „Zahlung". Die Zahlung bewirkt rechtlich die Erfüllung der Forderung (§ 362 BGB). Es handelt sich um eine rechtsvernichtende Einwendung des Beklagten. Der Beklagte trägt mit dieser Einwendung selbst sehr konkret die tatsächlichen Umstände vor, die er als Verteidigungsmittel im Prozess berücksichtigt haben möchte. Sein Vortrag ist auch schlüssig. Da der Kläger aber diese behauptete Tatsache des Beklagten dezidiert bestritten – und nicht bloß mit Nichtwissen (vgl. § 138 Abs. 4) –, stellt sich die Frage, wie diese Pattsituation im Zivilprozess rechtlich gelöst wird.

Werfen Sie zunächst einen Blick zurück auf die Lektion 5 zur Schlüssigkeit. Ausgangspunkt ist, dass der Streit um die Zahlung erheblich ist für den Ausgang des Rechtsstreits. Der Streitpunkt ist entscheidungserheblich.

Leitsatz 38

Beweislast

Die ZPO geht davon aus, dass nach der Verhandlungsmaxime (**Beibringungsgrundsatz**) jede Partei die für sie günstige Tatsachen darzulegen hat (**Darlegungslast**). Bestreitet die andere Partei diese Tatsache, dann muss die darlegungspflichtige Partei Beweis anbieten für die Richtigkeit der behaupteten Tatsache (**Beweislast**). Kann die Partei, der die Beweisführung obliegt (**Beweisführer**), keine Beweismittel anbieten oder bestätigt die Beweisaufnahme nicht die Richtigkeit der behaupteten Tatsache, dann geht das zu Lasten der beweispflichtigen Partei. Die Partei läuft dann Gefahr, den **Prozess zu verlieren**. Die Lateiner nennen diese Situation „non liquet".

Hier ist der Beklagte darlegungs- und beweispflichtig, weil die Zahlung als Erfüllungshandlung den vom Kläger behaupteten Zahlungsanspruch vernichtet. Nur zu dumm, dass Giuseppe die Quittung nicht mehr findet. Diese Privaturkunde wäre hier das ideale Beweismittel, weil die vom Kläger unterschriebene Urkunde die Vermutung der Echtheit trägt (§ 440 Abs. 2). Mal schauen, ob der Beklagte auch ohne Urkunde klar kommt.

Ergänzung: Das Gericht weist den Kläger im Termin nach § 139 darauf hin, dass er beweispflichtig ist für die behauptete, aber vom Kläger bestrittene Zahlung. Giuseppe schaut den Richter mit seinen azurblauen Augen an und sagt, dass er, Giuseppe, Sohn eines venezianischen Zollbeamten, immer schon seine Schulden bezahlt habe; das wisse die ganze Stadt und deshalb müsse er das nicht beweisen.

Ist der Beweis entbehrlich?

Nein.

Leitsatz 39

Beweis oder nicht?

Unstreitige und **nicht entscheidungserhebliche** Tatsachen müssen nicht bewiesen werden.

Auch **offenkundige** Tatsachen bedürfen keines Beweises. Offenkundig ist nach § 291 eine Tatsache, die allgemein oder dem Gericht aus eigener Tätigkeit bekannt ist.

Gegenstand der Beweiserhebung ist hier nicht, ob Giuseppe generell ein „Ehrenmann" ist, sondern konkret, ob er eine bestimmte Rechnung des Klägers beglichen hat oder nicht. Das Gericht wird deshalb weiterhin vom Beklagten Beweise verlangen für die von ihm behauptete Zahlung.

Ergänzung: Giuseppe beantragt nun, seinen Neffen Gigi als Zeugen für die Übergabe des Geldes zu vernehmen, weil er an dem besagten Tag dabei gewesen sein soll. Außerdem bietet Giuseppe sich und den Kläger als Zeugen an.

Wie reagiert das Gericht auf diese Beweisangebote?

Das Gericht wird zunächst den Kläger fragen, was er von diesen Beweisangeboten des Beklagten hält. Gigi kommt als Zeuge in Betracht. Giuseppe und der Kläger sind Partei und können deshalb nicht Zeugen sein. Jedoch ist unter bestimmten Umständen die Beweisführung durch Vernehmung der Parteien zulässig.

Übersicht 19: Beweismittel

Beweis über die Richtigkeit einer bestrittenen und entscheidungserheblichen Tatsache kann geführt werden durch:

Einnahme des Augenscheins	§ 371: Gegenstand ist die gegenständliche Wahrnehmung durch das Gericht mittels Sehen, Hören, Riechen, Schmecken und Anfassen.

Vernehmung von Zeugen	§§ 373 ff.: Beweisantritt erfolgt durch Benennung des Zeugen und Bezeichnung der Tatsachen und Vorgänge, über welche die Vernehmung des Zeugen stattfinden soll. Gegenstand der Beweiserhebung ist, was dem Zeugen von dem Gegenstand seiner Vernehmung (Beweisthema) bekannt ist. Gegenstand der Beweisaufnahme ist nach § 396 die eigene Wahrnehmung des Zeugen und nicht, was der Zeuge glaubt oder meint! Zeuge kann nur sein, wer nicht Partei ist. Der Zeuge ist zur Aussage verpflichtet, wenn er nicht ein Zeugnisverweigerungsrecht hat. Vor der Vernehmung wird der Zeuge zur Wahrheit ermahnt und darauf hingewiesen, dass er in unter Umständen seine Aussage zu beeidigen habe, wenn das Gericht das mit Rücksicht auf die Bedeutung der Aussage oder zur Herbeiführung einer wahrheitsgemäßen Aussage für geboten erachtet und die Parteien auf die Beeidigung nicht verzichten (§ 391). Ein Zeuge macht sich strafbar, wenn er unrichtig aussagt. Der Zeuge kann durch das Gericht und die Parteien auch über solche Umstände befragt werden, die seine Glaubwürdigkeit in der vorliegenden Sache betreffen, insbesondere über seine Beziehungen zu den Parteien (§ 395 Abs. 2 Satz 2).
Sachverständige	§§ 402 ff.: Gegenstand ist die Begutachtung streitiger Tatsachen und ihrer Grundlagen durch Person mit besonderer Sachkunde. Der Sachverständige löst keine Rechtsfragen! Die Begutachtung ist z.B. da erforderlich, wo das Gericht nicht selbst durch Einnahme des Augenscheins eine Tatsache wahrnehmen oder Zustände selbstständig beurteilen kann. Beispiel: Augenschein durch Richter, ob ein Kleidungsstück einen Fleck hat; aber Gutachten eines Sachverständigen, ob und wie der Fleck beseitigt werden kann. Der Beweis wird erhoben entweder durch Vernehmung des Sachverständigen oder durch Einholung eines schriftlichen Gutachtens. Voraussetzung für die Verwertung der Aussage oder des Gutachtens ist grundsätzlich, dass ein Gericht den Sachverständigen bestellt; von den Parteien eingeholte Gutachten ersetzen den Beweis durch Sachverständige nicht.
Sachverständiger Zeuge	§ 414: Hier gelten die Regeln für den Zeugenbeweis. Beispiel: Ein Arzt wird Zeuge eines Verkehrsunfalls und ist kraft seiner Sachkunde in der Lage, über die Art und Schwere der Verletzung eines Unfallopfers auszusagen.

Vorlage von Urkunden	§§ 415 ff.: Der Beweis wird durch Vorlegung der Urkunde angetreten (§ 420); entweder der Beweisführer legt die Urkunde vor, oder ein Dritter, wenn ihm die Urkunde vorliegt, oder der Beweisgegner, wenn dieser zur Vorlegung der Urkunde verpflichtet ist oder der Beweisführer darauf Bezug nimmt. Der Umfang des Beweises, der durch die Vorlage der Urkunde geführt werden kann, hängt von der Art der Urkunde ab: öffentliche Urkunden (z.B. Erbschein, Urkunde eines Notars) begründen vollen Beweis des durch die Behörde oder Notar beurkundeten Vorganges. Privaturkunden (z.B. eine Quittung) begründen, sofern sie von den Ausstellern unterschrieben oder mittels notariell beglaubigten Handzeichens unterzeichnet sind, vollen Beweis dafür, dass die in ihnen enthaltenen Erklärungen von den Ausstellern abgegeben sind. Die Echtheit wird nach dem Gesetz vermutet; der Beweis des Gegenteils ist zulässig.
Vernehmung der Parteien	§§ 445 ff.: Kann eine Partei den ihm obliegenden Beweis nicht mit anderen Beweismitteln führen (Beweisnot), dann kann sie beantragen, dass der Gegner über die zu beweisende Tatsache vernommen wird. Auf Antrag und mit Zustimmung des Gegners kann auch der Beweisführer vernommen werden. Wie bei den Zeugen kommt es besonders auf die Glaubwürdigkeit an. Deshalb sind auch Beeidigungen der Parteien zulässig.
Selbstständiges Beweisverfahren	§§ 485 ff. Während oder außerhalb eines Streitverfahrens kann auf Antrag einer Partei die Einnahme des Augenscheins, die Vernehmung von Zeugen oder die Begutachtung durch einen Sachverständigen angeordnet werden, wenn der Gegner zustimmt oder zu besorgen ist, dass das Beweismittel verloren geht oder seine Benutzung erschwert wird. Siehe Lektion 8

Ergänzung: Was macht das Gericht, wenn der Zeuge Gigi in Dresden wohnt und nicht im Gerichtsaal des AG Gelsenkirchen anwesend ist?

Das Gericht schreitet nach der streitigen Verhandlung im frühen ersten Termin bzw. im Haupttermin zur Beweisaufnahme (§§ 279 Abs. 2, 284). Da der Zeuge nicht im Termin anwesend ist, wird das Gericht Beweis erheben in der Weise, dass es gemäß § 359 einen Beweisbeschluss erlässt mit dem Inhalt, dass der Zeuge zu der behaupteten Zahlung und seinen Modalitäten (Zeit, Ort, Beteiligte) vernommen werden soll. Ferner wird das Gericht den Kläger fragen, ob und wann der Zeuge Gigi in nächster Zeit in Gelsenkirchen sein wird. Das Gericht hat grundsätzlich zwei Möglichkeiten bei ortsfremden Zeugen. Entweder wird der Zeuge – nach Zahlung eines Vorschusses für die Zeugenentschädigung einschließlich Reisekosten durch den Kläger (§ 379 und JVEG) – zu einem Beweistermin in Gelsenkirchen geladen oder das Gericht ordnet im Beweisbeschluss an, dass der Zeuge durch einen ersuchten Richter am Wohnort des Zeugen zu vernehmen ist. Die Vernehmung eines Zeugen durch eine andere Person als den Richter, der letztlich das Urteil sprechen soll, ist eine Ausnahme von der Prozessmaxime der Unmittelbarkeit. Entsprechendes gilt, wenn der Rechtsstreit beim LG geführt wird und die Kammer als Spruchkörper ein einzelnes Mitglied mit der Beweisaufnahme beauftragt (§ 361).

Leitsatz 40

Besonderheiten beim Zeugenbeweis

Die Aufnahme des Zeugenbeweises darf nach § 375 **einem Mitglied** des Prozessgerichts oder **einem anderen Gericht** nur übertragen werden,

– wenn von **vornherein anzunehmen** ist, dass das Prozessgericht das Beweisergebnis auch ohne unmittelbaren Eindruck von dem Verlauf der Beweisaufnahme sachgemäß zu würdigen vermag, und wenn zur Ausmittlung der Wahrheit die Vernehmung des Zeugen an Ort und Stelle dienlich erscheint;

– wenn der **Zeuge verhindert** ist, vor dem Prozessgericht zu erscheinen und eine Zeugenvernehmung nach § 128a Abs. 2 (Verhandlung im Wege der Bild- und Tonübertragung) nicht stattfindet;

– oder wenn dem Zeugen das Erscheinen vor dem Prozessgericht wegen **großer Entfernung** unter Berücksichtigung der Bedeutung seiner Aussage nicht zugemutet werden kann.

Das Gericht kann auch eine **schriftliche Beantwortung** der Beweisfrage anordnen nach § 377 Abs. 3, wenn es dies im Hinblick auf den Inhalt der Beweisfrage und die Person des Zeugen für ausreichend erachtet. Der Zeuge ist darauf hinzuweisen, dass er zur Vernehmung geladen werden kann.

Diese besonderen Umstände, die eine Durchbrechung des Grundsatzes der Unmittelbarkeit rechtfertigen, liegen hier nicht vor. Gigi muss von Dresden nach Gelsenkirchen reisen.

Erst nach Vernehmung des Zeugen Gigi wird feststehen, ob eine Vernehmung des Beweisgegners als Partei und der Beklagte selbst in Frage kommt. Parteivernehmungen sind erst zulässig, wenn sonst kein anderes Beweismittel zur Verfügung steht oder die Beweiserhebung nicht das vom Beweisführer gewünschte Ergebnis bringt (§ 445).

Ergänzung: Der Beklagte wünscht, dass der Zeuge Gigi nicht im Beisein des Klägers vernommen wird, weil Gigi stark stottert. Deshalb soll die Beweisaufnahme ganz ohne Publikum erfolgen.

Wird das Gericht die Wünsche des Beklagten erfüllen?

Nein. Parteien ist gestattet, der Beweisaufnahme beizuwohnen und dem Zeugen Fragen zu stellen (§§ 357, 397). Das Ergebnis der Beweisaufnahme wird protokolliert (§ 160 Abs. 3 Nr. 4). Zudem ist die Verhandlung des erkennenden Gerichts einschließlich der Verkündung des Urteils und der Beschlüsse öffentlich. Ausnahmen vom Grundsatz der **Öffentlichkeit** gibt es nur in bestimmten Familiensachen, oder zum Schutz der Privatsphäre und Minderjähriger, bei Gefährdung der Staatssicherheit, der öffentlichen Ordnung oder Sittlichkeit, bei Gefährdung von Leben und Gesundheit sowie zum Schutz von Betriebsgeheimnissen (§§ 169 ff. GVG).

Ergänzung: Wie würdigt das Gericht die Aussagen des Zeugen?

Leitsatz 41

Freie Beweisführung

Nach § 286 entscheidet das Gericht nach **freier Überzeugung** unter Berücksichtigung des gesamten Inhalts der Verhandlung und des Ergebnisses der Beweisaufnahme, ob es eine tatsächliche Behauptung für **wahr** oder für **nicht wahr** erachtet (freie Beweiswürdigung). In dem Urteil sind die Gründe anzugeben, die für die richterliche Überzeugung leitend gewesen sind.

Der Richter wird die Aussage unter zwei Gesichtspunkten würdigen:

Erstens, ob die Aussage des Zeugen glaubhaft erscheint. Das beinhaltet z.B. die Feststellung, ob der Zeuge tatsächlich in dem Raum anwesend war und ob er so nahe bei dem Geschehen stand, um alles vollständig mitzubekommen. Das setzt u.a. voraus, dass der Zeuge nicht nur die Behauptung des Beweisführers knapp bestätigt, sondern seine Wahrnehmung mit eigenen Worten im Zusammenhang schildert (Vernehmung zur Sache nach § 396).

Zweitens ist die Glaubwürdigkeit des Zeugen zu bewerten. Nach § 395 Abs. 1 Satz 2 wird das Gericht dem Zeugen Fragen über solche Umstände stellen, die seine Glaubwürdigkeit in der vorliegenden Sache betreffen, insbesondere über seine Beziehungen zu den Parteien, ob der Beklagte mit dem Zeugen das Beweisthema vorher besprochen hat, etc. Die Befragung dient auch dazu, zu erforschen, ob der Zeuge ein Zeugnisverweigerungsrecht hat. Bevor er zur Sache aussagt, ist er hier über das Recht zu belehren, die Aussage wegen der Verwandtschaft zum Beklagten zu verweigern (§ 383 Abs. 1 Nr. 3).

Nach der Beweisaufnahme wird die mündliche Verhandlung fortgesetzt und das Ergebnis mit den Parteien erörtert (§§ 279 Abs. 3, 285, 370).

Fall 42

Meier hat Zahnschmerzen. Der Zahnarzt Huber stellt fest, dass Teile des Zahnfleisches vereitert sind. Die Behandlung wird schmerzhaft sein. Deshalb spritzt Huber seinem Patienten vor dem Eingriff ein lokal wirkendes Betäubungsmittel. Unmittelbar nach dem Setzen der Spritze wird Meier bewusstlos. Ein Notarzt muss kommen und Meier überlebt knapp. Es stellt sich heraus, dass Meier wegen einer chronischen Erkrankung ständig ein bestimmtes Medikament nimmt, das nach Angaben des Herstellers mit einer gewissen Wahrscheinlichkeit unverträglich ist zu dem Betäubungsmittel des Zahnarztes. Meier klagt gegen den Zahnarzt Huber auf Schmerzensgeld wegen der Körperverletzung. Der Zahnarzt Huber verteidigt sich damit, dass er die Spritze fachgerecht angesetzt habe und dass er das Mittel schon seit Jahren ohne Beanstandungen bei hunderten Patienten verwendet habe.

Ist die Einlassung des Beklagten erheblich? Muss der Kläger die Ursächlichkeit zwischen Betäubungsmittel und seiner Bewusstlosigkeit beweisen?

Beide Fragen sind mit „Nein" zu beantworten.

Der Kläger ist zwar beweispflichtig für die aus seiner Sicht günstigen Tatsachen. Das sind bei Schadensersatz- und Schmerzensgeldansprüchen insbesondere die Ursächlichkeit einer Handlung des Beklagten für den Eintritt des Schadens, das Verschulden des Beklagten und die Ursächlichkeit der Handlung für den Schaden dem Umfang nach.

Der Kläger ist zwar beweispflichtig für die aus seiner Sicht günstigen Tatsachen. Das sind bei Schadensersatz- und Schmerzensgeldansprüchen insbesondere die Ursachlichkeit einer Handlung des Beklagten für den Eintritt des Schadens, das Verschulden des Beklagten und die Ursachlichkeit der Handlung für den Schaden dem Umfang nach.

Das ist auf den ersten Blick ein schwieriges Unterfangen, weil das Gericht von der Richtigkeit dieser Tatsachen zu überzeugen ist; vgl. § 286. Nach diesem Grundsatz zur Beweislast reicht eine gewisse Wahrscheinlichkeit wegen Unverträglichkeit nicht aus, um im konkreten Fall des Klägers einen kausalen physiologischen Zusammenhanges zwischen der zahnärztlichen Behandlung und dem Schadenseintritt zu beweisen. Streng genommen ist der Beweis selbst dann noch nicht geführt, wenn der Kläger sich erneut eine solche Spritze setzt und erneut bewusstlos wird, weil ja die allgemeine Konstitution des Klägers am ersten Behandlungstag nicht rekonstruiert werden kann, die mitursachlich sein kann.

Die Beweisschwierigkeiten des Klägers beruhen auf der – unstreitigen – Komplexität der Geschehensabläufe; komplex deshalb, weil es viele theoretische Ursachen geben kann, ohne den Fall individuell mit letzter Sicherheit nachzeichnen zu können.

Aus Gründen der Billigkeit lässt die Rechtsprechung deshalb Beweiserleichterungen zu und stellt die Beweislast bisweilen sogar um (Beweislastumkehr). Das ist insbesondere der Fall, wenn es Erfahrungssätze gibt über typische Geschehensabläufe.

Beispiel: Ein Mensch verletzt sich beim Sturz von der Kellertreppe; das Licht war nicht eingeschaltet. Hier liegt es auf den ersten Blick nahe, die fehlende Sicht als Ursache für das Stolpern und den folgenden Sturz anzusehen.

Leitsatz 42

Anscheinsbeweis

Ein Anscheinsbeweis (**prima facie**) wird durch die Rechtsprechung zugelassen bei komplexen Geschehensabläufen, bei denen ein bestimmter Sachverhalt feststeht, der nach **allgemeiner Lebenserfahrung typischerweise** auf eine bestimmte Ursache oder auf einen bestimmten Ablauf hinweist, der maßgeblich ist für einen bestimmten Erfolg, z.B. für einen Schadens ist. Das hat zur Folge, dass der Beweisgegner diesen ersten Anschein erschüttern und hierfür Gegenbeweis antreten muss. Grundlage des Anscheinsbeweises sind allgemeine Erfahrungssätze über **typisierte Geschehensabläufe** (z.B. bei technischen Produkten, Verkehr, ärztlicher Behandlung), die das Gericht im Rahmen der freien Beweiswürdigung nach § 286 feststellt.

Gesetzlich anerkannt ist der Anscheinsbeweis bei der Verwendung einer qualifizierten elektronischen Signatur (§ 292a). Der Beweisgegner kann den Anschein der Echtheit der elektronisch abgegebenen Willenserklärung nur erschüttern, indem er Tatsachen vorträgt, die ernstliche Zweifel begründen, die Erklärung sei mit dem Willen des Inhabers des Signaturschlüssels abgegeben worden.

Im Beispiel des Treppensturzes bei Dunkelheit könnte ein Beweisgegner den ersten Anschein zur Ursächlichkeit der fehlenden Beleuchtung z.B. mit dem Beweis erschüttern, dass der Sturz auf Trunkenheit beruht.

Ergänzung: Im Prozess des Meier stellt sich heraus, dass der beklagte Zahnarzt den Patienten vorher nicht befragt hat über Vorerkrankungen und etwaige Medikamenteinnahmen. Es gibt auch keine Aufzeichnungen des Zahnarztes über die Krankengeschichte.

Hat Kläger Meier jetzt bessere Chancen, den Prozess zu gewinnen?

Ja, nach den Regeln der ärztlichen Kunst muss der Beklagte vor dem Einsatz einer bestimmten Behandlung die Risiken abwägen und den Patienten aufklären. Das setzt voraus, dass der Zahnarzt die Vorgeschichte kennt. Wenn er den Patienten weder befragt noch sonst Einzelinformationen ermittelt, kann er die Risiken gar nicht abschätzen. Der Beklagte bringt sich selbst um die Möglichkeit, den Patienten mit der nötigen ärztlichen Sorgfalt zu behandeln. Die Ursächlichkeit für den Schadenseintritt wird dann auf den Zeitpunkt der pflichtwidrig unterlassenen Anamnese vorverlagert. Dem Zahnarzt bzw. seiner Haftpflichtversicherung bleibt nur die Möglichkeit, Gegenbeweis anzutreten und dabei zu beweisen, dass das grobe Fehlverhalten des Beklagten nicht ursächlich war, weil der Patient auch bei erfolgter Anamnese und Aufklärung sowie ohne Betäubungsmittelgabe ohnehin kollabiert wäre. Das ist aber unwahrscheinlich. Es gibt nämlich keinen allgemeinen Erfahrungssatz, dass Patienten beim Zahnarzt generell ohnmächtig, geschweige denn bewusstlos werden.

Fall 43

Anton und Ida haben ihre Flitterwochen auf Mallorca verbracht. Jetzt klagen sie gegen den Reiseveranstalter auf Zahlung von jeweils 300 € wegen entgangener Urlaubsfreude: Die Kläger mussten drei Tage auf dem Hotelzimmer eine Lebensmittelvergiftung auskurieren, die sie sich am Buffet durch einen verdorbenen Waldorfsalat geholt haben. Der Salat war verdorben, weil der Strom und damit die Kühlung ausgefallen waren. Die Verantwortlichkeit des beklagten Reiseveranstalters ist unstreitig, er hatte vor Klageerhebung jeweils 150 € pro Person angeboten. Das war Anton und Ida nicht genug für die unsäglichen Magenkrämpfe. Im Termin hat der Beklagte den Klageanspruch in Höhe von 150 € pro Person anerkannt. Gestritten wird über die Differenz.

Wird das Gericht Beweis erheben über Art und Umfang der Beschwerden, wenn der Beklagte die Angemessenheit des angesetzten Betrages in Frage stellt?

Nein.

Jeder Mensch hat in seinem Leben verdorbene Lebensmittel „genossen" und mit den Folgen gekämpft, auch der erkennende Richter. Er wird daher den Schaden schätzen. Eine Beweiserhebung ist nicht gerechtfertigt, weil ein Sachverständigengutachten Kosten verursachen würde, die außer Verhältnis zur Streitsumme stehen.

Leitsatz 43

Höhe des Schadens

Ist unter den Parteien streitig, ob ein Schaden entstanden sei und wie hoch sich der Schaden oder ein zu ersetzendes Interesse belaufe, so entscheidet hierüber nach § 287 das Gericht unter Würdigung aller Umstände **nach freier Überzeugung**. Das Gericht kann den Beweisführer über den Schaden oder das Interesse vernehmen (Schadensermittlung).

Auch bei vermögensrechtlichen Streitigkeiten schätzt das Gericht **nach freiem Ermessen**, soweit unter den Parteien die Höhe einer Forderung streitig ist und die vollständige Aufklärung aller hierfür maßgebenden Umstände mit Schwierigkeiten verbunden ist, die zu der Bedeutung des streitigen Teiles der Forderung in keinem Verhältnis stehen.

Lektion 7: Urteil, Vergleich

Urteil

Fall 44

Ein Großhändler verklagt den Pizzeriabetreiber Giuseppe auf Zahlung von 2.000 € für die Lieferung von Getränken. Der Beklagte behauptet, den Kaufpreis bar bezahlt zu haben. In Ermangelung anderer Beweismittel wird Gigi, der Neffe des Beklagten, als Zeuge vernommen. Am Ende der turbulenten Beweisaufnahme ist der Richter überzeugt, dass Gigi unmittelbar dabei war, als sein Onkel den Betrag bar bezahlt und dafür eine Quittung erhalten hat. Der Kläger hat keinen Gegenbeweis angetreten. Die Parteien erörtern das Ergebnis der Beweisaufnahme und stellen die Anträge, die sie in den vorbereitenden Schriftsätzen angekündigt haben.

Was wird der Richter jetzt machen?

Er wird ein Urteil erlassen, weil der Rechtsstreit zur Entscheidung reif ist (§ 300 Abs. 1). Die Klage wird abgewiesen. Der einzige streitige Punkt war die vom Beklagten behauptete Zahlung, über deren Richtigkeit Beweis erhoben worden ist. Der Fall wäre auch entscheidungsreif, wenn der Richter dem Zeugen keinen Glauben schenkt; dann würde der Beklagte zur Zahlung verurteilt.

Abwandlung: Der Richter zweifelt, ob Gigi die Wahrheit gesagt hat, und möchte die Entscheidung vertagen.

Geht das?

Ja, der Richter verkündet das Urteil entweder in Termin, in dem die mündliche Verhandlung geschlossen wird (§§ 310 Abs. 1 Satz 1, 136 Abs. 4), oder er beraumt am Schluss der Sitzung einen Termin zur Verkündung des Urteils an. Dieser Verkündungstermin muss grundsätzlich innerhalb der nächsten drei Wochen stattfinden (§ 310 Abs. 1 Satz 2); das Urteil muss dann vollständig abgefasst sein.

Abwandlung: Der zweifelnde Richter hat einen gesonderten Verkündungstermin anberaumt. Er erkrankt vorher schwer und kann das Urteil nicht absetzen. Der Vertreter des erkrankten Richters bekommt die Akte in die Hände und gelangt durch die Lektüre zu der Überzeugung, dass Gigi ein Lügner ist. Außerdem hat der Kläger laut vorliegenden Rechnungen Getränke für insgesamt 3.000 € an den Beklagten geliefert. Er beschließt, den Beklagten zur Zahlung von 3.000 € verurteilen.

Kann jetzt ein anderer Richter den Rechtsstreit entscheiden?

Nein.

> ## Leitsatz 44
>
> **Unmittelbarkeit**
>
> Nach dem Grundsatz der Unmittelbarkeit (§ 309) kann ein Urteil **nur von denjenigen Richtern** gefällt werden, welche der dem Urteil zugrunde liegenden Verhandlung **beigewohnt** haben. Das gilt grundsätzlich auch für die Beweisaufnahme (§ 355; siehe Lektion 5).

Im Übrigen folgt aus dem Grundsatz der Parteiherrschaft aus § 308 Abs. 1, dass das Gericht nicht mehr und nichts anderes zusprechen kann als der Kläger beantragt (Bindung an Parteianträge). Wenn der Kläger nur 2.000 € haben will, dann bekommt er vom Gericht nicht mehr zugesprochen.

Ergänzung: Wie sieht ein Urteil aus?

Übersicht 20: Inhalt und Aufbau von Urteilen

- Das **Urteil** ergeht im Namen des Volkes, weil Rechtsprechung Ausdruck staatlicher Macht ist, die vom Volk ausgeht (vgl. Art. 20 Abs. 2 Satz 2 GG).

- Das Urteil enthält nach § 313:

  1. Die Bezeichnung der Parteien, ihrer gesetzlichen Vertreter und der Prozessbevollmächtigten; die Bezeichnung des Gerichts und die Namen der Richter, die bei der Entscheidung mitgewirkt haben; ferner den Tag, an dem die mündliche Verhandlung geschlossen worden ist (genannt **Rubrum**).

2. Die Urteilsformel (genannt **Tenor**; Betonung auf der zweiten Silbe!): Sie besteht aus der Entscheidung selbst (z.B. „Der Beklagte wird verurteilt, ..." oder „Die Klage wird abgewiesen.") und den Nebenentscheidungen zur den Kosten des Rechtsstreits (vgl. Lektion 4) und zur Vollstreckbarkeit (vgl. Lektionen 8 und 9).

3. Den **Tatbestand**: Im Tatbestand sollen die erhobenen Ansprüche und die dazu vorgebrachten Angriffs- und Verteidigungsmittel unter Hervorhebung der gestellten Anträge nur ihrem wesentlichen Inhalt nach knapp dargestellt werden. Wegen der Einzelheiten des Sach- und Streitstandes soll auf Schriftsätze, Protokolle und andere Unterlagen verwiesen werden.

4. Die **Entscheidungsgründe**: Die Entscheidungsgründe enthalten eine kurze Zusammenfassung der Erwägungen, auf denen die Entscheidung in tatsächlicher und rechtlicher Hinsicht beruht, üblicherweise gegliedert nach Zulässigkeit und Begründetheit. Nach § 286 Abs. 1 Satz 2 sind im Fall einer Beweisaufnahme in dem Urteil auch die Gründe anzugeben, die für die richterliche Überzeugung leitend gewesen sind. Das Gericht darf in den Entscheidungsgründen nur das Vorbringen der Parteien bis zum Schluss der mündlichen Verhandlung berücksichtigen (§ 294a); im schriftlichen Verfahren entsprechend bis zur dafür gesetzten Ausschlussfrist.

– Tatbestand und Entscheidungsgründe entfallen bei Versäumnis- Anerkenntnis- und Verzichtsurteilen (§ 313b Abs. 1); ferner wenn kein Rechtsmittel gegen das Urteil zulässig ist oder die Parteien darauf bzw. Rechtsmittel verzichten (§ 313a Abs. 1 und 2). Tatbestand und Entscheidungsgründe sind jedoch erforderlich nach § 313a Abs. 4 im Falle der Verurteilung zu künftig fällig werdenden wiederkehrenden Leistungen; oder wenn zu erwarten ist, dass das Urteil im Ausland geltend gemacht werden wird. Das Urteil wird durch Vorlesung der Urteilsformel verkündet (Verkündung). Die Vorlesung der Urteilsformel kann durch eine Bezugnahme auf die Urteilsformel ersetzt werden, wenn bei der Verkündung von den Parteien niemand erschienen ist. Die Wirksamkeit der Verkündung ist von der Anwesenheit der Parteien nicht abhängig (§§ 311, 312).

– Das Urteil wird zugestellt und zum Zwecke der Vollstreckung ausgefertigt (§ 317). Die Zustellung ersetzt in Verfahren, in denen das Urteil ohne mündliche Verhandlung ergeht (z.B. Anerkenntnis- und Versäumnisurteil im schriftlichen Verfahren oder Entscheidung nach Lage der Akten gemäß § 251a) zugleich die Verkündung.

Ergänzung: Werden die Parteien im Urteil darüber belehrt, ob ein Rechtsmittel möglich ist?

Ja, seit 2014 enthalten Urteile und alle anfechtbaren gerichtlichen Entscheidungen eine Rechtsbehelfsbelehrung (§ 232). Zu belehren ist über das statthafte Rechtsmittel, den Einspruch, den Widerspruch oder die Erinnerung sowie über das Gericht, bei dem der Rechtsbehelf einzulegen ist, über den Sitz des Gerichts und über die einzuhaltende Form und Frist zu enthalten. Dies gilt nicht in Verfahren, in denen sich die Parteien durch einen Rechtsanwalt vertreten lassen müssen, es sei denn, es ist über einen Einspruch oder Widerspruch zu belehren oder die Belehrung ist an einen Zeugen oder Sachverständigen zu richten.

Im Urteil des hier zuständigen AG muss eine Rechtsmittelbelehrung stattfinden, selbst wenn die Parteien anwaltlich vertreten waren. Anders z.B. bei einem Rechtsstreit vor dem LG, für das Anwaltszwang besteht (§ 78), sofern nicht durch Versäumnisurteil oder im Verfahren des vorläufigen Rechtsschutzes entschieden wird.

Fall 45

Vermieter klagt nach Auszug des Mieters auf Zahlung von 1.000 € für rückständige Miete und auf weitere 1.000 € als Schadensersatz für beschädigten Teppichboden. Der beklagte Mieter bestreitet den Mietrückstand nicht. Im Streit ist die Haftung des Mieters für die Schäden am Teppichboden und deren Höhe; hierzu hat der Kläger Beweis durch Einholung eines schriftlichen Sachverständigengutachtens angeboten.

Wie wird das Gericht am Ende der mündlichen Verhandlung entscheiden?

Wie bereits bekannt, wird das Gericht das Beweisverfahren wegen des Schadensersatzanspruches einleiten: Das Gericht ordnet durch Beschluss die Erhebung durch Sachverständigengutachten an und legt Beweisthema, Auslagenvorschusspflicht und Person des Gutachters fest (vgl. Lektion 6).

Doch damit nicht genug! Denn der Teil des Rechtsstreits betreffend die Mietrückstände ist entscheidungsreif im Sinne des § 300 Abs. 1.

Leitsatz 45

Teilurteil

Ist von mehreren in einer Klage geltend gemachten Ansprüchen nur der eine oder ist **nur ein Teil** eines Anspruchs oder bei erhobener Widerklage nur die Klage oder die Widerklage zur Endentscheidung reif, so hat das Gericht sie durch Endurteil (Teilurteil nach § 301) zu erlassen. Der Erlass eines Teilurteils kann unterbleiben, wenn es das Gericht nach Lage der Sache nicht für angemessen erachtet.

Es gibt noch einige andere Arten von Urteilen.

Übersicht 21: Urteilsarten

Die ZPO kennt verschiedene **Arten von Urteilen** und unterscheidet sie z.B. in Hinblick auf Rechtskraftfähigkeit (Lektion 9) und Vollstreckbarkeit (Lektion 10) und sowie nach anderen Kriterien:

Endurteil	§ 300: Ist der Rechtsstreit zur Endentscheidung reif, so hat das Gericht die Entscheidung durch Endurteil zu erlassen.
	Die Bezeichnung weist auf die Rechtswirkungen eines Endurteils hin, die mit dem Begriff der **Rechtskraft** zusammengefasst werden: Mit dem Erlass des Urteils wird der Rechtsstreit vor dem erkennendem Gericht (Rechtszug, Instanz) abgeschlossen. Die Entscheidung ist unanfechtbar, wenn es kein Rechtsmittel gibt oder der Rechtsweg ausgeschöpft worden ist (**formelle Rechtskraft** § 19 EGZPO). Zur materiellen Rechtskraft nach § 322 siehe unten zu Prozessurteil – Sachurteil.
	Eine weitere Wirkung des Endurteils ist, dass das Gericht an die Entscheidung, die in den von ihm erlassenen End- und Zwischenurteilen enthalten ist, gebunden ist (**Bindungswirkung** nach § 318). D.h., das erkennende Gericht kann seine Entscheidung weder selbst überprüfen noch ggf. aufheben. Das ist allein Sache der für Rechtsmittel zuständigen Gerichte; siehe Lektion 9.

Teilurteil	§ 301: Ist von mehreren in einer Klage geltend gemachten Ansprüchen nur der eine oder ist nur ein Teil eines Anspruchs oder bei erhobener Widerklage nur die Klage oder die Widerklage zur Endentscheidung reif, so hat das Gericht sie durch Endurteil (Teilurteil) zu erlassen. Der Erlass eines Teilurteils kann unterbleiben, wenn es das Gericht nach Lage der Sache nicht für angemessen erachtet.
Vorbehaltsurteil	§ 302: Hat der Beklagte die Aufrechnung einer Gegenforderung geltend gemacht, so kann, wenn nur die Verhandlung über die Forderung zur Entscheidung reif ist, diese unter Vorbehalt der Entscheidung über die Aufrechnung ergehen. Das Urteil, das unter Vorbehalt der Entscheidung über die Aufrechnung ergeht, ist in Betreff der Rechtsmittel und der Zwangsvollstreckung als Endurteil anzusehen. Das Vorbehaltsurteil ist auflösend bedingt: In Betreff der Aufrechnung, über welche die Entscheidung vorbehalten ist, bleibt der Rechtsstreit anhängig. Soweit sich in dem weiteren Verfahren ergibt, dass der Anspruch des Klägers unbegründet war, ist das frühere Urteil aufzuheben, der Kläger mit dem Anspruch abzuweisen und über die Kosten anderweit zu entscheiden. Hat der Kläger bereits vollstreckt, macht er sich schadensersatzpflichtig. Vorbehaltsurteile ergehen auch im Urkundsprozess; siehe Lektion 8.
Zwischenurteil	§ 303: Ist ein Zwischenstreit zur Entscheidung reif, so kann die Entscheidung durch Zwischenurteil ergehen. Gegenstand eines Zwischenstreits können Fragen der Zulässigkeit sein (vgl. § 280). Z.B. Streit über Zulässigkeit des Rechtsweges (§ 17a GVG), Zuständigkeit des angerufenen Gerichts, Sachdienlichkeit einer Klageänderung o.ä. Ein Zwischenurteil über die Zulässigkeit ist in Bezug auf das Rechtsmittel als Endurteil anzusehen (§ 280 Abs. 2).

Zwischenurteil über den Grund (Grundurteil)	§ 304: Ist ein Anspruch nach Grund und Betrag streitig, so kann das Gericht über den Grund vorab entscheiden. Das Grundurteil ist in Bezug auf das Rechtsmittel als Endurteil anzusehen. Vorsicht: Ein Urteil über die Feststellung, dass der Beklagte dem Grunde nach verpflichtet ist, die künftigen Schäden z.B. aus einem Verkehrsunfall zu tragen, ist kein Grundurteil, weil der künftig zu zahlende Betrag nicht feststeht und nicht Gegenstand dieses Prozesses ist.
Verzichtsurteil	§ 306: Verzichtet der Kläger bei der mündlichen Verhandlung ausdrücklich auf den geltend gemachten Anspruch, so ist er auf Grund des Verzichts mit dem Anspruch abzuweisen, wenn der Beklagte die Abweisung beantragt.
Anerkenntnis	§ 307: Erkennt der Beklagte den gegen ihn geltend gemachten Anspruch ganz oder zum Teil an, so ist er dem Anerkenntnis gemäß zu verurteilen. Einer mündlichen Verhandlung bedarf es insoweit nicht. Im Verfahren vor dem AG ist der Beklagte über die Folgen des Anerkenntnisses zu belehren (§ 499). Zur Kostenfolge siehe § 93.
Prozessurteil – Sachurteil	Ist die Klage unzulässig, wird sie durch so genanntes **Prozessurteil** abgewiesen. Da die Zulässigkeit Sachurteilsvoraussetzung ist (siehe Lektion 6), ergeht in diesem Fall keine Entscheidung in Bezug auf die Begründetheit des Klageanspruches. Das ist bedeutsam für die Frage der materiellen Rechtskraft. Denn nach § 322 sind Urteile der Rechtskraft nur insoweit fähig, als über den durch die Klage oder durch die Widerklage erhobenen Anspruch entschieden ist. Nur wenn die Klage zulässig ist, wird die Begründet der Klage gewürdigt; es ergeht dann ein **Sachurteil** (Verurteilung oder Abweisung der Klage), das der materiellen Rechtskraft fähig ist. Mehr zur Rechtskraft in Lektion 9. Ob ein Urteil nur über Zulässigkeit der Klage oder auch über deren Begründetheit entschieden hat, ergibt sich nicht aus dem Tenor, sondern erschließt sich aus dem Tenor und den Entscheidungsgründen.

Streitige und nicht streitige Urteile	Urteile werden auch danach unterschieden, ob sie auf der Grundlage einer streitigen mündlichen Verhandlung bzw. nach Lage der Akten ergehen (streitiges, so genanntes **kontradiktorisches Urteil**) oder ob die Parteien nicht gestritten haben. Nach dem Grundsatz der Parteiherrschaft ist niemand verpflichtet, bei der Vorbereitung schriftsätzlich oder im Termin mit seinem Gegner zu streiten. Unstreitige Urteile sind das Urteil bei Anerkenntnis, bei Verzicht und bei Säumnis (**Versäumnisurteil** siehe weiter unten).
Leistungsurteil	Entsprechend dem Klageantrag wird der Beklagte verurteilt, etwas zu tun (z.B. Zahlung), zu dulden oder zu unterlassen. Erfolgt die Verurteilung zur Vornahme einer Handlung durch das AG, so kann der Beklagte zugleich auf Antrag des Klägers für den Fall, dass die Handlung nicht binnen einer zu bestimmenden Frist vorgenommen ist, zur Zahlung einer Entschädigung verurteilt werden; das Gericht hat die Entschädigung nach freiem Ermessen festzusetzen (§ 510b).
Urteil nach Lage der Akten	§§ 351a, 331: Erscheinen die Parteien oder eine Partei nicht zum Termin oder verhandeln sie nicht zur Sache, kann ein Urteil nach Lage der Akten ergehen.
Versäumnisurteil	Siehe nachfolgend.

Versäumnisurteil

Fall 46

Emil hat bei einem Elektronik-Markt vor vier Monaten einen Fernseher bestellt. Der Fernseher ist zwei Monaten nach der Bestellung beim Händler eingetroffen. Emil wurde gebeten, den Fernseher abzuholen und zu bezahlen. Emil ignorierte diese Aufforderung, weil er sich inzwischen bei einem Internet-Händler preiswerter eingedeckt hatte. Der Händler klagt nun auf Erfüllung des Vertrages: Also Zahlung des Kaufpreises von 1.000 € Zug um Zug gegen Übergabe und Übereignung der Ware. Die Klage wird zugestellt. Emil rührt sich nicht und geht auch nicht zum anberaumten Termin.

Was wird das Gericht machen, wenn Emil sich nicht im Termin zeigt?

Der Kläger bestimmt, was im Fall der Säumnis geschieht. Ein Gentleman würde die Vertagung beantragen (§ 335 Abs. 2). Da der Händler aber Geld verdienen muss, wird er den Erlass eines Versäumnisurteils gegen den säumigen Beklagten nach § 331 beantragen.

Leitsatz 46

Versäumnisurteil

Nach § 331 Abs. 1 kann der Kläger den Erlass eines Versäumnisurteil gegen den **im Termin** zur mündlichen Verhandlung **nicht Erschienenen** oder im Termin erschienen, aber nicht verhandelnden Beklagten erlassen.

Der Erlass eines Versäumnisurteils ist auch im **schriftlichen Vorverfahren** möglich. Im Lichte des Anspruches auf Gewährung rechtlichen Gehörs setzt § 331 Abs. 3 voraus, dass dem Beklagten eine angemessene Frist zur Verteidigungsanzeige § 276 Abs. 1 Satz 1, Abs. 2 gesetzt und er über die Folgen einer Säumnis (vgl. § 276 Abs. 2) belehrt worden ist. Bleibt die Verteidigungsanzeige im schriftlichen Vorverfahren aus, dann kann das Versäumnisurteil ohne mündliche Verhandlung erlassen werden (§§ 331 Abs. 3, 335 Abs. 1 Nr. 5).

Ergänzung: Wird das Gericht das Versäumnisurteil antragsgemäß erlassen?

Das kommt darauf an, ob die Klage zulässig und begründet ist oder nicht.

Leitsatz 47

Prüfung bei Versäumnisurteil

Bei **Säumnis des Beklagten** ist das tatsächliche mündliche Vorbringen des Klägers als zugestanden anzunehmen. Das entbindet das Gericht aber nicht von der Pflicht, die Zulässigkeit und Begründetheit zu würdigen. Das Gericht erkennt nach dem Antrag des Klägers nur soweit es den Klageantrag rechtfertigt.

> Ist die Klage zulässig, schlüssig vorgetragen und sachlich begründet, ergeht das Versäumnisurteil antragsgemäß (**echtes Versäumnisurteil**).
>
> Ist die Klage hingegen unzulässig oder nicht begründet, wird die Klage abgewiesen (**unechtes Versäumnisurteil**). Diese Unterscheidung ist wichtig für das weitere Verfahren.
>
> Bleibt der Kläger dem Termin zur mündlichen Verhandlung fern, so ergeht ohne Prüfung ein Versäumnisurteil, mit dem die Klage abgewiesen wird (§ 330).

Ergänzung: Unterstellen wir, dass das Gericht antragsgemäß ein Versäumnisurteil gegen den Beklagten erlassen hat. Emil ärgert sich. Der Kläger hatte ihm beim Abschluss des Kaufvertrages zugesagt, dass die Ware sofort bestellt und binnen zwei Wochen geliefert wird. Nach einem Monat hatte Emil die Faxen dicke und hat dem Kläger schriftlich per Telefax den Rücktritt vom Vertrag mitgeteilt; den Zugang seines Schreibens kann er belegen.

Was kann Emil gegen das Versäumnisurteil unternehmen?

Er kann Einspruch einlegen mit dem Ziel, dass das Versäumnisurteil aufgehoben wird (§§ 338, 343 Satz 2). Sollte Emil am Ende Erfolg haben, muss er gleichwohl als eine Art Sanktion die Kosten tragen, die er durch seine Säumnis verursacht hat (§ 95).

Übersicht 22: Einspruch gegen Versäumnisurteil

Die Partei, gegen die ein Versäumnisurteil erlassen ist, wird mit der Zustellung des Urteils schriftlich nach § 338 darauf hingewiesen, dass ihr gegen das Urteil der **Einspruch** zusteht. Mitgeteilt wird dabei auch das Gericht, bei dem der Einspruch einzulegen ist, und die einzuhaltende Frist und Form. Die Einspruchsfrist beträgt **zwei Wochen**; sie ist eine Notfrist und beginnt mit der Zustellung des Versäumnisurteils (§ 339 Abs. 1).

Die Einspruchsschrift muss **enthalten**:

– die **Bezeichnung des Urteils**, gegen das der Einspruch gerichtet wird;
– die **Erklärung**, dass gegen dieses Urteil **Einspruch** eingelegt werde und in welchem Umfang;

> – die **Angriffs- und Verteidigungsmittel**, soweit es nach der Prozesslage einer sorgfältigen und auf Förderung des Verfahrens bedachten Prozessführung entspricht, sowie Rügen, die die Zulässigkeit der Klage betreffen (§ 340).
>
> Ist der Einspruch statthaft, form- und fristgerecht eingelegt, so wird der Prozess in **die Lage** zurückversetzt, in der er sich **vor Eintritt** der Säumnis befand (§§ 341, 342). Andernfalls wird der Einspruch als unzulässig verworfen.

Jetzt kommt es darauf an, ob dem Beklagten Emil nach dem Gesetz oder nach dem Vertrag ein Rücktrittsrecht zustand oder nicht. Wenn ja, dann geht der Streit darum, ob die Erklärung zugegangen ist oder nicht. Gelingt Emil nicht der Beweis dieser Tatsachen, dann wird das Gericht Emil nicht erneut verurteilen, sondern aussprechen, dass das Versäumnisurteil vom Tage ... aufrecht erhalten bleibt. Gelingt ihm der Beweis, dann wird das Versäumnisurteil aufgehoben (§ 343).

Abwandlung: Unterstellen wir, das Gericht hätte die Klage abgewiesen, weil der Kläger seinen Anspruch nicht schlüssig dargelegt hat.

Steht dem unterlegenen Kläger auch der Einspruch zu?

Nein. Es handelt sich hier um ein unechtes Versäumnisurteil, gegen das unter bestimmten Voraussetzungen das Rechtsmittel der Berufung gegeben ist; siehe hierzu Lektion 9.

Abwandlung: Emil wird das Versäumnisurteil am 22. Januar zugestellt. Zu diesem Zeitpunkt befindet er sich im Urlaub in den USA. Am 1. März kommt er nach Hause zurück. Die Frist für den Einspruch ist abgelaufen.

Was kann Emil tun?

In unserem konkreten Fall nichts, weil die zweiwöchige Notfrist für den Einspruch gegen das Versäumnisurteil abgelaufen ist (§ 339 Abs. 1) und Gründe für eine Wiedereinsetzung nicht vorliegen (§ 233).

Leitsatz 48

Säumnis und Fristen

Die Versäumung einer **Prozesshandlung** hat zur allgemeinen Folge, dass die Partei mit der vorzunehmenden Prozesshandlung ausgeschlossen wird (§ 230). War eine Partei ohne ihr Verschulden verhindert, eine Notfrist oder die Frist zur Begründung der Berufung, der Revision, der Nichtzulassungsbeschwerde, der Rechtsbeschwerde oder die Frist des § 234 Abs. 1 einzuhalten, so ist ihr auf Antrag **Wiedereinsetzung in den vorigen Stand** zu gewähren (§ 233). Bei versäumten Notfristen beträgt die Antragsfrist zwei Wochen seit Wegfall des Hindernisses, sonst ein Monat (§ 234).

Die ZPO kennt so genannte **Notfristen**, die weder durch Vereinbarung der Parteien noch durch das Gericht abgekürzt oder verlängert werden können. Notfristen sind nur diejenigen Fristen, die in diesem Gesetz als solche bezeichnet sind.

Emil müsste darlegen, warum er ohne Verschulden gehindert war, die Notfrist für den Einspruch einzuhalten. Die Ausrede mit dem Urlaub stellt keine Entschuldigung für die Säumnis dar. Bei längerem Urlaub gilt, dass man sich um seine Angelegenheiten zu kümmern hat.

Anders sähe es z.B. aus, wenn das Urteil keine oder nur eine fehlerhafte Rechtsmittelbelehrung enthielte. Nach §§ 232, 233 Satz 2 wird dann vermutet, dass die Frist nicht schuldhaft versäumt wurde.

Verfahrensbeendigung ohne Urteil

Fall 47

Abwandlung zum Bestell-Fall 46: Der Elektronik-Händler reicht Klage gegen Emil auf Abnahme und Zahlung eines bestellten Fernsehers ein. Die Klage wird Emil zugestellt. Vor dem Termin geht Emil zum Händler, bezahlt die Glotze und schenkt sie seiner Mutter zum Geburtstag. Emils Mutter happy, Kläger happy, Emil arm.

Zum Termin erscheinen der Prozessbevollmächtigte des Klägers und Emil. Sie schildern dem Richter die neue Sachlage.

Wie reagiert das Gericht?

Das Gericht stellt drei Überlegungen an:

Erstens ist der materiellrechtliche Anspruch auf Abnahme der Kaufsache und Kaufpreiszahlung erfüllt.

Zweitens ist der prozessuale Anspruch durch den eigenen Vortrag des Klägers nachträglich unschlüssig geworden; die Klage wäre abzuweisen, sollte der Kläger jetzt noch seinen Antrag aus der Klageschrift stellen.

Drittens liegt es allein in der Hand der Parteien, insbesondere des Klägers, das Beste aus der materiell und prozessual vertrackten Lage zu machen.

Nach dem Grundsatz der Parteiherrschaft (Dispositions- oder Verfügungsmaxime) kann ein Rechtsstreit auch ohne Urteil beendet werden. Dazu bedarf es entsprechender Prozesshandlungen der Parteien.

Welche Möglichkeiten haben die Parteien?

1. Der Kläger überlegt, ob er die Klage zurücknehmen soll
   Das ist keine gute Idee, weil die Klage erst nach Erhebung gegenstandslos geworden ist. Nach § 269 Abs. 1 kann eine Klage zurückgenommen werden; ohne Einwilligung des Beklagten jedoch nur bis zum Beginn der mündlichen Verhandlung des Beklagten zur Hauptsache. Wird die Klage zurückgenommen, so ist der Rechtsstreit als nicht anhängig geworden anzusehen. Der Kläger ist jedoch verpflichtet, die Kosten des Rechtsstreits zu tragen (§ 269 Abs. 3 Satz 1).

Leitsatz 49

Kosten bei Klagerücknahme

Der Kläger trägt grundsätzlich die **Kosten** einer Klage, wenn er sie zurücknimmt. Eine **Ausnahme** sieht das Gesetz in § 269 Abs. 3 Satz 3 vor, wenn der Anlass für die Klage vor Rechtshängigkeit wegfällt; dann ist die Kostentragungspflicht unter Berücksichtigung des bisherigen Sach- und Streitstandes nach **billigem Ermessen** zu bestimmen.

2. Entsprechend ungünstig sind die Folgen eines Verzichts für den Kläger (§ 306).

3. Der Kläger überlegt deshalb, ob er nicht besser die Hauptsache für erledigt erklären soll. Die Hauptsache, wegen der geklagt wurde, hat sich nach Rechtshängigkeit erledigt, weil der Anspruch auf Abnahme und Zahlung untergegangen ist. Das Rechtsschutzbegehren des Klägers ist jetzt darauf beschränkt, dass der Beklagte die Kosten des Rechtsstreites trägt, weil er die Klageerhebung durch sein Verhalten „provoziert" hat. Deshalb ist es nach § 264 zulässig, dass der Kläger die Hauptsache jetzt für erledigt erklärt und den ursprünglich angekündigten Antrag auf das so genannte Kosteninteresse umstellt.

Die Entscheidung des Gerichts hängt jetzt vom Verhalten des Beklagten ab:

a) Der Beklagte hält seinen Antrag auf Klageabweisung aufrecht. Dadurch bleibt es bei der einseitigen Erledigungserklärung. Wenn ein erledigendes Ereignis vorliegt, wird das Gericht durch Urteil feststellen, dass die Hauptsache erledigt ist und eine Kostenentscheidung nach § 91 zu Lasten des Beklagten treffen.

b) Der Beklagte schließt sich der Erledigungserklärung an; die Parteien streiten nur noch über die Kosten. Im Fall der übereinstimmenden Erledigungserklärung entfällt ein Ausspruch des Gerichts über die Hauptsache; das Gericht entscheidet nur über die Kosten unter Berücksichtigung des bisherigen Sach- und Streitstandes nach billigem Ermessen durch Beschluss (§ 91a Abs. 1 Satz 1).

c) Wird dem Beklagten die schriftsätzliche Erledigungserklärung des Klägers zugestellt und widerspricht er nicht binnen einer Notfrist von zwei Wochen seit der Zustellung des Schriftsatzes, dann ergeht eine Entscheidung wie zu b) (§ 91a Abs. 1 Satz 2).

Vergleich, Schiedsverfahren, Mediation

 Fall 48

Ein Handwerker verlangt mit seiner Klage vor dem LG vom Bauherrn Zahlung für erbrachte Dachdeckerarbeiten. Der Bauherr wendet detailliert

Mängel ein und verlangt widerklagend Schadensersatz für Wasserschäden. Die Parteien streiten schriftsätzlich bis aufs Messer. Der Einzelrichter bereitet die mündliche Verhandlung umfassend vor und bestimmt, dass die mündliche Verhandlung auf dem Grundstück des Bauherrn stattfindet (so genannter Orttermin; § 219). Die Parteien und der Richter klettern auf Leitern, nehmen das streitige Werk in Augenschein und erörtern die Sach- und Rechtslage umfassend. Schließlich sagen beide Parteien, dass sie heute keinen Antrag stellen werden; man wolle sich in Kürze mit einem Architekten zusammensetzen.

Ist der Richter enttäuscht, weil er heute weder Beweisbeschluss noch Urteil erlassen kann?

Nein, es steht den Parteien frei, Anträge zu stellen oder nicht. Außerdem wird das Gericht nachfragen, ob es das Verhalten der Parteien als Antrag verstehen soll, jetzt das Ruhen des Verfahrens anzuordnen, weil Vergleichsverhandlungen schweben (§ 251).

Übersicht 23: Gütliche Beilegung

Eine wesentliche Funktion des Zivilprozesses ist die Schaffung von **Rechtsfrieden**. Das Ziel wird nicht ausschließlich durch streitentscheidende Urteile erreicht. Ein anderes Mittel ist **die Beilegung des Streits durch die Parteien** selbst (Parteihandlungen), also ohne gerichtliche Entscheidung. Deshalb soll das Gericht in jeder Lage des Verfahrens auf eine gütliche Beilegung des Rechtsstreits oder einzelner Streitpunkte bedacht sein (§ 278 Abs. 1).

Das generelle Bemühen des Gerichts und der Parteien selbst um eine gütliche Beilegung des Streits wird durch die ZPO mehrfach **unterstützt**:

1. Einführung der Pflicht in einzelnen Bundesländern, in bestimmten Fällen vor der Klageerhebung einen Einigungsversuch vor einer **außergerichtlichen Gütestelle** durchzuführen (§ 15a EGZPO, siehe Lektion 5);

2. Vorrang von **Schiedsvereinbarungen** vor Klageerhebung (§ 1032);

3. **Gütetermin** nach § 278 Abs. 2 vor der mündlichen Verhandlung;

4. **Vorschlagsrecht** des Gerichts für eine außergerichtliche Streitbeilegung (§ 278 Abs. 5 Satz 2).

Ergänzung: Nach zwei Wochen teilen die Parteien dem Gericht mit, man habe sich geeinigt und einen Termin wünsche.

Wird das Gericht Termin anberaumen?

Ja, siehe § 160 Abs. 3 Nr. 1. Es reicht aber auch ein schriftliches Verfahren aus (§ 278 Abs. 6).

Schauen wir uns im Einzelnen an, was die Einigung der Parteien materiellrechtlich bedeutet und wie sich das auf den Prozess auswirkt.

Die  über die Streitpunkte ist hier ein Vergleich.

Leitsatz 50

Vergleich

Der Vergleich ist eine **zivilrechtliche Vereinbarung**, mit der die Parteien die Ungewissheit über ein Rechtsverhältnis und über die (gerichtliche) Durchsetzbarkeit der gegenseitigen Ansprüche im Wege **gegenseitigen Nachgebens** beseitigen (§ 779 BGB).

Ergänzung: Es findet ein Termin vor dem Gericht statt. Die Parteien erklären zu Protokoll eine Einigung: der Kläger beseitigt bestimmte Mängel binnen eines Monats, der Beklagte zahlt dann ⅔ des eingeklagten Werklohnes und der Kläger muss nicht für die im Wege der Widerklage geltend gemachten Wasserschäden aufkommen.

Welche Wirkungen hat diese Vereinbarung der Parteien auf das Prozessrechtsverhältnis?

Es reicht nicht aus, hier die Instrumente der teilweisen Klagerücknahme, Teilanerkenntnis oder der Hauptsachenerledigung anzuwenden. Vielmehr beansprucht der Vergleich selbst, den Rechtsstreit zu beenden.

Leitsatz 51

Gerichtlicher Vergleich

Der **nach Rechtshängigkeit** vor dem Gericht abgeschlossene Vergleich hat eine **Doppelnatur**. Er ist
- sowohl materiellrechtliche Vereinbarung im Sinne des § 779 BGB
- als auch Prozesshandlung, die den Rechtsstreit beendet.

Zu den Kosten des Rechtsstreits vgl. § 98.

Der gerichtliche Vergleich kann **in allen Lagen** des Prozesses geschlossen werden; er wird entweder zu **Protokoll** genommen oder das Gericht stellt das Zustandekommen durch **Beschluss** fest (§§ 278 Abs. 6, 118 Abs. 1 Satz 3, 492 Abs. 2, 160 Abs. 3 Nr. 1).

Der **gerichtliche Vergleich** ist ein **Vollstreckungstitel** (§ 794 Abs. 1 Nr. 1).

Vergleiche, die unter **Mitwirkung von Rechtsanwälten** und Notaren geschlossen werden, können ebenfalls Vollstreckungstitel sein, haben aber – da sie nicht in einem rechtshängigen Verfahren geschlossen werden – nicht die Wirkung, den Zivilprozess zu beenden (vgl. §§ 796a – c, siehe Lektion 9).

Ergänzung: Trotz des gerichtlich protokollierten Vergleichs kommt es zum erneuten Streit. Der Beklagte will nicht zahlen, weil er der Auffassung ist, dass der Kläger noch bestimmte Arbeiten als Mängelbeseitigung zu erledigen hat. Der Kläger ist der Auffassung, dass es sich um zusätzlich beauftragte Arbeiten handelt, die nicht Streitgegenstand des Prozesses und auch nicht Gegenstand des Vergleichs waren.

Was können die Parteien jetzt machen?

Der Prozess wird fortgesetzt, weil die Parteien darüber streiten, ob der gerichtliche Vergleich überhaupt oder nur teilweise bzw. vollständig den Rechtsstreit beendet hat. Wegen der Doppelnatur des Prozessvergleichs bedingen die materiellrechtliche Einigung und der prozessuale Handlung einander: Das Gericht wird jetzt durch Endurteil entscheiden, wenn es zu der Überzeugung gelangt, der Prozessvergleich erfasse den gesamten Streitgegenstand und sei wirksam. Andernfalls stellt es die Unwirksamkeit des Prozessvergleichs durch Zwischenurteil nach § 303 fest.

Abwandlung: Die Parteien einigen sich, aber wünschen keinen Gerichtstermin zwecks Protokollierung eines Vergleichs.

Welche Wirkungen hat der Vergleich auf den Zivilprozess?

Keine, weil der rein zivilrechtliche Vergleich den Prozess nicht beendet und das Verfahren weiter ruht (§ 251). Das Gericht wird keine Entscheidung in der Hauptsache treffen; es wird irgendwann die Akte weglegen. Häufig nehmen die Parteien das Verfahren wieder auf mit einer übereinstimmenden Erklärung zur Hauptsacheerledigung. Dann trifft das Gericht eine Kostenentscheidung nach § 91a, ggf. unter Berücksichtigung des § 98.

Der rein zivilrechtliche Vergleich schließt eine Vollstreckung nicht aus, wenn der Vergleich vor einem Notar geschlossen wurde oder die Parteien auf beiden Seiten anwaltlich vertreten waren beim Abschluss (§§ 796a und 796c).

Abwandlung: Handwerker und Bauherr scheuen das Licht der Öffentlichkeit; sie wollen auf gar keinen Fall in einer öffentlichen Verhandlung (§ 169 GVG) das Leistungsverzeichnis und die Grundlagen ihrer Preiskalkulation offen legen. Ferner befürchten sie, dass sich der Prozess lange hinzieht und in die Instanzen gehen wird. Außerdem fürchten die Parteien um ihren Ruf in der Branche; sie möchten künftig nicht als „Streithansel" gelten.

Kann man auch ohne Vergleich und ohne Zivilprozess eine rechtsverbindliche Entscheidung herbeiführen?

Ja. Es handelt sich um einen vermögensrechtlichen Anspruch. Dieser kann nach § 1030 Abs. 1 Satz 1 Gegenstand eines Schiedsverfahrens sein (§§ 1025 ff.). Die Parteien können vereinbaren, dass anstelle des (staatlichen) Zivilgerichts ein (privates) Schiedsgericht den Fall verbindlich entscheidet.

Leitsatz 52

Schiedsvereinbarung

Schiedsvereinbarung ist eine **Vereinbarung der Parteien**, alle oder einzelne Streitigkeiten, die zwischen ihnen in Bezug auf ein bestimmtes Rechtsverhältnis vertraglicher oder nichtvertraglicher Art entstanden sind oder künftig entstehen, der Entscheidung durch ein **Schiedsgericht** zu unterwerfen (§ 1029).

Die erforderliche Schiedsvereinbarung ist eine Form der konsensualen Streitbeilegung.

Insoweit wird der Gang vor ein staatliches Zivilgericht ausgeschlossen. Wird trotz Schiedsvereinbarung Klage bei einem Zivilgericht eingereicht, ist die Klage unzulässig (§ 1032). Die Schiedsklausel kann direkt im Vertrag als Klausel oder nachträglich, z.B. in einem Schriftwechsel vereinbart werden.

Übersicht 24: Schiedsgericht

▶ Die Parteien **suchen** sich ihren oder ihre **Schiedsrichter** selbst **aus** oder lassen sie durch eine neutrale Institution (IHK, Branchen- oder Berufsverband) benennen (§§ 1034–5).

▶ Die Parteien können die **Verfahrensordnung** weitestgehend **frei** gestalten. Nicht abdingbar ist das Gebot der Gleichbehandlung, das Gebot, vor jeder Entscheidung rechtliches Gehör zu gewähren und das Recht, sich durch einen Rechtsanwalt vertreten zu lassen (§ 1042).

▶ Die Parteien können bestimmen, **welches Recht** auf den Streit anzuwenden ist (§ 1051 Abs. 1). Das Schiedsgericht hat in Übereinstimmung mit den Bestimmungen des Vertrages zu entscheiden und hierbei bestehende Handelsbräuche zu berücksichtigen (§ 346 HGB, § 1051 Abs. 3). Das Schiedsgericht kann sogar nach Billigkeit entscheiden, wenn die Parteien das so bestimmen. So ist z.B. ein Strengbeweis wie im Zivilprozess (vollständige Überzeugung des Gerichts von der zu beweisenden Tatsache; § 286) nicht erforderlich. Das **erspart** u.U. **erhebliche Kosten**, die die Beweiserhebung durch einen Sachverständigen haben kann. Deshalb gehören Schiedsgerichten häufig Mitglieder an, die etwas vom Fach verstehen (Ingenieure, Betriebswirte, Wirtschaftsprüfer).

▶ Der Schiedsspruch ist schriftlich zu erlassen und den Parteien zu übersenden (§ 1054).
Der Schiedsspruch hat zwischen den Parteien die Wirkungen eines rechtskräftigen gerichtlichen Urteils (§ 1055).
Das Schiedsverfahren wird mit dem **Schiedsspruch** beendet. Im Gegensatz zum Zivilprozess ist die gesamte Verfahrensdauer relativ kurz, weil es **keine Berufung oder Revision** gegen den Schiedsspruch gibt (§ 1056).

▶ Ausnahmsweise kann der Schiedsspruch durch ein Gericht aufgehoben werden, wenn der Streitgegenstand oder die beteiligten Personen gar nicht schiedsfähig waren und sonstige eklatante Verstöße vorliegen (§ 1059). Der Aufhebungsantrag muss innerhalb einer kurzen Frist nach dem Schiedsspruch gestellt werden.

▶ Aus inländischen und ausländischen Schiedssprüchen kann die Zwangsvollstreckung betrieben werden. Das setzt eine Vollstreckbarkeitserklärung voraus, die ein staatliches Gericht ausspricht (§§ 1060-1).

Schiedsgerichte durchbrechen nicht das Gewaltmonopol des Staates, hier der rechtsprechenden Gewalt durch die staatliche Justiz, und sie stellen auch keine unzulässigen Ausnahmegerichte dar im Sinne des Art. 101 Abs. 1 GG. Durch einen Schiedsspruch wird niemand seinem gesetzlichen Richter entzogen, weil die Vereinbarung eines Schiedsgericht freiwillig erfolgt und die Entscheidung des Schiedsgerichts gerichtlich überprüft werden kann, wenn ein Mindestmaß an Rechtsstaatlichkeit nicht gewährt ist. Das ist bei den Verfahren nach § 15a EGZPO anders: Hier bleibt der Weg vor die staatlichen Gerichte offen und kann beschritten werden, wenn das Gütestellenverfahren scheitert.

Fall 49

Christine klagt gegen ihre Nachbarin Constanze auf Schadensersatz, weil die Nachbarin den Zaun beschädigt haben soll. Im Prozess stellt sich heraus, dass die Parteien Schwestern sind. Sie sind seit Jahrzehnten tief zerstritten; Anlass war der Streit ums Erbe der Mutter. Seitdem lassen die Schwestern keine Gelegenheit aus, die Justiz zu beschäftigen.

Wie wird das Gericht auf diese Erkenntnisse reagieren?

Es ist anzunehmen, dass der Rechtsstreit zwar auch, aber nicht ausschließlich wegen des Schadens am Zaun geführt wird. Die Entscheidung dieses konkreten Falles wird kein nachhaltiger Beitrag zum Rechtsfrieden sein, weil der Familienzwist nicht Streitgegenstand ist und nicht sein kann. Nach § 278a wird das Gericht vorschlagen, dass die Parteien es mit einer außergerichtlichen Konfliktbeilegung versuchen. In Frage kommt hier eine Mediation.

Der Unterschied zum Schiedsverfahren besteht im Wesentlichen darin, dass die Mediation ergebnisoffen betrieben wird. Das Schiedsverfahren ist ergebnisorientiert und führt strukturiert zur Entscheidung wie bei einem Urteil. Die Mediation versucht hingegen wie eine Art Super Nanny, mit pragmatischen Mitteln und Gesprächsführung den Hintergrund für den Streit aufzuhellen und das Bewusstsein der Parteien für den Konflikt zu wecken. Denn häufig ist der Rechtsstreit nur Ausdruck fehlender sozialer Kompetenz und Soft Skills. Die Parteien schalten eine unabhängige Person ein und stellen jeweils umfassend die eigene Position, ihre Beweggründe und die weiteren Umstände ihres Verhaltens dar. Der Mediator sorgt für einen fairen Ablauf und ergründet, was die Gründe für die gegensätzlichen Positionen oder für die persönliche Apathie sind. Die Probleme werde im Laufe der Gespräche auf den Punkt gebracht, die emotionale Schärfe wird herausgenommen und die Auseinandersetzung versachlicht. Das Ziel der Mediation ist die einvernehmliche Beilegung eines Konflikts.

Leitsatz 53

Mediation

Die Mediation ist nach § 1 MediationsG ein vertrauliches und strukturiertes Verfahren, bei dem die Parteien mithilfe eines oder mehrerer **Mediatoren** freiwillig und eigenverantwortlich eine **einvernehmliche Beilegung** ihres Konflikts anstreben.

Insoweit kann die Mediation über den konkreten Streitgegenstand hinausgehen. Ein anhängiger Zivilprozess ruht während der Mediation (§ 278a).

Kommen die Parteien zu einer außergerichtlichen Einigung, was nicht zwingend ist, dann beurteilen sich die Folgen für den Rechtsstreit wie bei den Einigungen schon im Fall 48.

Schlüssel zum Erfolg ist die Bereitschaft der Beteiligten, einander zu verstehen. Die Mediation eignet sich häufig bei Streitigkeiten mit einem familiären Bezug oder anderen sozial belastenden Situationen (z.B.: Verhältnis Mieter – Vermieter, Nachbarn).

Lektion 8: Mahnverfahren, besondere Zivilverfahren

Mahnverfahren, EU-Vollstreckungstitel

Fall 50

Zahnärztin Krüger ärgert sich über einige Patienten. Weil die Krankenkassen nicht alle Kosten für Zahnersatz bezahlen, schließt sie bei Bedarf mit den Patienten Verträge für gesondert abzurechnende Zusatzleistungen. In der Freude über ihre neuen und gesunden Zähne vergisst ein Patient die Zahlung der Zusatzleistungen an Frau Krüger, in Höhe von 1.500 €.

Was kann die Zahnärztin machen, wenn Patienten trotz Fristsetzung und Mahnung nicht zahlen?

Beim nächsten Termin könnte sich Frau Krüger eine besonders schmerzhafte Behandlungsmethode für diesen säumigen Schnorrer ausdenken!

Nein, bleiben wir bei der ZPO und der Tatsache, dass die Forderungen meist unbestritten sind. Die Zahnärztin könnte bei geringen Beträgen selbst eine Klage schreiben oder generell einen Anwalt damit betrauen. Dann bleibt zu hoffen, dass sich der beklagte Patient nicht wehrt mit der Folge, dass ein Versäumnisurteil gegen ihn ergehen kann. Es gibt aber auch eine Alternative, bei der man (zunächst) ohne Klagebegründung auskommt: Das Mahnverfahren nach § 688 ff.

Übersicht 25: Mahnverfahren

▶ Wegen eines Anspruchs, der die Zahlung einer bestimmten Geldsumme in Euro zum Gegenstand hat und der nicht von einer nicht erbrachten Gegenleistung abhängig ist, ist auf Antrag des Antragstellers ein **Mahnbescheid** zu erlassen.

▶ **Zuständig** ist das **AG** – unabhängig vom Streitwert – am Wohnort des Antragstellers, soweit nicht durch ein Landesgesetz ein anderes (zentrales) Mahngericht bestimmt ist.

▶ Das Mahngericht **prüft** den geltend gemachten Anspruch **nicht**.

▶ Der Antragsgegner kann binnen **zwei Wochen** nach Zustellung des Mahnbescheides schriftlich Widerspruch (§ 694) einlegen mit der Folge, dass das Verfahren auf Antrag des Antragstellers an das für das streitige Verfahren zuständige Gericht abgegeben wird.

▶ Dort wird das Verfahren wie eine **normale Klage** weiterbetrieben. Die Streitsache gilt als mit Zustellung des Mahnbescheides rechtshängig geworden (§ 696 Abs. 3); der Antragsteller ist jetzt Kläger und muss seinen Anspruch wie bei einer **Klageschrift** begründen (§§ 253, 697 Abs. 1).

▶ Erhebt der Antragsgegner **keinen Widerspruch**, erlässt das Gericht auf Antrag (Antragsfrist: frühestens zwei Wochen nach Zustellung des Mahnbescheids, spätestens sechs Monate danach § 701) einen **Vollstreckungsbescheid**, der einem vorläufig vollstreckbarem Versäumnisurteil gleich steht (§ 700).

Ergänzung: Die Zahnärztin ist begeistert von der Möglichkeit des Mahnbescheides. Sie holt ihr Briefpapier und schreibt einen Antrag auf Erlass eines Mahnbescheides gegen den säumigen Patienten.

Wird der Antrag Erfolg haben?

Nein, nicht so richtig. Das Mahnverfahren ist als Massenverfahren gedacht. Daher sind für fast alle Fälle Formulare vorgeschrieben (§ 703c). Ein weiterer Schritt ist die Erstellung der erforderlichen Daten und die elektronische Einreichung zwecks maschineller Bearbeitung. Die elektronische Übermittlung des Antrages ist für Rechtsanwälte Pflicht (§ 690 Abs. 3).

Ergänzung: Der säumige Patient meldet sich zwei Monate nach Zustellung der Mahnbescheide beim Gericht und legt Widerspruch ein.

Werden die Widersprüche Erfolg haben?

Die Antragsgegner können gegen den Anspruch oder einen Teil des Anspruchs bei dem Gericht, das den Mahnbescheid erlassen hat, schriftlich Widerspruch erheben, solange der Vollstreckungsbescheid nicht verfügt ist. Ein verspäteter Widerspruch wird als Einspruch behandelt (§ 694).

Leitsatz 54

Einspruch gegen Vollstreckungsbescheid

Wird Einspruch eingelegt, so gibt das Gericht, das den Vollstreckungsbescheid erlassen hat, den Rechtsstreit **von Amts wegen** an das Gericht ab, das in dem Mahnbescheid benannt worden ist. Der Kläger muss jetzt seine **Klage begründen**. Das weitere Verfahren bestimmt sich dann im Wesentlichen **wie beim Einspruch gegen** ein **Versäumnisurteil**.

Ergänzung: Zahnärztin Krüger hat dem Patienten Lehmann vor vier Jahren die Rechnung für zahnärztliche Leistungen geschickt. Nun beantragt sie Anfang Dezember den Erlass eines Mahnbescheides. Es jetzt droht Verjährung. Am 27. 12. teilt das AG mit, dass der Mahnbescheid nicht zugestellt werden konnte, weil Lehmann nicht mehr unter der angegebenen Adresse wohnt. Die Antragstellerin versucht, die Anschrift zu ermitteln; im Februar des Folgejahres stellt sie fest, dass Lehmann mit unbekanntem Verbleib verzogen ist. Nun nimmt sie Abstand vom Mahnverfahren und beantragt die Überleitung in das streitige Verfahren, um die Klage öffentlich zustellen zu lassen (§ 185).

Geht das?

Nein, der (ursprüngliche) Antrag auf Erlass eines Mahnbescheides ist unzulässig, wenn sich (nachträglich) herausstellt, dass die Zustellung des Mahnbescheides durch öffentliche Bekanntmachung hätte erfolgen müssen (vgl. § 688 Abs. 2 Nr. 3). Die Zahnärztin Krüger müsste die Klage jetzt neu einreichen. Das wird sie aber nicht tun, weil der Anspruch im neuen Jahr verjährt ist. Zur Erinnerung (Lektionen 5 und 6): Das Jahr der fälligen Rechnung wird nicht mitgezählt. Als die Zahnärztin sich im Dezember entschloss, gegen den säumigen Patienten Lehmann ein Mahnverfahren einzuleiten, befanden wir uns im dritten Verjährungsjahr, also noch rechtzeitig. Die verjährungshemmende Wirkung nach § 204 BGB setzt aber nicht nur die Einreichung des Antrages, sondern auch die Zustellung des Mahnbescheides (§ 691 Abs. 2) innerhalb der Verjährungsfrist voraus.

Justizielle Zusammenarbeit in der EU im Erkenntnisverfahren

Abwandlung: Unterstellt, der säumige Patient wohnt auf Mallorca. Welche Überlegungen stellt die Zahnärztin Krüger jetzt an?

Die Zustellung der Mahnbescheide im Ausland ist zulässig, soweit das gesetzlich zugelassen ist (vgl. § 688 Abs. 3); Spanien und die meisten EU- und EFTA-Staaten gehören zu diesen Ländern. Eine andere Frage ist, bei welchem Gericht die Zahnärztin ihren Antrag stellen kann. Bei Personen mit einem allgemeinen Gerichtsstand im Inland, wird der Antrag am Wohnort der Antragstellerin bzw. dem zentralen Mahngericht des Bundeslandes gestellt. Bei Personen ohne allgemeinen Gerichtsstand im Inland ist der Antrag bei dem AG zu stellen, das für das streitige Verfahren zuständig sein würde, wenn die AG im ersten Rechtszug sachlich unbeschränkt zuständig wären.

Bedenken sollte die Zahnärztin die höheren Kosten für die Zustellung des Mahnbescheides im Ausland. Sie ist vorschusspflichtig in Höhe der zu erwartenden Auslagen für die Zustellung und Übersetzung. Sie sollte deshalb nachfragen, ob der Mallorca-Patient noch einen (Zweit-) Wohnsitz im Inland hat. Dann kann der Mahnbescheid im Inland zugestellt werden.

Ergänzung: Unterstellt, der Patient hat in Deutschland keinen weiteren Wohnsitz.

Jetzt zeigt sich das eigentliche rechtliche Problem. Denn was nützt mir ein deutscher Mahnbescheid, den ich im Ausland zustelle und dann womöglich auf Vermögen im Ausland zugreifen will? Auszugehen ist zunächst davon, dass jede Verurteilung durch ein Gericht, egal wo und in welchem Erkenntnisverfahren, ein Akt staatlicher Gewalt ist. Die von der Justiz geschaffene Titulierung einer Forderung wirkt aber nur innerhalb des Staates, weil nach dem Völkerrecht der Grundsatz der staatlichen Souveränität zu beachten ist (Territorialität). Ein Mahn- bzw. Vollstreckungsbescheid oder ein Urteil eines deutschen Gerichts entfalten nicht per se Wirkung in Spanien; umgekehrt genauso. Vielmehr wird sich Spanien vorbehalten, einen deutschen Titel anzuerkennen. Die Anerkennung ausländischer Titel (Exequatur) ist ein gesondertes Verfahren (vgl. § 328 für den umgekehrten Fall). Und dieses grundsätzliche Problem setzt sich fort bei der Vollstreckung aus einem Titel, weil es sich auch hier um staatliche Gewalt handelt (vgl. § 722 für den Ausspruch der Vollstreckbarkeit ausländischer Urteile). Insoweit vereinfacht auch ein Mahnbescheid oder ein Urteil aus Spanien die Sache nicht.

Die Zahnärztin Krüger ist verzweifelt: „Abhauen und die Rechnung nicht bezahlen! Ja, wo leben wir denn?"

Gute Frage, denn sie beinhaltet bereits die Antwort. Gemeinsame Aufgabe der EU-Mitgliedsstaaten ist die Gewährleistung der Grundfreiheiten (hier insbesondere der Niederlassungsfreiheit) und die Schaffung eines Binnenmarktes. Das darf aber nicht dazu führen, dass Menschen ihr Heimatland verlassen und unbezahlte Rechnungen zurücklassen. Effektiv funktioniert der Rechts- und Geschäftsverkehr daher nur, wenn es eine fest etablierte Zusammenarbeit auch auf dem Gebiet der Justiz zwischen allen EU-Mitgliedsstaaten gibt. Dazu gibt es inzwischen ein ganzes Bündel an Instrumenten, die als EU-Verordnungen unmittelbar in jedem Mitgliedsstaat gelten und überall dieselben Voraussetzungen haben. In Kurzform:

- Hemmnisse bedingt durch die Territorialität und die fremde Sprache werden durch EU-eigene Verfahren und Titel größtenteils beseitigt.

- Gerichtliche Zuständigkeit (vgl. EuGVO in Lektion 3), Zustellung und Gewährung rechtlichen Gehörs werden nach unionseigenen und einheitlichen Regeln ausgeführt.

- Das Zwischenverfahren der Exequatur entfällt, auch für den Ausspruch der Vollstreckbarkeit (siehe hierzu Lektion 10).

Anstelle eines deutschen Mahnverfahrens könnte die Zahnärztin Krüger folgende Verfahren betreiben, die jeweils zu Voraussetzung haben, dass die Parteien – ungeachtet der Staatsangehörigkeit – ihren Wohnsitz bzw. gewöhnlichen Aufenthalt in verschiedenen Mitgliedsstaaten haben (grenzüberschreitender Rechtssache).

1. Europäischer Zahlungsbefehl (EuZB) nach Art. 7 und 12 EUMahnVO: Pflicht zur Verwendung einheitlicher Formblätter für das Europäische Mahnverfahren bei unbestrittenen Geldforderungen. Kann im Inland oder im Ausland (außer in Dänemark) verwendet werden. Zuständig in Deutschland ist das AG Wedding in Berlin (§ 1087). Eine Überset-

zung des Antrages ist wegen der stark strukturierter Formblätter, die es in allen EU-Sprachen gibt, nur selten erforderlich (§ 1094). Wird kein fristwahrender Einspruch eingelegt, wird der EuZB ohne weiteres Verfahren für vollstreckbar erklärt (Art. 18 und 19; siehe auch Lektion 10). So praktisch das ist, einen vermeintlichen Wermutstropfen gibt es: Die Zahnärztin muss den EuZB in dem EU-Mitgliedsstaat beantragen, in dem der säumige Patient seinen Wohnsitz oder seinen gewöhnlichen Aufenthalt hat, weil er Verbraucher ist (Art. 59 EuGVO und Art. 6 Abs. 2 EuMahnVO).

2. Hat der Patient im Vorfeld die Zahlungspflicht bestritten, dann besteht die Möglichkeit, die Forderung im Verfahren nach der EuGFVO gerichtlich geltend zu machen – außer in Dänemark – (Europäisches Verfahren für geringfügige Forderungen, so genannte Small Claims). Es handelt sich um eine Alternative zur ZPO, um bei grenzüberschreitenden Sachverhalten den Rechtsstreit über Forderungen bis zu 2.000 € schnell und kostengünstig beizulegen. Ziel ist es, nach Möglichkeit Reisekosten (vorzugsweise schriftliches Verfahren) und Kosten für Übersetzungen (Pflicht zur Verwendung streng strukturierter Formulare für Klageeinreichung und Erwiderung in allen EU-Sprachen) zu vermeiden. Im Verfahren nach der EuGFVO wird eine schnelle Entscheidung dadurch gefördert, dass das Gericht nur in Ausnahmefällen mündlich verhandelt (Art. 8, § 1100; ggf. Videokonferenz), eine förmliche Beweisaufnahme vermeidet (Art. 9, § 1101) und bei Säumnis nach Aktenlage entschieden (§ 1103).

Das im Europäisches Verfahren für geringfügige Forderungen ergangene Urteil wird (ggf. nach Ablauf der Rechtsmittelfrist, siehe Lektion 9) ohne weiteres Verfahren für vollstreckbar erklärt (Art. 20; siehe auch Lektion 10). Das entspricht der Vollstreckung aus einem EuZB.

Das 11. Buch der ZPO enthält ferner Vorschriften zur Umsetzung verschiedener EU-Verordnungen über die Zusammenarbeit auf dem Gebiet der Beweisaufnahme (§ 1072), Regelungen zu grenzüberschreitenden Zustellungen (§ 1067) und zur Bewilligung von PKH (§ 1079).

Merke: In der EU entgeht niemand seinem gesetzlichen Richter.

Ergänzung: Zahnärztin Krüger möchte weder selbst, noch mit Hilfe eines eigenen Rechtsanwaltes ihre Forderungen titulieren. Stattdessen beauftragt sie die Merkur Arztabrechnungsservice GmbH mit der Angelegenheit.

Was ist bei einem Mahnverfahren und bei einem Zivilprozess generell zu beachten, den der Abrechnungsdienstleister einleitet?

Sollte der Abrechnungsdienstleister selbst das Verfahren auf Erlass eines Mahnbescheides betreiben oder eine Klage einreichen, dann stellt sich die Frage, wer Antragsteller bzw. Kläger ist. Denn nach dem materiellen Recht hat die Zahnärztin eine Forderung gegen die Patienten (Sachbefugnis). Der Abrechnungsdienstleister wäre nur dann prozessführungsbefugt, wenn er klarstellt, dass er entweder a) die Forderung im Namen der Zahnärztin geltend macht, die ihn hierzu beauftragt hat (gewillkürte Prozessstandschaft bei Inkasso), oder b) die Zahnärztin ihm die Forderung abgetreten (398 BGB) hat. Bei Letzterem ist der Abrechnungsdienstleister selbst Inhaber der Forderung und kann im eigenen Namen klagen. Siehe auch Lektion 4 und Übersicht 7.

Weitere besondere Zivilverfahren

Fall 51
Vermieter und Mieter liegen im Streit über rückständige Miete. Es besteht ein schriftlicher Mietvertrag über eine 4-Zimmer-Wohnung zu einer monatlichen Miete in Höhe von 660 €. Für November zahlte der Mieter unter Berufung auf eine Gegenforderung lediglich 169,80 €; er macht geltend, dass in diesem Monat die Heizung ausgefallen und damit die Miete von Gesetzes wegen gemindert war. Der Vermieter möchte den Differenzbetrag von 490,20 € einklagen.

Gibt es einen Weg, den Prozess so zu gestalten, dass der Mieter mit seinen Einwendungen nicht gehört wird?

Vorläufig ja, endgültig nein.

Der Vermieter kann die Klage im so genannten Urkundsprozess einreichen.

Leitsatz 55

Urkundenprozess

Ein **Anspruch**, welcher die Zahlung einer bestimmten **Geldsumme** oder die Leistung einer bestimmten Menge anderer **vertretbarer Sachen** oder **Wertpapiere** zum Gegenstand hat, kann im Urkundenprozess geltend gemacht werden, wenn sämtliche zur Begründung des Anspruchs erforderlichen **Tatsachen durch Urkunden** bewiesen werden können (§ 592). Urkunden sind vorzulegen; daneben ist als Beweismittel nur der Antrag auf Parteivernehmung zulässig; Widerklagen sind nicht zulässig.

Einwendungen des Beklagten sind, wenn der dem Beklagten obliegende Beweis **nicht** mit den im **Urkundenprozess zulässigen Beweismitteln** angetreten oder mit solchen Beweismitteln nicht vollständig geführt ist, als im Urkundenprozess **unstatthaft** zurückzuweisen (§ 598).

Hier reicht die Vorlage des Mietvertrages. Die Mängelfreiheit der Mietsache gehört nicht zu den anspruchsbegründenden Tatsachen. Vielmehr muss der Beklagte für seine bestrittene Behauptung Beweis antreten. Das wird ihm mit den im Urkundsprozess zugelassenen Beweismitteln nicht gelingen. Der Mieter wird zur Zahlung verurteilt.

Und was ist mit der kaputten Heizung?

Leitsatz 56

Nachverfahren

Dem Beklagten, welcher dem geltend gemachten Anspruch widersprochen hat, ist in allen Fällen, in denen er verurteilt wird, die Ausführung seiner **Rechte vorzubehalten** (§ 599 Abs. 1). Das Urteil, das unter Vorbehalt der Rechte ergeht (Vorbehaltsurteil), ist für die Rechtsmittel und die Zwangsvollstreckung als Endurteil anzusehen. Wird dem Beklagten die Ausführung seiner Rechte vorbehalten, so bleibt der **Rechtsstreit** im **ordentlichen Verfahren** anhängig (Nachverfahren nach § 600).

Erst im Nachverfahren wird über das Vorliegen von Mängeln und eine sich daraus ergebende Mietminderung entschieden.

Übersicht 26: Besondere Zivilverfahren

Mahnverfahren ZPO	§§ 688 ff. mit Vollstreckungsbescheid; siehe oben.
EU-Mahnverfahren	§§ 1087 ff. mit Europäischem Zahlungsbefehl (EuZB) auf der Grundlage der EuMahnVO; siehe oben.
EU-Verfahren für geringfügige Forderungen	§§ 1097 ff.; Zivilverfahren nach der EuGFVO bei streitigen Forderungen bis 2.000 € (Small Claims); siehe oben
Urkundsprozess	§§ 592 ff.; Beschränkung der Beweismittel, Verurteilung unter Vorbehalt, Nachverfahren, siehe oben. Varianten: Wechsel- und Scheckprozess (§§ 602, 605a).
Vorläufiger Rechtsschutz	Entscheidungen des Gerichts zur Sicherung der späteren Zwangsvollstreckung: Arrest (§ 916) und Einstweilige Verfügung (§§ 935, 940); wird im Rahmen der Zwangsvollstreckung behandelt, siehe Lektion 12.
Maßnahmen nach dem Gewaltschutzgesetz	Befristete Anordnung gegen Personen, die andere Personen vorsätzlich an Körper, Gesundheit oder Freiheit verletzt haben (umgangssprachlich: Stalker), um weitere Verletzungen abzuwenden; z.B. Verbot, ein bestimmte Wohnung zu betreten, Kontakt zur verletzten Person aufzunehmen, sich ihr zu nähern etc. Kann unter Umstände als Familiensache behandelt werden.
Selbstständiges Beweisverfahren	§§ 485 ff.; Während oder außerhalb eines Streitverfahrens kann auf Antrag einer Partei die Einnahme des Augenscheins, die Vernehmung von Zeugen oder die Begutachtung durch einen Sachverständigen angeordnet werden, wenn der Gegner zustimmt oder zu besorgen ist, dass das Beweismittel verloren geht oder seine Benutzung erschwert wird. Ist ein Rechtsstreit noch nicht anhängig, kann eine Partei die schriftliche Begutachtung durch einen Sachverständigen beantragen, wenn sie ein rechtliches Interesse daran hat, dass der Zustand einer Person oder der Zustand oder Wert einer Sache, die Ursache eines Personenschadens, Sachschadens oder Sachmangels, der Aufwand für die Beseitigung eines Personenschadens, Sachschadens oder Sachmangels festgestellt wird. Ein rechtliches Interesse ist anzunehmen, wenn die Feststellung der Vermeidung eines Rechtsstreits dienen kann.

	Beruft sich eine Partei im Prozess auf Tatsachen, über die selbständig Beweis erhoben worden ist, so steht die selbständige Beweiserhebung einer Beweisaufnahme vor dem Prozessgericht gleich (§ 493). Das Ergebnis kann aber nur verwendet werden, wenn der Gegner rechtzeitig geladen war.
Adhäsions-verfahren	§§ 403, 406 StPO; im Strafverfahren kann der Verletzte gegen den Beschuldigten einen aus der Straftat erwachsenen vermögensrechtlichen Anspruch, der zur Zuständigkeit der ordentlichen Gerichte gehört und noch nicht anderweit gerichtlich anhängig gemacht ist, geltend machen. Die Antragstellung hat dieselben Wirkungen wie die Erhebung der Klage im bürgerlichen Rechtsstreit. Das Gericht gibt dem Antrag in dem Urteil statt, mit dem der Angeklagte wegen einer Straftat schuldig gesprochen oder gegen ihn eine Maßregel der Besserung und Sicherung angeordnet wird, soweit der Antrag wegen dieser Straftat begründet ist.
Prozesskosten-hilfe	Bewilligungsverfahren nach §§ 114 ff., 118; siehe Lektion 4
Kosten-festsetzung	Verfahren nach § 104; siehe Lektion 4
Wiederaufnahme des Verfahrens	Nichtigkeitsklage (§ 579) und Restitutionsklage (§ 580), Wiederaufnahme eines durch rechtskräftiges Endurteil abgeschlossenen Verfahrens; siehe Lektion 9.
Rechtsmittel-verfahren	siehe Lektion 9
Abhilfeverfahren bei Verletzung des Anspruchs auf rechtliches Gehör	§ 321a; siehe Lektion 9.
Abänderungsver-fahren	§§ 323; siehe Lektion 9.

Lektion 9: Rechtsmittel, Rechtskraft

Rechtsmittel

 **Fall 52**

Mit notariellem Vertrag haben die Eheleute Schmitz ein Einfamilienhaus von Hubert zum Preis von 300.000 € erworben; laut Vertrag ist die Gewährleistung für Sachmängel ausgeschlossen.

Nach Übergabe des Hauses stellen die Erwerber einen Feuchtigkeitsschaden im Keller hinter einer Holzvertäfelung fest. Diese Holzvertäfelung ist kurz vor dem Verkauf angebracht worden. Ein befreundeter Bauingenieur ist der Ansicht, dass der Schaden schon vorhanden war, als die Vertäfelung angebracht wurde. Die Kosten für die Schadensbeseitigung betragen 4.000 €. Die Erwerber verlangen Nachbesserung; der Verkäufer lehnt das ab. Daraufhin erklären die Erwerber den Rücktritt vom Kaufvertrag wegen arglistiger Täuschung über den Zustand des Hauses und verlangen mit ihrer Klage vor dem LG die Rückabwicklung des Vertrages (Rückzahlung des Kaufpreises gegen Rückübertragung des Eigentums). Der beklagte Verkäufer bestreitet das Vorhandensein eines Feuchtigkeitsschadens und eine Täuschung. Die Kläger bieten für alle behaupteten Tatsachen Beweismittel an.

Nach umfassender Erörterung weist das Gericht die Klage ohne Beweiserhebung – sehr zur Überraschung beider Parteien! – ab. Die Klageabweisung wird mit dem Hinweis auf § 323 Abs. 5 Satz 2 BGB begründet: Auf eine Beweiserhebung zum Schaden und zur Täuschung kommt es nach Ansicht des LG für die Entscheidung gar nicht an, weil die Kläger kein Rücktrittsrecht haben. Denn, selbst wenn man die Richtigkeit der klägerischen Behauptungen unterstellt, ist die Pflichtverletzung des Beklagten bezogen auf den Kaufpreis als unerheblich anzusehen.

Die Kläger kochen vor Wut, weil das Gericht aus formalen Gründen diesem Schw... auch noch Recht gibt.

Was können die Kläger jetzt tun?

Die Kläger sollten sich beruhigen und mit ihrem Rechtsanwalt die Chancen einer Berufung besprechen. Mit der Klageabweisung ist der

Rechtszug (Instanz) vor dem LG abgeschlossen. Aber nicht immer ist die Entscheidung des angerufenen Gerichts das Ende der Fahnenstange.

Übersicht 27: Berufung

Berufung findet gegen die im **ersten Rechtszug** erlassenen Endurteile statt.

▶ Die Berufung ist nur zulässig, wenn
  – der Wert des Beschwerdegegenstandes **600 € übersteigt** oder
  – das Gericht des ersten Rechtszuges die Berufung im Urteil **zugelassen** hat (§ 511).

▶ Liegt die Beschwer **unter 600 €**, dann lässt das Gericht des ersten Rechtszuges die Berufung zu,
  – wenn die Rechtssache grundsätzliche Bedeutung hat oder
    – die Fortbildung des Rechts oder
    – die Sicherung einer einheitlichen Rechtsprechung
  – eine Entscheidung des Berufungsgerichts erfordert (§ 512).

Die Berufung ist ein **Rechtsmittel** mit der Folge, dass das erstinstanzliche Gericht nicht noch einmal über den Rechtsstreit zu befinden hat (eine weitere Auswirkung der Bindungswirkung nach § 318), sondern das **Berufungsgericht**.

Durch Einlegung der Berufung fällt der Rechtsstreit dem Gericht der zweiten Instanz an (**Devolutiveffekt des Rechtsmittels**).

Bei einem erstinstanzlichen Urteil des LG in Zivilsachen ist das OLG das Berufungsgericht (§ 119 Abs. 1 Nr. 2 GVG).

Über die Berufung gegen Endurteile des AG entscheidet das LG (§ 72 GVG).

In unserem Fall liegt ein Urteil des LG vor, dass die Instanz abschließt; die Kläger können hiergegen Berufung einlegen. Die Entscheidung ist anfechtbar; mit anderen Worten: Die Berufung ist statthaft.

Ergänzung: Eheleute Schmitz sind skeptisch, weil sie befürchten, dass die Kammer des LG seine Entscheidung nicht überdenken und aufheben wird. Die Kläger irren, weil nicht das LG noch einmal den Fall verhandeln wird.

Fall 53

Kläger macht 1.000 € gerichtlich geltend. Das AG verurteilt den Beklagten zur Zahlung von 600 € und weist die Klage im Übrigen ab.

Wer kann Berufung gegen das Urteil einlegen?

Voraussetzung für die Zulässigkeit der Berufung ist die Beschwer der Parteien und nicht der Streitwert der Klage (1.000 €). Die Beschwer wird für jede Partei aus Sicht der Berufung individuell bewertet. Je nachdem, welche Rolle die Partei in der ersten Instanz hatte, lässt sich die Beschwer unterschiedlich beschreiben. Ziel der Berufung ist es, die angefochtene Entscheidung aufzuheben und das ursprüngliche Ziel der Klage oder der Verteidigung weiterzuverfolgen.

Formell betrachtet ist der Kläger in Höhe des klageabweisenden Teils beschwert, weil seinem Klageantrag nicht vollständig entsprochen wurde. Er kann aber keine Berufung einlegen, weil seine Beschwer 600 € nicht übersteigt. Dasselbe gilt im Ergebnis für den Beklagten. Seine Beschwer lässt sich eher materiell beschreiben, weil er verurteilt worden ist zur Zahlung. Auch hier ist die Berufungssumme nicht erreicht. Pech gehabt, Leute!

Auf den Mindestbeschwerdewert von 600 € kommt es ausnahmsweise nicht an, wenn das Gericht des ersten Rechtszuges die Berufung im Urteil zulässt.

> Die Berufung wird nach § 511 Abs. 4 zugelassen, wenn die Rechtssache grundsätzliche Bedeutung hat oder die Fortbildung des Rechts oder die Sicherung einer einheitlichen Rechtsprechung eine Entscheidung des Berufungsgerichts erfordert.

Eine weitere Ausnahme gibt es nur bei der Berufung gegen ein Versäumnisurteil, gegen das der Einspruch an sich nicht statthaft ist. Hier ist kommt es nicht auf die Beschwer an; jedoch ist der Gegenstand der Überprüfung beschränkt darauf, ob ein Fall der schuldhaften Säumnis vorliegt (§ 514 Abs. 2).

Fall 54

Der Kläger beantragt mit der Klage Zahlung von 10.000 €. Das LG verurteilt den Beklagten zur Zahlung von 5.000 € und weist die Klage im Übrigen ab. Kläger legt eine Woche nach Zustellung des Urteils Berufung ein. Der Beklagte legt zwei Wochen später Berufung ein.

Geht das?

Ja, beide Parteien sind beschwert: Der Kläger wünscht die Verurteilung des Beklagten wegen der mit der Klage geltend gemachten weiteren 5.000 €. Der Beklagte begehrt mit der Berufung die Aufhebung des Urteils erster Instanz und die Klageabweisung wegen des stattgebenden Teils. Die Beschwer jeder Partei übersteigt 600 €.

Eine Besonderheit ist die Anschlussberufung. Statt selbst Berufung einzulegen, könnte der Beklagte sich der Berufung des Klägers anschließen. Das ist aber riskant, weil seine Anschlussberufung gegenstandslos wird, wenn der Kläger seine Berufung zurücknimmt (§ 524). Der Beklagte wird also in der Berufungsschrift zum Ausdruck bringen, dass er eine selbstständige Berufung einlegt.

Fall 55

Ergänzung zum Einfamilienhaus-Fall 52: Die Eheleute Schmitz wissen noch nicht, ob sie Berufung einlegen sollen oder nicht. Zuerst wollen Sie für drei Wochen zum Camping an die Ostsee.

Wie reagiert der Anwalt auf diese Entscheidung seiner Mandanten?

Der Anwalt wird die Kläger darauf hinweisen, dass die Berufung nur binnen einer Notfrist von einem Monat eingelegt werden kann. Sie sollten sich daher vor Antritt der Reise entscheiden.

Leitsatz 57

Berufungsfrist

Die Berufungsfrist beträgt **einen Monat**; sie ist eine **Notfrist** und beginnt mit der Zustellung des in vollständiger Form abgefassten Urteils, spätestens aber mit dem Ablauf von fünf Monaten nach der Verkündung (§ 517). Die Berufung wird durch Einreichung der **Berufungsschrift** bei dem Berufungsgericht eingelegt. Sie enthält die Bezeichnung des Urteils, gegen das die Berufung gerichtet ist, und die Erklärung, dass gegen dieses Urteil Berufung eingelegt wird. Eine Ausfertigung oder beglaubigte Abschrift des angefochtenen Urteils soll vorgelegt werden (§ 519). Binnen **zwei Monaten** seit Zustellung des angefochtenen Urteils ist die Berufung zu **begründen** (§ 520 Abs. 2).

Ergänzung: Eheleute Schmitz beauftragen ihren Anwalt mit der Berufung.

Was wird der Anwalt an das OLG schreiben?

Die Mandatierung ist wegen des Anwaltszwangs vor dem OLG ohnehin notwendig (§ 78). Der Anwalt der Kläger (auch bezeichnet als Berufungskläger oder Rechtsmittelführer) wird den Inhalt der Klageschrift nicht einfach in den Schriftsatz für die Berufungsbegründung kopieren können, weil der Prozess mit der Berufung nicht noch einmal vollständig aufgerollt wird.

Übersicht 28: Berufungsbegründung

Die Berufung kann nach § 513 Abs. 1 **nur** darauf gestützt werden, dass die Entscheidung auf einer **Rechtsverletzung** (§ 546) beruht oder die nach § 529 neu zugrunde zu legenden Tatsachen eine andere Entscheidung rechtfertigen.

▶ Insoweit sind in der Berufungsbegründung (§ 520) im Einzelnen die Umstände darzulegen, aus denen sich

  – die **Rechtsverletzung** und
  – deren **Erheblichkeit** für die angefochtene Entscheidung ergibt.

▶ Ferner sind die konkreten Anhaltspunkte zu bezeichnen, die Zweifel an der Richtigkeit oder Vollständigkeit der Tatsachenfeststellungen im angefochtenen Urteil begründen und deshalb eine erneute Feststellung gebieten.

▶ Schließlich können in sehr beschränktem Umfang neue Angriffs- und Verteidigungsmittel sowie Tatsachen zugelassen werden, auf Grund derer die vorgetragenen Angriffs- und Verteidigungsmittel nach § 531 Abs. 2 "neu" sind.

Generell gelten jedoch die Präklusionswirkungen der ersten Instanz wegen Unvollständigkeit und Verspätung (§§ 283, 296a) weiter.

Kurzum: Das Berufungsgericht ist keine zweite Tatsacheninstanz.

Der Anwalt der Eheleute Schmitz trägt vor, dass das angefochtene Urteil einen Rechtsfehler aufweist: § 323 Abs. 5 Satz 2 BGB schließe das Rücktrittsrecht nicht aus bei Bagatellverstößen, wenn der Vertragspartner arglistig getäuscht wurde. Das BGB sei an dieser Stelle nicht strikt am Wortlaut auszulegen; der Schutz vor unseriösen Vertragspartnern sei bei der Auslegung zu berücksichtigen. Ferner bleibe es bei dem Vortrag aus der Klageschrift, insoweit sei wegen des Bestreitens durch den Beklagten Beweis zu erheben über den Schaden und die Täuschung.

Wie wird das OLG als Berufungsgericht entscheiden?

Übersicht 29: Berufungsentscheidung durch Beschluss

Die hohen Anforderungen an die Berufungsbegründung beruhen darauf, dass das Berufungsgericht **nicht alle Fälle mündlich** verhandelt und durch Urteil entscheidet, sondern schon auf Grundlage der Berufungsbegründung **eindeutige Fälle** durch **Beschluss** entscheidet.

▶ Nach § 522 Abs. 1 hat das Berufungsgericht von Amts wegen zu prüfen, ob die Berufung an sich statthaft und ob sie in der gesetzlichen Form und Frist eingelegt und begründet ist. Mangelt es an einem dieser Erfordernisse, so ist die Berufung durch **Beschluss** als **unzulässig** zu verwerfen. Gegen den Beschluss findet die Rechtsbeschwerde statt.

▶ Ferner kann das Berufungsgericht nach § 522 Abs. 2 die Berufung durch einstimmigen Beschluss unverzüglich zurückweisen, wenn es davon überzeugt ist, dass die Berufung offensichtlich **keine Aussicht auf Erfolg** hat, die Rechtssache **keine grundsätzliche Bedeutung** hat und die Fortbildung des Rechts oder die Sicherung einer einheitlichen Rechtsprechung eine Entscheidung des Berufungsgerichts nicht erfordert und wenn eine mündliche Verhandlung nicht geboten ist.

Ergänzung: In unserem Fall wird Termin zur mündlichen Verhandlung anberaumt. Dem Anwalt der Kläger gelingt es nicht, den Einzelrichter (vgl. § 523 Abs. 1) von seiner Rechtsansicht zu überzeugen. Die Berufung wird zurückgewiesen.

Gibt es noch eine Instanz?

Ja, gegen die Entscheidung des OLG ist das Rechtsmittel der Revision gegeben.

Leitsatz 58

Revision

Das Rechtsmittel der Revision findet gegen die in der **Berufungsinstanz** erlassenen **Endurteile** statt (§ 542). **Voraussetzung** ist, dass das Berufungsgericht in dem Urteil die Revision **zulässt**. Lässt es die Revision nicht zu, dann kann Beschwerde gegen die Nichtzulassung eingelegt werden (**Nichtzulassungsbeschwerde**). Hierüber entscheidet das Revisionsgericht selbst. Revisionsgericht ist der **BGH** (§ 133 GVG).

Die Revision findet auch statt gegen Beschlüsse des Berufungsgerichts, mit der die Berufung nach § 522 Abs. 2 zurückgewiesen worden ist, wenn der Beschwerdewert 20.000 € übersteigt (§ 522 Abs. 3, § 26 Nr. 8 EGZPO).

Die Revision ist zuzulassen nach § 543 Abs. 2, wenn die Rechtssache grundsätzliche Bedeutung hat oder die Fortbildung des Rechts oder die Sicherung einer einheitlichen Rechtsprechung eine Entscheidung des Revisionsgerichts erfordert.

Die Revision stützt der Anwalt der Kläger darauf, dass die Entscheidung auf der Verletzung des Bundesrechts beruht, hier die rechtsfehlerhafte Auslegung des § 323 Abs. 5 Satz 2 BGB.

Leitsatz 59

Rechtsverletzung

Das Recht ist verletzt, wenn eine Rechtsnorm **nicht** oder **nicht richtig** angewendet worden ist (Rechtsverletzung; § 546).

Tatsächlich hat der BGH diese Rechtsfrage im Sinne unserer Kläger entschieden: Aktenzeichen V ZR 173/05; Schauen Sie doch mal nach auf der Website des BGH.

In unserem Fall kommt es aber nicht allein auf die „richtige" Auslegung einer Norm an, sondern auch darauf, ob ein Schaden vorliegt und ob der Beklagte arglistig getäuscht hat. Die Urteile der Vorinstanzen haben hierzu keine Tatsachen festgestellt, weil sie keinen Beweis erhoben haben. Das Revisionsgericht ist keine Tatsacheninstanz und erhebt selbst keine Beweise. Es ist deshalb gehindert, abschließend in der Sache zu entscheiden. Nach § 563 hebt das Revisionsgericht das angegriffene Urteil auf und verweist die Sache zur erneuten Verhandlung und Entscheidung direkt an das Gericht der ersten Instanz zurück, das seiner Entscheidung die rechtliche Beurteilung des Revisionsgerichts zugrunde legt. Das LG wird die Beweiserhebung nachholen und dann erneut in der Sache entscheiden. Wenn den Parteien das Ergebnis dann nicht passt, können sie Berufung einlegen.

Eine Alternative zur Berufung und nachfolgenden Revision ist die Sprungrevision nach § 566: Gegen die im ersten Rechtszug erlassenen Endurteile, die ohne Zulassung der Berufung unterliegen, findet auf Antrag unter Übergehung der Berufungsinstanz unmittelbar die Revision (Sprungrevision) statt, wenn der Gegner in die Übergehung der Berufungsinstanz einwilligt und das Revisionsgericht die Sprungrevision zulässt.

 Fall 56

Die Parteien haben vor dem AG um 2.000 € gestritten, dann aber die Hauptsache übereinstimmend für erledigt erklärt. Das Gericht hat nach

§ 91a Abs. 1 über die Kosten des Rechtsstreits entschieden. Der Kläger ist nicht einverstanden, dass die Kosten gegeneinander aufgehoben werden. Der Kläger ist der Ansicht, die Klage sei vollständig begründet gewesen und der Beklagte wäre voraussichtlich verurteilt worden.

Was kann der Kläger tun?

Kosten gegeneinander aufheben bedeutet, dass jede Partei die eigenen Anwaltskosten (soweit entstanden) und jeweils die Hälfte der Gerichtskosten zu tragen hat. Eine Berufung ist nicht möglich, weil das Gericht nicht durch Urteil, sondern durch Beschluss entschieden hat.

Leitsatz 60

Sofortige Beschwerde

Rechtsmittel im Sinne der ZPO ist auch die sofortige Beschwerde. Sie findet im Wesentlichen statt **gegen Entscheidungen** der **AG** und **LG**, wenn dies im Gesetz **ausdrücklich vorgesehen** ist. Sie ist binnen einer Notfrist von **zwei Wochen** nach Zustellung der Entscheidung einzulegen (§ 569).

Nach § 91a Abs. 2 kann gegen den Beschluss des AG sofortige Beschwerde eingelegt werden. Im Gegensatz zur Berufung hat das Gericht, das die angegriffene Entscheidung gefällt hat, zunächst zu prüfen, ob es seine eigene Entscheidung angesichts der Argumente des Beschwerdeführers korrigiert (Abhilfe, § 572). Bleibt das AG bei seiner Entscheidung, dann wird die Sache dem LG zur Entscheidung vorgelegt. Der Devolutiveffekt dieses Rechtsmittels tritt also nur ein, wenn das AG der Beschwerde nicht abhilft. Die Abhilfe soll dem AG die Chance geben, eventuelle Fehler selbst auszubügeln.

Die sofortige Beschwerde ist z.B. vorgesehen nach §§ 46 Abs. 2, 127 Abs. 2, 336 u.a.

Unter bestimmten Voraussetzungen ist bei Rechtsverletzungen eine Rechtsbeschwerde gegen die Entscheidung des Beschwerdegerichts zulässig (§§ 574, 576).

Ferner kann gegen Entscheidungen des Urkundsbeamten der Geschäftsstelle binnen einer Notfrist von zwei Wochen die Entscheidung des Gerichts beantragt werden (Erinnerung, § 573).

■ Fall 57

Staatsanwalt Hart führt einen Zivilprozess gegen seinen Vermieter, weil die Fenster der Wohnung undicht sein sollen. Aus Sicht des Klägers ist der Fall glasklar; schließlich hat er ja vor 30 Jahren auch mal die ZPO und das BGB studiert. Für Richter Herzig ist der Fall nicht eindeutig. Kläger Hart interpretiert die Bedenken des Richters zur Begründetheit als Zeichen fehlender Kenntnisse der ZPO und des Zivilrechts. Kläger Hart weiß alles besser und fährt dem Richter ständig in die Parade. Richter Herzig ordnet zur Vorbereitung des Termins die Einnahme des Augenscheins in der Wohnung des Hart an und das persönliche Erscheinen der Parteien. Hart ist damit gar nicht einverstanden, weil er den Richter für inkompetent hält und den Beklagten nicht in die Wohnung lassen möchte. Kläger Hart legt Beschwerde gegen die Entscheidungen des Gerichts ein.

Hat Kläger Hart damit Erfolg?

Nein; nicht jede Entscheidung des Gerichts kann mit einem Rechtsmittel überprüft werden. Die Anordnungen des Richters dienen hier der Vorbereitung des Termins (vgl. §§ 273 Abs. 2 Nr. 3 und 5, 141, 144). Sie stellen keine selbstständigen Entscheidungen dar und sind daher unanfechtbar.

Leitsatz 61

Vorbereitende Anordnungen

Kein Rechtsmittel gibt es gegen vorbereitende Anordnungen und andere verfahrensleitende Verfügungen und Beschlüsse des Gerichts (zur Terminologie vgl. § 329). Sie sind **unanfechtbar**. Ihre Erforderlichkeit wird in den Entscheidungsgründen des Urteils oder Beschlusses dargestellt, mit dem die Instanz abgeschlossen wird. Beispiele für unanfechtbare Entscheidungen: §§ 225 Abs. 3, 227 Abs. 4 Satz 2, 355 Abs. 2.

Rechtskraft

 Fall 58

Gertrude ist vom LG verurteilt worden, an Hans 17.000 € zu zahlen. Sie hat Berufung eingelegt mit dem Ziel, die Verurteilung wegen eines Teilbetrages von 3.000 € aufzuheben. Gertrud fragt ihren Anwalt, ob der Kläger schon vor der Entscheidung über die Berufung Zahlung verlangen kann.

Was antwortet der Rechtsanwalt?

Der Anwalt wird Gertrud die Begriffe Rechtskraft, Suspensiveffekt von Rechtsmitteln und Vollstreckbarkeit erläutern. Klingt kompliziert, ist es aber nicht:

Soweit Gertrud die Entscheidung des LG nicht mit der Berufung angreift, wird dieser Teil des Urteils rechtskräftig; aus ihm kann der Kläger uneingeschränkt die Vollstreckung betreiben; siehe Lektion 10.

Soweit gegen das Urteil des LG Berufung eingelegt ist, wird das Urteil nicht rechtskräftig. Der Eintritt der Rechtskraft ist aufgeschoben bis zur Entscheidung des Berufungsgerichts (Suspensiveffekt des Rechtsmittels). Gleichwohl kann trotz Berufung wegen der 3.000 € unter bestimmten Voraussetzungen vollstreckt werden. Ein Endurteil, gegen das die Berufung statthaft ist, enthält einen Ausspruch über die vorläufige Vollstreckbarkeit.

Der Gesetzgeber wägt die Interessen der Parteien für die Frage der vorläufigen Vollstreckbarkeit gegeneinander ab: Will der Kläger vor Eintritt der Rechtskraft vollstrecken, muss er vorher Sicherheit leisten; § 709. Die Beklagte kann aber beantragen, dass die Vollstreckung angesichts der Berufung einstweilen eingestellt wird; §§ 719 Abs. 1, 707. Mehr zu diesem Thema in der Lektion 10.

Wenden wir uns nun näher dem Begriff der Rechtskraft zu.

Leitsatz 62

Formelle Rechtskraft

Nach § 19 EGZPO erwachsen Endurteile in **Rechtskraft**, welche mit einem ordentlichen Rechtsmittel, das an die Wahrung einer Notfrist gebunden ist, **nicht mehr** angefochten werden können. Ist ein **Rechtsmittel** gegen das Urteil **statthaft**, tritt die Rechtskraft vor Ablauf der Rechtsmittelfrist nicht ein (formelle Rechtskraft; § 705).

Fall 59

Ein schwieriges Zusammenspiel: Mobiltelefonbetreiber MEGA GmbH mit Sitz in Essen hat den Kunden Jürgen, wohnhaft in Erfurt, vor dem AG Essen auf Zahlung von 627,59 € für Handygebühren verklagt.

Das AG Essen weist die Parteien auf seine örtliche Unzuständigkeit hin und den Beklagten auf die Folgen eines rügelosen Einlassens zur Hauptsache (§§ 139, 39, 504).

Jürgen rügt daraufhin die Unzuständigkeit des AG Essen. Die Klägerin stellt keinen Antrag auf Verweisung an das Wohnortgericht des Beklagten (§§ 13, 281), sondern nimmt Bezug auf ihre Allgemeinen Geschäftsbedingungen (AGB), nach denen die Vertragsparteien den Gerichtsstand am Sitz der Klägerin vereinbart haben.

Das AG Essen weist die Klage mit der Begründung ab, der Beklagte sei eine Privatperson, so dass die Klägerin mit ihm keine wirksame Gerichtsstandvereinbarung nach § 38 treffen könne.

Drei Wochen nach dem Urteil des AG Essen wird Jürgen eine zweite Klage zugestellt: Diesmal klagt die MEGA GmbH wegen desselben Betrages vor dem örtlich zuständigen AG Erfurt.

Darf die MEGA GmbH mehrmals wegen derselben Sache klagen?

Es kommt darauf an:

Leitsatz 63

Materielle Rechtskraft

Der **Klageanspruch**, also das Recht, sich wegen einer Forderung an ein staatliches Gericht zu wenden, **ist verbraucht**, wenn ein anderes Gericht bereits über diesen Streitgegenstand entschieden hat. Diese **Wirkungen eines Urteils** werden materielle Rechtskraft genannt (§ 322). Die materielle Rechtskraft eines bereits ergangenen Urteils berücksichtigt das angerufene Gericht im Rahmen der Zulässigkeit von Amts wegen.

Urteile sind der materiellen Rechtskraft nur insoweit fähig, als über den durch Klage oder durch Widerklage erhobenen Anspruch entschieden ist (§ 322 Abs. 1). Kurzum: materielle Rechtskraft setzt ein **Sachurteil** voraus.

Hier müssen wir etwas genauer hinschauen: Zutreffend ist, dass das AG Essen sich mit dem Fall befasst und ein Urteil erlassen hat. Es hat aber nicht in der Sache entschieden; die Klage ist mangels Zulässigkeit abgewiesen worden (so genanntes Prozessurteil, siehe Lektion 6). Das ergibt sich zwar nicht aus dem Tenor, aber aus dem Tenor und den Entscheidungsgründen.

Jürgen hat Pech. Er muss sich jetzt vor dem AG Erfurt gegen den Anspruch verteidigen.

Ergänzung: Auch diesmal gelingt der MEGA GmbH keine Verurteilung des Jürgen zur Zahlung von Handygebühren. Das AG Erfurt weist die Klage ab, weil die Abrechnung nicht nachvollziehbar sei. Das gehe zu Lasten der Klägerin, weil sie substantiiert die Voraussetzungen für das Zustandekommen der Gebühren darlegen müsse.

Aller guten Dinge sind drei: Zwei Monate nach dem Urteil des AG Erfurt wird Jürgen eine weitere Klage zugestellt. Diesmal verlangt die MEGA AG 721,39 €.

Steht der neuen Klage die materielle Rechtskraft des ersten Urteils des AG Erfurt entgegen?

Das kommt darauf an, was Gegenstand des ersten Urteils war. Insbesondere bei klageabweisenden Urteilen muss man sich das gesamte Urteil anschauen, um zu erkennen, worüber denn in der Sache entschieden worden ist. Hier kommt es maßgeblich auf den Tatbestand (§ 313 Abs. 1 Nr. 5, siehe Lektion 7) und auf die Entscheidungsgründe an. Das angerufene Gericht wird vergleichen, über welche Gebühren für welchen Zeitraum das AG Erfurt im ersten Urteil entschieden hat und welche Gebühren und Zeiträume mit der neuen Klage geltend gemacht werden. Die materielle Rechtskraft des ersten Sachurteils hat bei vollständiger oder teilweiser Identität des Gegenstandes zur Folge, dass die erneute Klage unzulässig ist, und nicht erst unbegründet!

Abwandlung: In dem dritten Prozess gegen Jürgen wurde entschieden, dass die Klägerin für Auslandstelefonate einen gewissen Zuschlag zum sonst vereinbarten Minutentarif bei Inlandsgesprächen verlangen darf. Nun klagt die MEGA GmbH vor dem AG Erfurt gegen die Kundin Johanna auf Zahlung für Telefonentgelte bei Auslandsgesprächen.

Kann die Klägerin darauf hinweisen, dass die Zulässigkeit eines Tarifzuschlags für Auslandstelefonate bereits in dem Rechtsstreit gegen Jürgen abschließend beurteilt worden ist?

Nein, Parteien des Rechtsstreits waren die MEGA GmbH und Jürgen für ganz bestimmte Monate und Gespräche. Die Wirkungen der Rechtskraft beschränken sich auf die Parteien und ihre Rechtsnachfolger (subjektive Rechtskraftwirkung; § 325).

Dennoch liest man in der Presse, dass ein Gericht eine „Grundsatzentscheidung" getroffen hat. Im Sinne der Rechtskraft ist diese Entscheidung unerheblich für andere Prozesse. In jedem anderen Prozess trifft das angerufene Gericht seine eigene Entscheidung; Richter sind unabhängig und nur dem Gesetz unterworfen (Art. 97 Abs. 1 GG). Selbst Urteile des BGH binden nicht; sie sind aber Richtschnur für die eigene Argumentation und für die Frage, ob nicht die eigene, abweichende Auslegung eine Rechtsverletzung darstellen könnte, die ein Rechtsmittel provoziert.

Rechtsbehelfe

 Fall 60

Sabine traut ihren Augen nicht, als sie in den Briefkasten schaut. Der Postbote hat ein Urteil zugestellt, nach dem sie zur Zahlung von 540 €

verurteilt wird für den Kauf von zwei Angora-Heizdecken. Klägerin ist eine Dormibene Limited mit Sitz in Gibraltar. Sabine hat aber noch nie Heizdecken gekauft und ihr ist auch nie eine Klage zugestellt worden.

Sollte Sabine Berufung gegen das Urteil einlegen?

Das ist eine Möglichkeit, aber nicht die beste. Es geht Sabine nicht darum, dass sie einen Prozess verloren hat und sich jetzt gegen das Urteil mit einem Rechtsmittel in der nächsten Instanz zur Wehr setzen möchte. Ihr Rechtsschutzbegehren zielt eher darauf ab zu klären, wie es ohne Zustellung der Klage und ohne Gewährung rechtlichen Gehörs zu einem Urteil gegen sie kommen konnte. Sie wird zunächst Einsicht in die Akte nehmen, um zu klären, wie das Gericht zu der Ansicht gelangt ist, die Klage sei ihr zugestellt worden. Bestätigt die Akteneinsicht ihren Verdacht, dann wird sie die Verletzung rechtlichen Gehörs rügen.

Leitsatz 64

§ 321a

Nach § 321a ist auf die Rüge der durch die Entscheidung beschwerten Partei das **Verfahren fortzuführen**, wenn ein Rechtsmittel oder ein anderer Rechtsbehelf gegen die Entscheidung nicht gegeben ist und das Gericht den Anspruch dieser Partei auf **rechtliches Gehör** in entscheidungserheblicher Weise **verletzt** hat.

Das Verfahren nach § 321a dient der Abhilfe bei Verletzung des Anspruchs auf rechtliches Gehör. Es ist kein Rechtsmittel, sondern ein Rechtsbehelf, weil das Verfahren nicht an eine höhere Instanz abgegeben wird (Rechtsbehelfe haben keinen Devolutiveffekt).

Fall 61

Das LG hat Fritz zur Zahlung von 6.800 € als Kaufpreis für ein gebrauchtes Auto verurteilt. Vergeblich hat Fritz versucht zu beweisen, dass er den Kaufpreis bereits gezahlt hat. Seine Berufung bleibt erfolglos. Fünf Jahre nach Rechtskraft der Verurteilung findet er in einem Kochbuch die Quittung über die Kaufpreiszahlung.

Kann Fritz das rechtskräftige Urteil jetzt noch anfechten?

Die Frage beinhaltet schon das rechtliche Problem. Formelle Rechtskraft setzt voraus, dass gegen das Urteil kein Rechtsmittel mehr gegeben ist. Die Frage müsste eher lauten, ob die Rechtskraft des Urteils durchbrochen werden kann.

Das ist ein sensibles Thema, weil das Urteil unter angemessener Beteiligung aller Parteien zustande gekommen ist und nun für sich beansprucht, den konkreten Rechtsstreit beendet zu haben. Weshalb sonst muss der Beklagte lernen, mit der juristischen Niederlage zu leben? Die ZPO kennt jedoch eine Reihe von Rechtsbehelfsverfahren, bei denen ausnahmsweise aus besonderen Gründen die Rechtskraft einer Entscheidung durchbrochen oder in anderer Weise eine rechtskräftige Entscheidung abgeändert wird.

Im Fall von Fritz käme eine Vollstreckungsabwehrklage in Betracht (§ 767; siehe Lektion 12).

Unter Umständen könnte Fritz auf Herausgabe der Urteilsausfertigung wegen sittenwidriger Schädigung (§ 826 BGB) klagen, wenn sich nachträglich herausstellt, dass der Autoverkäufer den Titel durch Prozessbetrug erschlichen hat. Oder er könnte bei dieser Sachlage ein Restitutionsverfahren (§ 580) anstrengen.

Übersicht 30: Rechtsbehelfe etc.

Rechtsbehelfe und weitere Verfahren zur Änderung oder Aufhebung rechtskräftiger Entscheidungen

- **Abänderungsklage** nach § 323 Abs. 1 und 2: Tritt im Falle der Verurteilung zu künftig fällig werdenden wiederkehrenden Leistungen eine wesentliche Änderung derjenigen Verhältnisse ein, die für die Verurteilung zur Entrichtung der Leistungen, für die Bestimmung der Höhe der Leistungen oder der Dauer ihrer Entrichtung maßgebend waren, so ist jeder Teil berechtigt, im Wege der Klage eine entsprechende Abänderung des Urteils zu verlangen.
  Die Klage ist nur insoweit zulässig, als die Gründe, auf die sie gestützt wird, erst nach dem Schluss der mündlichen Verhandlung, in der eine Erweiterung des Klageantrages oder die Geltendmachung von Einwendungen spätestens hätte erfolgen müssen, entstanden sind und durch Einspruch nicht mehr geltend gemacht werden können.

- **Wiederaufnahme** eines durch rechtskräftiges Endurteil abgeschlossenen Verfahrens durch Nichtigkeitsklage (§ 579) und Restitutionsklage (§ 580). Die Nichtigkeitsklage findet im Wesentlichen statt, wenn das Gericht nicht vorschriftsmäßig besetzt war oder befangene Richter mitgewirkt haben oder wenn eine Partei nicht ordnungsgemäß vertreten war.

  Wesensmerkmal der Restitutionsklage ist es ein rechtskräftiges Urteil zu kassieren, dass auf falscher eidlicher Aussage eines Zeugen, einer gefälschten Urkunde, wahrheitswidriger Aussage eines Sachverständigen oder einer Straftat des Prozessvertreters beruht.

- **Verfassungsbeschwerde** nach Art. 93 Abs. 1 Nr. 4 a) GG. Danach kann jedermann das Bundesverfassungsgericht (BVerfG) anrufen und geltend machen, dass er durch öffentliche Gewalt in seinen Grundrechten verletzt werde. Öffentliche Gewalt ist hier eine rechtskräftige Entscheidung eines Fachgerichts. Deshalb ist die Verfassungsbeschwerde zum BVerfG und zu den Verfassungsgerichtshöfen der Bundesländer regelmäßig abhängig davon, dass vorher der Rechtsweg ausgeschöpft worden ist. Verfassungsbeschwerden ersetzen keine nach der jeweiligen Verfahrensordnung statthaften Rechtsmittel und -behelfe.

Gibt es denn erfolgreiche Verfassungsbeschwerden gegen Urteile der Zivilgerichte?

Ja, lesen Sie z.B. § 1629a BGB. Die Vorschrift wurde eingeführt zum Schutz Minderjähriger, nachdem LG, OLG und BGH die gesetzliche Vertretungsbefugnis einer Mutter für ihre minderjährigen Kinder fehlerhaft ausgelegt hatten: Der Fall beginnt damit, dass eine Mutter und ihre minderjährigen Kinder ein Unternehmen erben. Die Mutter hat kein glückliches Händchen und häuft in den nächsten Jahren Schulden auf, die den Wert des Nachlasses deutlich überstiegen. Die Kinder werden ebenso wie die Mutter vom LG zur Zahlung sechsstelliger Beträge verurteilt; denn nach § 1629 BGB werden Minderjährige bei Rechtsgeschäften von ihren Eltern vertreten. Berufung und Revision der inzwischen erwachsenen Kinder bleiben ohne Erfolg. Erst auf die Verfassungsbeschwerde stellt das BVerfG fest, dass die uneingeschränkte Anwendung des § 1629 BGB die Grundrechte der Kinder verletzt. Zwar können auch heute noch Kinder wegen Schulden aus geerbten Unternehmen zur Zahlung verurteilt werden; jedoch nur unter Vorbehalt der Beschränkung ihrer Haftung auf den Nachlass (vgl. §§ 780, 302, § 1629a Abs. 1 BGB).

III. Zwangsvollstreckung
Wie setze ich mein Recht durch?

Lektion 10: Zwangsvollstreckung in bewegliches u. unbewegliches Vermögen

Allgemeine Voraussetzungen der Zwangsvollstreckung

Fall 62

Rudi hat gegen Michel einen Zivilprozess geführt und gewonnen. Michel ist vom AG verurteilt worden, an Rudi 4.000 € zu zahlen. Rudi fordert Michel nun auf, an ihn zu zahlen. Michel weigert sich zu zahlen.

Kann Rudi jetzt einfach so zum Michel gehen, die Tür aufbrechen und sich am Hab und Gut des Michel beliebig bedienen?

Auf gar keinen Fall! Aus der Lektion 1 wissen wir, dass den staatlichen Gerichten nicht nur die Verurteilung im Erkenntnisverfahren vorbehalten ist, sondern auch die Zwangsvollstreckung. Das beruht darauf, dass alle Formen von Zwang gegen Personen nur vom Staat ausgeübt werden können (Gewaltmonopol des Staates aus Art. 20 Abs. 2 GG).

In unserem Fall ist es das Zivilgericht, das den materiellen Anspruch der obsiegenden Partei aus einer gerichtlichen Entscheidung gegen die unterlegene Partei zwangsweise durchsetzt.

Die Zivilgerichte und ihre Vollstreckungsorgane werden auf Antrag der Partei tätig, die Befriedigung ihrer im Erkenntnisverfahren festgestellten Forderung sucht, wenn die unterlegene Partei nicht gemäß der gerichtlichen Entscheidung leistet.

Leitsatz 65

Gläubiger – Titel – Schuldner

In der Zwangsvollstreckung spricht man vom Gläubiger, der z.B. aus einem **Urteil einen Zahlungsanspruch** hat; diesen titulierten Anspruch nennt man auch **Schuldtitel, Vollstreckungstitel**, oder ganz einfach nur Titel.

Die von der Zwangsvollstreckung **betroffene Person** wird Schuldner genannt, weil sie nach dem Titel z.B. zur Zahlung, anderem Tun oder Unterlassung verpflichtet ist. Der Gläubiger hat Anspruch auf Tätigwerden der Justiz gegen den Schuldner. Das ist auch Teil des Justizgewährungsanspruches; siehe Lektion 1.

Abwandlung: Kläger Rudi hat den Zivilprozess gegen Michel verloren.

Ist Rudi hier Zwangsvollstreckungs-Gläubiger?

Nein, der Kläger ist nicht automatisch Gläubiger im Zwangsvollstreckungsverfahren. Das ist Rudi nur, wenn er den Prozess gewinnt. Wird die Klage abgewiesen, dann hat der Kläger keinen Vollstreckungstitel gegen den Beklagten. Der Beklagte hat in diesem Fall aber nach § 91 einen Anspruch gegen den unterlegenen Kläger auf Erstattung seiner notwendigen Kosten der Rechtsverteidigung. Im Urteil steht dann, dass der in der Sache unterlegene Kläger die Kosten des Rechtsstreits zu tragen hat. Michel kann die notwendigen Kosten seiner erfolgreichen Rechtsverteidigung im Verfahren nach § 103 durch gerichtlichen Beschluss festsetzen lassen (Kostenfestsetzung) und aus diesem Schuldtitel dann gegen den Kläger Rudi vorgehen. Im Abwandlungsfall ist also der Kläger Rudi Zwangsvollstreckungs-Schuldner, wenn er nicht freiwillig zahlt; der Beklagte Michel ist somit Gläubiger.

Leitsatz 66

Zwangsvollstreckung

Zwangvollstreckung umfasst das **Verfahrensrecht**, das das Zivilgericht dem Gläubiger zur Verfügung stellt, um seinen im Erkenntnisverfahren materiell festgestellten Anspruch (**Titel**) gegen den Vollstreckungs-Schuldner **zwangsweise durchzusetzen**.

 **Fall 63**

Meier hat Lehman beim Kauf eines gebrauchten PKW arglistig getäuscht und betrogen. Meier wird vom LG verurteilt, den Kaufpreis gegen Rückgabe des PKW an Lehmann zurückzuzahlen. Lehmann möchte, dass das Zivilgericht den zur Zahlung verurteilten Meier in den Keller des LG für 10 Tage bei Brot und Wasser einsperrt, damit Meier über die Schändlichkeit seines Verhaltens nachdenkt. Außerdem wünscht sich der Kläger einen Pranger für Meier.

Geht das?

Nein.

Leitsatz 67

Ziel

Ziel der **Zwangsvollstreckung** ist allein die Befriedigung des Gläubigers wegen des **Anspruches**, der sich aus dem **Titel** ergibt.

Rache, Vergeltung und Sühne sind nicht Gegenstand oder Ziel der Zwangsvollstreckung. Das Einsperren eines Schuldners in den Schuldturm und den Pranger gab es im Mittelalter, als man noch nicht so streng zwischen dem Zivilrecht und dem Strafrecht unterschieden hat. Damals gab es Schuldgefängnisse!

Eine Haft kommt heutzutage regelmäßig nur als Ergebnis einer Verurteilung im Strafverfahren zu einer Freiheitsstrafe in Betracht. Dabei kann aber der Sachverhalt, der Gegenstand des Zivilprozesses ist – wie hier im Fall des Meier –, gleichzeitig die tatbestandlichen Voraussetzungen eines Betruges oder einer anderen Vermögensstraftat darstellen, so dass das Verhalten des Beklagten in einem nachfolgenden Strafverfahren zu seiner Haft führen kann. Es ist sogar möglich, dass das Strafgericht nicht nur über eine Verurteilung wegen der Straftat, sondern gleichzeitig auch wegen der zivilrechtlichen Ansprüche mitentscheidet. Dieses so genannte Adhäsionsverfahren (§§ 403, 406 StPO) entspricht dem Gebot der Prozessökonomie und kommt häufig zum Zuge z.B. bei Körperverletzungen und der Klärung der Ansprüche des Opfers auf Schadensersatz und Schmerzensgeld; siehe auch Lektion 8.

Lektion 10: Zwangsvollstreckung in bewegliches u. unbewegliches Vermögen

Aber auch nach der ZPO ist die Inhaftierung eines Schuldners nicht grundsätzlich ausgeschlossen. Es kommt auf den Gegenstand der Zwangsvollstreckung an; die Maßnahme muss dem Ziel der Zwangsvollstreckung dienen.

Beispiel 1: Der Beklagte ist verurteilt, dem Kläger eine bestimmte Auskunft zu erteilen. Wenn niemand anderes als der Schuldner diese Information erteilen kann (nicht vertretbare Handlung) und er sich weigert, dann kann der Gläubiger die Verhängung eines Zwangsgeldes beantragen. Weigert sich der Schuldner weiterhin hartnäckig, dann kann der Gläubiger als letztes Mittel die Inhaftierung des Schuldners beantragen mit dem Ziel, den Schuldner in der Haft weich zu kochen (§ 888: Zwangs- oder Beugehaft).

Beispiel 2: Der Beklagte hat der Klägerin wiederholt nachgestellt und damit unzumutbar belästigt (Stalking). Zum Schutz der Klägerin ist der Beklagte nach dem Gewaltschutzgesetz verurteilt worden, ein bestimmtes Verhalten zu unterlassen. Wenn der Beklagte als Vollstreckungsschuldner dennoch mehrfach und absichtlich gegen dieses gerichtliche Gebot verstößt (Zuwiderhandlung), dann kann das Zivilgericht auf Antrag des Gläubigers als letztes Mittel Haft gegen den Schuldner verhängen. Das Ziel der Haft ist hier nicht die zwangsweise Beugung des Willens, sondern die Sanktion für ein Fehlverhalten (§ 890: Ordnungshaft). Gegen einen notorischen und unbelehrbaren Stalker, der trotz Verurteilung sein Opfer weiter drangsaliert kann und den Ordnungsgelder nicht abhalten, kann als letztes Mittel Ordnungshaft verhängt werden. Bei besonders hartnäckigen Fällen wird der Gerichtsvollzieher selbst tätig (§ 892a).

Vom Urteil bis zur Zwangsvollstreckungsmaßnahme oder -entscheidung gibt es einige Zwischenschritte: Die Zwangsvollstreckung setzt voraus, dass der Gläubiger einen vollstreckungsfähigen Titel gegen den Schuldner hat, das örtlich und funktionell zuständige Vollstreckungsorgan beauftragt, keine Zwangsvollstreckungshindernisse bestehen und die besonderen Voraussetzungen der gewählten Vollstreckungsart vorliegen.

■ Fall 64

Das LG Berlin hat den Beklagten zur Zahlung von 10.000 € verurteilt; das Urteil wurde dem Beklagten vor drei Tagen zugestellt. Der Kläger / Gläubiger möchte sofort das Girokonto des Beklagten/Schuldners leer pfänden und sein Wohnhaus versteigern lassen.

Geht das so schnell und einfach?

Nein, so schnell schießen die Preußen nicht. Erste Voraussetzung ist das Vorliegen eines Vollstreckungstitels.

Übersicht 31: Vollstreckungstitel

Titel, aus denen die Zwangsvollstreckung betrieben werden kann, sind:

1. **Endurteile** (§ 704, vgl. Lektion 6) und
2. weitere Vollstreckungstitel im Sinne des § 794. Hierzu gehören u.a.: **Prozessvergleiche**, die zwischen den Parteien oder zwischen einer Partei und einem Dritten zur Beilegung des Rechtsstreits seinem ganzen Umfang nach oder in Betreff eines Teiles des Streitgegenstandes vor einem deutschen Gericht oder anerkannten **Gütestelle** abgeschlossen sind, sowie aus Vergleichen, die gemäß § 118 Abs. 1 Satz 3 oder § 492 Abs. 3 zu richterlichem Protokoll genommen sind (vgl. Lektion 6);

   – **Kostenfestsetzungsbeschlüsse**;
   – Beschlüsse, die in einem vereinfachten Verfahren über den **Unterhalt Minderjähriger** den Unterhalt festsetzen, einen Unterhaltstitel abändern oder den Antrag zurückweisen;
   – **Vollstreckungsbescheide**;
   – Entscheidungen, die **Schiedssprüche** für vollstreckbar erklären, sofern die Entscheidungen rechtskräftig oder für vorläufig **vollstreckbar erklärt** sind;
   – **Beschlüsse** nach § 796b oder § 796c über die Vollstreckbarerklärung **außergerichtlicher Anwaltsvergleiche**;
   – Urkunden, die von einem deutschen Gericht oder von einem **deutschen Notar** innerhalb der Grenzen seiner Amtsbefugnisse in der vorgeschriebenen Form aufgenommen sind, sofern die Urkunde über einen Anspruch errichtet ist, der einer vergleichsweisen Regelung zugänglich, nicht auf Abgabe einer Willenserklärung gerichtet ist und nicht den Bestand eines Mietverhältnisses über Wohnraum betrifft, und der Schuldner sich in der Urkunde wegen des zu bezeichnenden Anspruchs der sofortigen Zwangsvollstreckung unterworfen hat.

Zweite Voraussetzung ist, dass diese Titel entweder rechtskräftig oder für vorläufig vollstreckbar erklärt sein müssen (§ 704 Abs. 1).

Das Urteil des LG ist nicht rechtskräftig; die Berufungsfrist läuft noch. Die fehlende formelle Rechtskraft hindert eine Vollstreckung nicht. Die Urteilsformel enthält neben dem Ausspruch über die Verurteilung eine Entscheidung über die vorläufige Vollstreckbarkeit. Für andere Urteile gilt:

Übersicht 32: Vorläufige Vollstreckbarkeit

Für **vorläufig vollstreckbar ohne Sicherheitsleistung** sind nach § 708 zu erklären:

1. Urteile, die auf Grund eines **Anerkenntnisses** oder eines Verzichts ergehen;
2. **Versäumnisurteile** und Urteile nach Lage der Akten gegen die säumige Partei gemäß § 331a;
3. Urteile, durch die gemäß § 341 der Einspruch als **unzulässig** verworfen wird;
4. Urteile, die im **Urkunden-, Wechsel-** oder **Scheckprozess** erlassen werden;
5. Urteile, die ein Vorbehaltsurteil, das im Urkunden-, Wechsel- oder Scheckprozess erlassen wurde, für **vorbehaltlos erklären**;
6. Urteile, durch die **Arreste** oder **einstweilige Verfügungen** abgelehnt oder **aufgehoben** werden;
7. Urteile in Streitigkeiten zwischen dem Vermieter und dem Mieter oder Untermieter von **Wohnräumen** oder anderen Räumen oder zwischen dem Mieter und dem Untermieter solcher Räume wegen Überlassung, Benutzung oder Räumung, wegen Fortsetzung des Mietverhältnisses über Wohnraum auf Grund der §§ 574 bis 574b des Bürgerlichen Gesetzbuchs sowie wegen Zurückhaltung der von dem Mieter oder dem Untermieter in die Mieträume eingebrachten Sachen;
8. Urteile, die die **Verpflichtung** aussprechen, Unterhalt, Renten wegen Entziehung einer Unterhaltsforderung oder Renten wegen einer Verletzung des Körpers oder der Gesundheit zu entrichten, soweit sich die Verpflichtung auf die Zeit nach der Klageerhebung und auf das ihr vorausgehende letzte Vierteljahr bezieht;
9. Urteile nach §§ 861, 862 des Bürgerlichen Gesetzbuchs auf Wiedereinräumung des Besitzes oder auf Beseitigung oder Unterlassung einer **Besitzstörung**;
10. **Berufungsurteile** in **vermögensrechtlichen** Streitigkeiten;

> 11. andere Urteile in vermögensrechtlichen Streitigkeiten, wenn der Gegenstand der Verurteilung in der **Hauptsache 1.250 €** nicht übersteigt oder wenn nur die Entscheidung über die Kosten vollstreckbar ist und eine Vollstreckung im Wert von nicht mehr als 1.500 € ermöglicht,
> 12. Urteile im **Europäischen Verfahren** für geringfügige Forderungen (§ 1105).
>
> In den **Fällen des § 708 Nr. 4 bis 11** hat das Gericht auszusprechen, dass der Schuldner die Vollstreckung durch **Sicherheitsleistung** oder Hinterlegung abwenden darf, wenn nicht der Gläubiger vor der Vollstreckung Sicherheit leistet (§ 711).
> **Andere Urteile** sind nach § 709 gegen eine der Höhe nach zu bestimmende **Sicherheit** für vorläufig vollstreckbar zu erklären; Ausnahmen siehe § 710.

In unserem Fall muss der Gläubiger Sicherheit leisten, bevor er die Zwangsvollstreckung gegen den Schuldner einleitet.

Ergänzung: Der Beklagte legt Berufung ein. Der Kläger hinterlegt jetzt Sicherheit und beauftragt den Gerichtsvollzieher.

Kann der Kläger/Gläubiger jetzt noch vollstrecken?

Na klar, die Berufung hindert den Eintritt der Rechtskraft nicht, aber die Vollstreckbarkeit. Gleichwohl kann der Beklagte/Schuldner jetzt beantragen, dass für die Dauer des Berufungsverfahrens die Zwangsvollstreckung einstweilen eingestellt wird; siehe §§ 719, 707. Der Kläger sollte es aber nicht zu bunt treiben. Denn er macht sich schadensersatzpflichtig gegenüber dem Schuldner, wenn das Berufungsgericht das erstinstanzliche Urteil aufhebt (§ 717).

Ergänzung: Der zur Zahlung von 10.000 € verurteilte Schuldner wohnt in Potsdam; dort hat er ein Einfamilienhäuschen. Sein Girokonto führt er bei einer Bank in Berlin.

Wohin muss sich der Gläubiger wenden, um an das Portemonnaie des Schuldners, sein Konto und sein Häuschen zu kommen?

Die örtliche, sachlich und funktionelle Zuständigkeit richtet sich nach dem Gegenstand, in den vollstreckt werden soll, um den Zahlungsanspruch des Gläubigers zu befriedigen.

Inhalt des Portemonnaies: Gegenstand der Zwangsvollstreckung ist die Pfändung einer Sache, hier Bargeld. Zuständig ist der Gerichtsvollzieher (§ 753) dort, wo er sich der Schuldner gerade aufhält.

Kontoguthaben: Es geht um die Pfändung eines Rechtes. Zuständig für den Erlass eines Pfändungs- und Überweisungsbeschlusses (PfÜB) ist das AG am Wohnort des Schuldners als Vollstreckungsgericht (§§ 764, 828).

Haus: Es geht um die Zwangsvollstreckung in ein Grundstück. Vollstreckungsgericht ist das Grundbuchamt an dem Ort, an dem das Grundstück des Schuldners belegen ist.

Es versteht sich von selbst, dass die oben beschriebenen Formen der Zwangsvollstreckung einen Zahlungstitel voraussetzen. Lautet der Titel auf etwas anderes als Zahlung, dann ist zu unterscheiden:

- Titel auf Vornahme einer nicht vertretbaren Handlung (z.B. eine Auskunft zu erteilen): Zwangsvollstreckung durch Anordnung von Zwangsgeld und -haft; zuständig ist das Prozessgericht (§ 888).

- Titel auf Vornahme einer vertretbaren Handlung (z.B. eine Abrechnung zu erstellen): Zwangsvollstreckung durch Ermächtigung des Gläubigers, auf Kosten des Schuldners die Handlung durch Dritten (z.B. Hausverwalter, Steuerberater) vornehmen zu lassen; zuständig ist das Prozessgericht (§ 887).

- Titel auf Herausgabe beweglicher Sachen (z.B. einer bestimmten Briefmarkensammlung): Der Gerichtsvollzieher nimmt dem Schuldner die Sache ab und übergibt sie dem Gläubiger (§ 883); entsprechend Titel auf Übereignung einer beweglichen Sache (§ 897 Abs. 1).

- Titel auf Verpflichtung auf Unterlassung und Duldung: Handelt der Schuldner der Verpflichtung zuwider, eine Handlung zu unterlassen oder die Vornahme einer Handlung zu dulden, so ist er wegen einer jeden Zuwiderhandlung auf Antrag des Gläubigers von dem Prozessgericht des ersten Rechtszuges zu einem Ordnungsgeld und für den

Fall, dass dieses nicht beigetrieben werden kann, zur Ordnungshaft zu verurteilen (§ 890); relevant bei Zwangsvollstreckung aus einer einstweiligen Verfügung (siehe Lektion 12 zu vorläufigem Rechtsschutz).

- Titel auf Abgabe einer Willenserklärung: Die Erklärung, zu deren Abgabe der Schuldner verurteilt worden ist, gilt als abgegeben, wenn das Urteil Rechtskraft erlangt (§ 894).

Ergänzung: Die Berufung des Beklagten wird zurückgewiesen, Revision nicht zugelassen. Unmittelbar im Anschluss an die mündliche Verhandlung, in der das Berufungsgericht soeben entschieden hat, geht der Kläger/Gläubiger zum Gerichtsvollzieher und bittet ihn mitzukommen, um dem Schuldner alles Bargeld abzunehmen.

Wird der Gerichtsvollzieher dem Gläubiger folgen?

Nein, selbst dann nicht, wenn er jetzt Zeit hätte und die Revision nicht zugelassen wird. Denn Voraussetzung der Zwangsvollstreckung ist eine vollstreckbare Ausfertigung des Urteils.

Leitsatz 68

Vollstreckbare Ausfertigung

Die Zwangsvollstreckung wird auf Grund einer mit der **Vollstreckungsklausel** versehenen Ausfertigung des Urteils (vollstreckbare Ausfertigung) durchgeführt (§ 723).

Außerdem wird der Gerichtsvollzieher den Vollstreckungsauftrag (§ 754) erst ausführen, wenn der Titel dem Schuldner bereits zugestellt ist oder er ihm mit der Vollstreckung zugestellt wird (§ 750); es gibt auch Fälle, in denen noch eine Wartefrist zu berücksichtigen ist (§ 798).

Leitsatz 69

Dreisatz der Zwangsvollstreckung

Der Dreisatz der Zwangsvollstreckung lautet: **Titel, Klausel, Zustellung**.

1. Vorliegen eines rechtskräftigen oder zumindest vollstreckbaren Urteils (§ 704) oder eines anderen **Titels** (§ 794);
2. Vorliegen der **Vollstreckungsklausel**; das Gericht erteilt dem Gläubiger eine vollstreckbare Ausfertigung des Titels (§§ 724 – 5);
3. Nachweis über die **Zustellung des Titels** an den Schuldner (§ 750), der in dem Titel oder in der beigefügten Vollstreckungsklausel namentlich benannt ist.

Fall 65

Baustoffhändler Graf hat einen Titel gegen die Baufix GmbH auf Zahlung von 8.400 € und möchte jetzt vollstrecken, weil die Schuldnerin nicht freiwillig zahlt. Kollegen haben berichtet, dass es der Baufix GmbH ziemlich schlecht gehe und dass andere Gläubiger auch schon versucht hätten zu vollstrecken.

Was wird der Gläubiger jetzt machen?

Er wirft seinen PC an, um im Internet herauszufinden, ob gegen die Schuldnerin ein Insolvenzverfahren eröffnet ist. Wenn das der Fall ist, dann sind Zwangsvollstreckungen einzelner Gläubiger für die Dauer des Insolvenzverfahren unzulässig (§ 89 InsO). Das ist ein echtes Vollstreckungshindernis. Zum Thema Insolvenz siehe Lektion 12.

Ergänzung: Über das Vermögen des Baufix GmbH ist ein Insolvenzverfahren nicht eröffnet. Gläubiger Graf überreicht dem Gerichtsvollzieher die Vollstreckungsunterlagen mit dem Auftrag, in den Geschäftsräumen der Schuldnerin verwertbare Habe zu pfänden. Der Gerichtsvollzieher reicht die Unterlagen zurück mit dem Hinweis, dass er sich diesen Weg sparen könne.

Spinnt der Gerichtsvollzieher?

Nein, zwar hat der Gläubiger im Rahmen des effektiven Rechtsschutzes einen Anspruch darauf, dass das zuständige Vollstreckungsorgan die erforderlichen Schritte unternimmt. Der Gerichtsvollzieher kennt aber seine Pappenheimer. Wenn bei einem bestimmten Schuldner aus Erfahrung nichts zu holen ist, dann darf der Gerichtsvollzieher weitere Vollstreckungsversuche nicht einleiten. Nach § 803 Abs. 2 haben Pfändungen zu unterbleiben, wenn sich von der Verwertung der zu pfändenden Gegenstände ein Überschuss über die Kosten der Zwangsvollstreckung nicht erwarten lässt.

Ergänzung: Was macht Gläubiger Graf jetzt?

Fruchtlose Pfändungsversuche verschiedener Gläubiger lassen ahnen, dass der Schuldner entweder nichts mehr hat oder er so schlau ist, es gut vor den Blicken der Gläubiger zu verstecken. Nach § 807 kann der Schuldner jetzt verpflichtet sein, sein gesamtes Vermögen offenzulegen und die Richtigkeit seiner Angaben an Eides Statt zu versichern; mehr zur Vermögensauskunft in der Lektion 12.

Das Verhalten des Gerichtsvollziehers liegt auch im (Kosten-)Interesse des Gläubigers. Nach § 788 trägt der Schuldner die Kosten der Zwangsvollstreckung; hierzu bedarf es keines gesonderten Titels. Wenn beim Schuldner aber nichts gefunden wird oder der Gläubiger nicht vollständig befriedigt wird, bleibt der Gläubiger auf diesen Kosten sitzen.

Das Beispiel zeigt, dass der Gläubiger vor der Einleitung der Zwangsvollstreckung a) erst die wirtschaftliche Leistungsfähigkeit des Schuldners prüfen sollte und b) dann erst die rechtlichen Voraussetzungen.

Zwangsvollstreckung in das bewegliche und unbewegliche Vermögen

Fall 66

Gläubiger Gunst möchte wegen einer Geldforderung beim Schuldner Schurig vollstrecken.

Wie wird der Gerichtsvollzieher vorgehen?

Der Gläubiger überreicht dem Gerichtsvollzieher die vollstreckbare Ausfertigung des Titels und erteilt den Auftrag, die Zwangsvollstreckung durchzuführen (§§ 753 – 5). Der Gerichtsvollzieher ist befugt, die Wohnung und die Behältnisse des Schuldners zu durchsuchen und öffnen zu lassen, soweit es der Zweck der Vollstreckung erfordert. Leistet der Schuldner Widerstand, kann der Gerichtsvollzieher Gewalt anwenden und die Polizei hinzuziehen (§ 758). Durchsuchungen der Wohnung des Schuldners und Vollstreckungsmaßnahmen zur Nachtzeit sowie an Sonn- und Feiertagen müssen vorher durch einen Richter genehmigt werden (§ 758a).

Bewegliche Sachen werden durch den Gerichtsvollzieher gepfändet. Durch die Pfändung erwirbt der Gläubiger ein Pfandrecht (Pfändungspfandrecht nach §§ 803 – 4).

Leitsatz 70

Pfändung

Der Gerichtsvollzieher stellt die beweglichen Sachen des Schuldners sicher. Es handelt sich um einen Akt staatlicher Gewalt; er hat die **öffentlich-rechtliche Beschlagnahme** der Sache zur Folge (**Verstrickung**). Gleichzeitig erwirbt der Gläubiger ein Pfandrecht an dem beschlagnahmten Gegenstand (Pfändungspfandrecht).

Geld und andere pfändbare Sachen nimmt der Gerichtsvollzieher in Besitz (§ 808).

Wenn bestimmte Sachen sich nicht für die Inbesitznahme eignen, belässt der Gerichtsvollzieher sie im Gewahrsam des Schuldners und macht die Wirksamkeit der Pfändung durch ein Siegel (umgangssprachlich: Kuckuck) sichtbar.

Gepfändetes Geld liefert der Gerichtsvollzieher beim Gläubiger ab (§ 815); die Ablieferung gilt als Zahlung durch den Schuldner. Wertpapiere werden verkauft (§§ 821 – 3). Andere bewegliche Sachen werden öffentlich versteigert (§ 814).

Ergänzung: Der Gerichtsvollzieher beschlagnahmt beim Schuldner Schurig einen großen Fernseher mit einem Home-Entertainment-Center.

Im Schlafzimmer und in der Küche stehen noch andere kleinere Fernsehgeräte. Schurig lässt den Gerichtsvollzieher gewähren, obwohl der große Fernseher ihm (noch) nicht gehört. Der Fernseher ist auf Raten gekauft, der Verkäufer hat sich das Eigentum vorbehalten bis zur Zahlung der letzten Rate (§ 449 BGB).

Kann der Gerichtsvollzieher den großen Fernseher verwerten?

Gegenstand der Vollstreckung kann nur das Vermögen des Schuldners sein. Insoweit ist die Vollstreckungsmaßnahme fehlerhaft. Gleichwohl sind die Wirkungen der Beschlagnahme eingetreten. Es liegt jetzt am Eigentümer, diese Wirkungen aufzuheben. Siehe hierzu Lektion 12 zur Drittwiderspruchsklage (§ 771).

Abwandlung: Unterstellen wir, Schuldner Schurig ist Eigentümer des großen Fernsehers und in zwei Tagen beginnt die Fußball-Weltmeisterschaft?

Darf man bei einem deutschen Fußball-Fan den Fernseher pfänden?

Nein. Jedoch ist die Frage unpräzise. Nach dem Sachverhalt hat Schurig noch zwei weitere Fernseher. Es wird also nicht *der* Fernseher gepfändet. Wäre auch gar nicht möglich, weil die einzige Glotze nicht der Pfändung unterworfen ist. Sie dient nämlich dem persönlichen Gebrauch in seinem Haushalt und genießt damit Pfändungsschutz nach § 811.

Fall 67

Ergänzung zum LG-Berlin-Fall 64: Der Gläubiger möchte wegen seiner Geldforderung von 10.000 € in das Haus des Schuldners vollstrecken?

Geht das?

Auch das unbewegliche Vermögen des Schuldners unterliegt der Zwangsvollstreckung. Da der Gläubiger ja nicht das Haus haben möchte, sondern Befriedigung für seine Geldforderung, würde es ihm nichts nützen, den Schuldner an die Luft zu setzen. Der Gläubiger muss sich also überlegen, wie er mit dem Haus des Schuldners an sein Geld kommt.

Übersicht 33: Immobiliarzwangsvollstreckung

Bei der **Zwangsvollstreckung in das unbewegliche Vermögen** (Immobiliarzwangsvollstreckung) hat der Gläubiger einer Geldforderung drei Möglichkeiten:

▶ Eintragung einer Sicherungshypothek (**Zwangshypothek** nach §§ 866 Abs. 1, 867) für Forderungen höher als 750 €: Der Gläubiger hat jetzt eine dingliche Absicherung seines titulierten Anspruchs an dem Grundstück des Schuldners.

> → Er kann warten, ob nicht jemand das Haus kaufen möchte und seine Hypothek dann ablöst. Oder er betreibt aus der Hypothek später die Zwangsversteigerung.

▶ die **Zwangsversteigerung** des Grundstücks (§ 869 i.V.m. ZVG): Nach § 19 ZVG bewirkt die Anordnung der Zwangsversteigerung die Beschlagnahme des Grundstücks.

> → Durch den Zuschlag verliert der Schuldner das Eigentum an den Meistbietenden (§ 90 ZVG). Der Gläubiger wird durch den Erlös befriedigt.

▶ die **Zwangsverwaltung** (§ 869 i.V.m. ZVG): Der Schuldner bleibt Eigentümer; ihm wird durch die Beschlagnahme die Benutzung und Verwaltung entzogen; Wohnräume sind ihm in unerlässlichem Umfang zu belassen (§§ 148 Abs. 2, 149 Abs. 1 ZVG).

> → Die Zwangsverwaltung lohnt eher bei einem vermieteten Grundstück oder Mehrfamilienhaus. Hier steht dem Gläubiger die Pacht bzw. Miete zu.

Justizielle Zusammenarbeit in der EU bei der Zwangsvollstreckung

Fall 68

Zahnärztin Krüger hat bei einem Patienten Zusatzleistungen erbracht und abgerechnet. Als trotz Mahnung keine Zahlung erfolgt war, hatte die Zahnärztin gegen den säumigen Patienten einen EuZB (siehe Lektion 8) erwirkt, der ihn zur Zahlung von 1.500 € verpflichtet. Der zahlungspflichtige Schuldner hat Vermögen in Deutschland und in Spanien.

Unter welchen Voraussetzungen und wo kann die Gläubigerin vollstrecken?

Die Zwangsvollstreckung findet in Deutschland und in Spanien statt. Voraussetzung ist, dass der EuZB für vollstreckbar erklärt wird (Art. 18 EuMahnVO). Zuständig ist das Gericht, das den EuZB erlassen hat. Für die Vollstreckung in Deutschland bedarf es keiner gesonderten Vollstreckungsklausel (§ 1092); entsprechendes gilt für die Zwangsvollstreckung in das in Spanien belegene Vermögen des Schuldners (Art. 19 EuMahnVO). Dabei spielt es keine Rolle, ob der EuZB in Deutschland oder in Spanien erlassen wurde.

Abwandlung: Zahnärztin Krüger hat einen deutschen Vollstreckungsbescheid erwirkt, weil der Patient während des Mahnverfahrens noch in Deutschland wohnte und erst nach Abschluss des Verfahrens vollständig nach Spanien umgezogen ist.

Muss die Zahnärztin jetzt wieder von vorne anfangen und einen EuZB beantragen?

Nein, schon aus Gründen der Rechtskraftwirkungen empfiehlt es sich nicht, dieselbe Sache noch einmal gerichtlich einzufordern. Der Schuldner würde sich in einem neuen Verfahren wahrscheinlich wehren und im streitigen Verfahren das fehlende Rechtsschutzbedürfnis einwenden, weil es ja schon einen Titel gegen ihn gibt in derselben Sache.

Stattdessen kann die Zahnärztin den deutschen Vollstreckungsbescheid in zwei Verfahren verwenden:

1. Sie beschreitet das Zwischenverfahren für den Ausspruch der Vollstreckbarkeit (Exequatur, vgl. Lektion 8), um aus dem deutschen Titel auch in Spanien vollstrecken zu können. Das ist mit erheblichen Kosten, auch für die Übersetzung (obwohl der Schuldner deutsch spricht) verbunden.

2. Sie lässt den deutschen Vollstreckungsbescheid bestätigen als Europäischen Vollstreckungstitel (EuVT) nach Art. 9 EuVTVO. Mit der Bestätigung wird der Titel über unstreitige Forderungen in den anderen Mitgliedsstaaten der EU anerkannt, außer in Dänemark. Nach Art. 5 EuVTVO bedarf es keines gesonderten Verfahrens der

Anerkennung und Vollstreckbarkeit (Exequatur). Die jeweiligen nationalen Gerichte, Behörden oder Notare, die für die Erteilung einer vollstreckbaren Ausfertigung des Titels für das Inland zuständig sind, erteilen auch die Bestätigung als EuVT. Sollte die Zahnärztin z.B. einen Vollstreckungsbescheid von einem spanischen Gericht in Händen halten, dann könnte sie ihn in Spanien als EuVT bestätigen lassen und dann in Deutschland ohne weiteres vollstrecken (§ 1082). Der nationale Vollstreckungsbescheid wird durch den EuVT nicht ersetzt, sondern bleibt erhalten; er wird quasi „veredelt", um titulierte unstreitige Forderungen grenzüberschreitend zu vollstrecken. Unstreitig im Sinne des Art. 3 EuVTVO sind nicht nur Zahlungsverpflichtungen aus Vollstreckungsbescheiden und Versäumnisurteilen, sondern auch Forderungen, die nicht mehr streitig sind; z.B. aus gerichtlichen Vergleichen, Annerkenntnisurteilen, notariellen Urkunden, bei denen sich der Schuldner der Zwangsvollstreckung unterwirft.

Abwandlung: Die Zahnärztin hat ein Urteil im Europäischen Verfahren für geringfügige Forderungen erstritten. Wie wird hieraus vollstreckt?

Die Zwangsvollstreckung erfolgt ohne Zwischenverfahren über die Anerkennung und ohne gesonderte Klauselerteilung wie bei EuZB (Art. 20 EuGFVO, §§ 1106, 1107). Vor Eintritt der Rechtskraft kann ohne Sicherheitsleistung vollstreckt werden (Art. 15 EuGFVO, § 1105).

Lektion 11: Zwangsvollstreckung in Geldforderungen u. sonstige Rechte

Fall 69

Herr Schmidt hatte vor drei Jahren bei der G-Bank AG einen Kredit aufgenommen für den Betrieb seiner Wein-Gaststätte. Die Kneipe wurde ein Misserfolg. Die G-Bank AG hat den Kredit inzwischen gekündigt und gegen ihn geklagt. Das LG Heilbronn hat Herrn Schmidt zur Zahlung von 40.000 € an die G-Bank AG rechtskräftig verurteilt. Herr Schmidt arbeitet jetzt als angestellter Kellner in einem anderen Lokal und verdient nach Abzug von Lohnsteuer und von Beiträgen zur Krankenkasse, Renten- und Arbeitslosenversicherung 1.500 € netto pro Monat.

Die Sachbearbeiterin der G-Bank AG überlegt, wie und ob bei Herrn Schmidt etwas zu holen ist.

Haben Sie eine Idee?

Wir müssen hier danach unterscheiden, was Gegenstand der Zwangsvollstreckung sein soll.

Pfändungs- und Überweisungsbeschluss

Die G-Bank AG, fortan Gläubigerin genannt, will an den Lohn des Herrn Schmidt, fortan Schuldner genannt, herankommen.

Wie geht das in der Praxis?

Hierzu gibt es zwei Formen der Zwangsvollstreckung:

Erstens die klassische Sachpfändung des Geldes, das sich im Besitz des Schuldners befindet. Diese Art der Zwangsvollstreckung war in den Zeiten vor den Bankkonten für jedermann (circa bis 1960) üblich: Der Gerichtsvollzieher legte sich am Freitag Nachmittag vor der Arbeitsstelle auf die Lauer und wartete ab, bis der Schuldner beim Arbeitgeber seine Lohntüte abgeholt hatte; der Gerichtsvollzieher konnte den Inhalt der Lohntüte als körperliche Sache nach §§ 808, 815 beim Schuldner pfänden. Wenn der Schuldner leugnete, seinen Lohn erhalten zu haben oder bei sich zu führen, wurde eine Taschenpfändung vorgenommen. Der Gerichtsvollzieher nahm die Lohntüte, die er in den Taschen des Schuldners fand, an sich, händigte dann den Inhalt an die Gläubigerin aus und gut war's.

Die zweite, heute übliche Methode der Zwangsvollstreckung bei Lohn ist die Forderungspfändung.

Heutzutage wird Lohn nicht mehr ausgezahlt, sondern auf ein Girokonto bei einem Geldinstitut überwiesen. Gegenstand der Pfändung ist daher nicht das Bargeld als körperliche Sache im Besitz des Schuldners, sondern die Forderung, d.h. der Anspruch des Schuldners

a) entweder direkt gegen seinen Arbeitgeber, an ihn den Lohn auszuzahlen; oder

b) gegen das Geldinstitut, bei dem der Schuldner sein Girokonto führt, auf Auszahlung des Guthaben, das sich aus dem vom Arbeitgeber überwiesenen Lohn ergibt.

Arbeitgeber und Bank nennt man in diesen Fällen Drittschuldner.

Ergänzung: Wie kann die Gläubigerin verhindern, dass der Arbeitgeber oder die Girokonto-Bank an den Schuldner den Lohn bzw. das Guthaben auszahlen?

Leitsatz 71

Pfändung von Geldforderungen

Soll eine Geldforderung gepfändet werden, so hat das Vollstreckungsgericht nach § 829 dem **Drittschuldner zu verbieten**, an den Schuldner zu zahlen. Das geschieht durch Beschluss des Vollstreckungsgerichts. Mit der Zustellung des Pfändungsbeschlusses an den Drittschuldner ist die **Pfändung der Forderung** als bewirkt anzusehen; der Drittschuldner hat sich fortan aller Verfügungen über die Forderung zu enthalten.

Die Pfändung von Lohn erstreckt sich auch auf Gehaltsansprüche aus einem laufenden Arbeitsverhältnis, die erst nach der Pfändung fällig werden; § 832.

Ergänzung: Und wie kommt die Gläubigerin ganz konkret an das Geld ran?

Allein mit der Pfändung der Forderung ist es nicht getan. Die Gläubigerin möchte die Forderung ja einziehen. Dazu bedarf es noch der Überweisung der gepfändeten Geldforderung von dem Drittschuldner an die Gläubigerin. Diese Entscheidung trifft das Vollstreckungsgericht ebenfalls durch Beschluss.

> Die gepfändete Geldforderung wird dem Gläubiger nach seiner Wahl zur Einziehung oder an Zahlungs Statt zum Nennwert überwiesen; § 835. Die Überweisung durch Beschluss des Vollstreckungsgerichts ersetzt nach § 836 die Berechtigung zur Einziehung der Geldforderung.

Ergänzung: Die Sachbearbeiterin der G-Bank AG beantragt beim Vollstreckungsgericht, also bei dem AG, bei dem der Schuldner mit seinem Wohnort seinen allgemeinen Gerichtsstand hat (§§ 828 Abs. 2, 13), den Erlass eines Pfändungs- und Überweisungsbeschlusses (PfÜB) gegen den Arbeitgeber des Schuldners Schmidt.

Muss die Gläubigerin bei dem Antrag schon ganz genau wissen, wie viel der Schuldner in diesem Monat verdient hat?

Nein, die Gläubigerin kann natürlich nicht wissen, ob der Schuldner den vollen Monatslohn durch Arbeit erworben hat oder ob er nicht sogar Überstunden geleistet hat. Denkbar ist auch, dass schon andere Gläubiger die Lohnforderung gepfändet haben. Damit die Pfändung nicht ins Leere geht und der Umfang der pfändbaren Forderungen klargestellt wird, hat der Drittschuldner eine Reihe von Erklärungspflichten gegenüber der Gläubigerin. Zudem haftet der Drittschuldner der Gläubigerin für die Richtigkeit seiner Auskünfte.

Leitsatz 72

Erklärung der Drittschuldner

Nach § 840 kann die Gläubigerin verlangen, dass der Drittschuldner sich binnen zwei Wochen seit Zustellung des PfÜB der Gläubigerin gegenüber erklärt:

1. ob und inwieweit sie die Forderung als **begründet anerkennt** und Zahlung zu leisten bereit ist;
2. ob und welche **Ansprüche andere Personen** an der Forderung geltend machen;
3. ob und wegen welcher Ansprüche die Forderung bereits für **andere Gläubiger gepfändet** ist. Außerdem bestehen Auskunftspflichten in Bezug auf ein etwaiges Pfändungsschutzkonto (P-Konto, siehe weiter unten).

Der Drittschuldner haftet der Gläubigerin für den aus der Nichterfüllung seiner Verpflichtung entstehenden Schaden.

Ergänzung: Kann die G-Bank AG von dem Arbeitgeber des Schuldners Schmidt auch Auskunft verlangen, ob der Schuldner Trinkgelder erhalten hat und in welcher Höhe?

Das ist eine gute Frage und sehr lebensnah, weil ja anzunehmen ist, dass Gäste zusätzlich zu der Zeche, die sie dem Wirt schulden, dem Schmidt als Kellner gelegentlich auch ein Trinkgeld geben. Diese verbreitete übliche, freiwillige Zuwendung an den Kellner gehört aber nicht zu den Geldforderungen des Schuldners gegen seinen Arbeitgeber, weil sie nicht vereinbart sind und nicht der Arbeitgeber, sondern die Gäste das Trinkgeld zahlen. Trinkgelder sind also nicht Gegenstand der Auskunftspflicht aus § 840 und können auch nicht als Geldforderungen gepfändet werden. Hier hilft nur die gute, alte Taschenpfändung nach § 808.

Pfändungsschutz bei Arbeitseinkommen und anderen Einkünften

Damit sind wir wieder beim Ausgangsfall dieser Lektion. Wir wissen zwar jetzt, wie die Gläubigerin an den Lohn des Schuldners rankommt (PfÜB), nicht aber, ob bei Herrn Schmidt überhaupt etwas zu holen ist.

Ergänzung: Kann die G-Bank AG den gesamten Netto-Monatslohn des Schmidt in Höhe von 820 € pfänden und einziehen?

Warum nicht, werden Sie sich fragen. Genauso denkt die Gläubigerin. Schließlich ist der Schuldner ja rechtskräftig zur Zurückzahlung des Kredits verurteilt worden. Aber auch hier gilt der Grundsatz, dass die Juristerei immer den Ausgleich zwischen gegensätzlichen und jeweils berechtigten Interessen sucht.

Versetzen Sie sich einmal in die Lage des Schuldners: Die Verurteilung zur Zahlung kann ja nicht bedeuten, dass die Gläubigerin ihm jetzt die Luft zum Atmen abdreht. Schließlich braucht auch der Schuldner etwas Geld, um leben zu können. Würde die Gläubigerin hier alles wegpfänden dürfen, dann müsste der Staat im Wege der Sozialhilfe für den Lebensunterhalt des Schuldners sorgen. Schließlich hat die Gläubigerin ja Zinsen als Preis für das Risiko kassiert, dem Schuldner Geld auszuleihen. Ohne Risiko, kein Geschäft.

Kurzum, es gibt nach § 850a bis 850i einen umfassenden Pfändungsschutz für Arbeitseinkommen und andere Einkünfte.

Übersicht 34: Pfändungsschutz bei Arbeitseinkommen

Arbeitseinkommen	Nach § 850 Abs. 2 und 3 alle aus einem Arbeits- oder Dienstverhältnis gewährten fortlaufende Einkünfte, Löhne, Dienst- und Versorgungsbezüge, Renten.
Unpfändbare Bezüge	Gar nicht pfändbar sind nach § 850a z.B. die Hälfte des Überstundenlohnes, Aufwandsentschädigungen, Auslösen, übliche Zulagen für auswärtige Beschäftigung, Gefahren- und Schmutzzulagen, Weihnachtvergütungen bis zur Hälfte des Monatslohns (höchstens 500 €), Heirats- und Geburtsbeihilfen, Studienbeihilfen.
Bedingt pfändbare Bezüge	Nach § 850b sind bestimmte Unfall-, Witwen- und Waisenrenten sowie bestimmte Bezüge aus Risikolebensversicherungen nur dann pfändbar, wenn die Vollstreckung in das restliche Vermögen des Schuldners nicht zur vollständigen Befriedigung des Gläubigers führt und die Pfändung dieser Bezüge der Billigkeit entspricht.

Lektion 11: Zwangsvollstreckung in Geldforderungen u. sonstige Rechte

Pfändungsgrenzen für Arbeitseinkommen	§ 850c Abs. 1 legt unpfändbare Grundbeträge fest, die dem Schuldner aus seinem Arbeitseinkommen zum Bestreiten seines Lebensunterhaltes verbleiben. Die Pfändungsgrenzen werden turnusmäßig angepasst; § 850c Abs. 2a.
Berechnung des Arbeitseinkommens	Nach § 850e wird für das pfändbare Arbeitseinkommen der Netto-Betrag zugrunde gelegt: Arbeitslohn (brutto) minus Beiträgen zur Krankenkasse, Renten- und Arbeitslosenversicherung.
Unpfändbarer Grundbetrag	Der unpfändbare Grundbetrag beläuft sich nach § 850c Abs. 1 auf 930 € monatlich. Der Pfändungsfreibetrag erhöht sich auf bis zu maximal 2060 € monatlich, und zwar um 350 € monatlich für die erste Person, für die der Schuldner nach gesetzlichen Vorschriften Unterhalt leistet (z.B. Ehegatten, Lebenspartner, Kinder) und um weitere 195 € monatlich für jede weitere unterhaltsberechtigte Person. Der tatsächliche Betrag für den Selbstbehalt wird durch Rechtsverordnung dynamisch angepasst (§ 850a Abs. 2a) und ist damit höher als in § 850c Abs. 1 angegeben.
Pfändung von Mehreinkommen	Wenn das Arbeitseinkommen den unpfändbaren Grundbetrag übersteigt, dann wird das Mehreinkommen nicht gnadenlos abgeschöpft. Nach § 850c Abs. 2 verbleibt dem Schuldner ein Teil des Mehreinkommens. Damit soll er motiviert werden, weiterhin zur Arbeit zu gehen.
Girokonten	Der Pfändungsschutz für Arbeitseinkommen gilt nach § 850k auch dann, wenn der Lohn auf einem Girokonto gelandet ist. Auf Antrag des Schuldners ist die Pfändung des Kontoguthabens insoweit aufzuheben, damit er daraus seinen Lebensunterhalt und den seiner unterhaltsberechtigten Angehörigen bestreiten kann. Siehe auch unten zum P-Konto.
Pfändungsgrenzen bei Unterhaltsansprüchen	Personen, die gegen den Schuldner einen Unterhaltsanspruch haben und deshalb sein Arbeitseinkommen pfänden, genießen nach § 850d gewisse Vorzüge gegenüber anderen Gläubigern, die in das Arbeitseinkommen vollstrecken.

Fall 70

Ergänzung zum Weinlokal-Fall 69: Der Schuldner Schmidt hat nicht jeden Monat Einkünfte in Höhe von 1.500 € netto. Sein Einkommen schwankt stark und beläuft sich im Winter z.B. auf 800 € netto.

Muss der Schuldner jeden Monat den Pfändungsschutz auf seinem Girokonto beim Vollstreckungsgericht anpassen lassen?

Nein, der Schuldner kann von der Bank bzw. Sparkasse verlangen, dass sein Girokonto in ein Pfändungsschutzkonto (P-Konto) umgewandelt wird. Nach § 850k wird dann ein Pfändungsschutz in Höhe des Freibetrages für den Selbstbehalt aus § 850c automatisch nicht von der Pfändung erfasst. Trotz des PfÜB ist die Bank dem Schuldner zur Leistung verpflichtet aus einem Guthaben bis zur Höhe des Freibetrages verpflichtet. Der Schuldner kann von dem pfändungsfreien Guthaben abheben oder Beträge überweisen.

Der Gläubiger kann beim Schuldner Schmidt in Monaten mit hohem Einkommen etwas pfänden; aber in den Wintermonaten, in denen das Arbeitseinkommen unter der Freibetragsgrenze liegt, hingegen nichts.

Der Pfändungsschutz wird monatlich gewährt, so dass der Schuldner unverbrauchte Beträge in den Folgemonaten verwenden kann. Das ist sinnvoll und lebensnah z.B. bei Versicherungsbeiträgen, die nicht monatlich fällig werden.

Sollte der Schuldner unterhaltspflichtig sein, dann sollte er entweder gegenüber der Bank die Unterhaltspflicht nachweisen oder einen Anpassungsantrag beim Vollstreckungsgericht stellen. Entsprechend wird z.B. auch Kindergeld berücksichtigt.

Abwandlung: Schuldner Schmidt fasst neuen Mut und macht sich erneut als Gastwirt selbstständig.

Ändert das etwas an dem Basispfändungsschutz durch das P-Konto?

Nein, das P-Konto unterscheidet nicht nach der Herkunft des Einkommens, mit dem der Schuldner seinen Lebensunterhalt bestreitet. Es spielt keine Rolle, ob der Schuldner Arbeitnehmer, Rentner, Selbstständiger ist oder ob er Sozialleistungen bezieht.

Lektion 12: Besondere Verfahren der Zwangsvollstreckung

Weitere Verfahren

 Fall 71

Kläger Karl hat einen Titel gegen Rolf auf Zahlung von 6.000 €. Das Urteil ist nach § 709 gegen Sicherheitsleistung vorläufig vollstreckbar. Karl braucht etwas Zeit, um von seiner Bank eine Bürgschaft als Sicherheitsleistung beizubringen.

Kann Karl jetzt schon, also vor Stellung der Sicherheit gegen Rolf vollstrecken?

Ja, und zwar im Wege der Sicherungsvollstreckung nach § 720a.

Aus einem nur gegen Sicherheit vorläufig vollstreckbaren Urteil, durch das der Schuldner zur Leistung von Geld verurteilt worden ist, darf der Gläubiger ohne Sicherheitsleistung die Zwangsvollstreckung insoweit betreiben, als entweder bewegliches Vermögen gepfändet wird, oder im Wege der Zwangsvollstreckung in das unbewegliche Vermögen eine Sicherungshypothek eingetragen wird.

Der Gläubiger kann sich aus dem belasteten Gegenstand aber erst nach Leistung der Sicherheit befriedigen.

Fall 72

Der Arbeitgeber hat dem Schuldner gerade seinen Monatslohn auf das Girokonto überwiesen. Der Gläubiger befürchtet, dass der Schuldner das Konto leer räumt, bevor das Vollstreckungsgericht über seinen Antrag auf Erlass eines PfÜB entschieden hat.

Was kann der Gläubiger tun?

Die Lösung heißt Vorpfändung nach § 845:

Schon vor der Pfändung kann der Gläubiger auf Grund eines vollstreckbaren Schuldtitels durch den Gerichtsvollzieher dem Drittschuldner und dem Schuldner die Benachrichtigung, dass die Pfändung bevorstehe, zustellen lassen mit der Aufforderung an den Drittschuldner, nicht an den Schuldner zu zahlen, und mit der Aufforderung an den Schuldner, sich jeder Verfügung über die Forderung, insbesondere ihrer Einziehung, zu enthalten. Der vorherigen Erteilung einer vollstreckbaren Ausfertigung und der Zustellung des Schuldtitels bedarf es nicht. Die Benachrichtigung an den Drittschuldner hat die Wirkung eines Arrestes (§ 930), sofern die Pfändung der Forderung innerhalb eines Monats bewirkt wird. Die Frist beginnt mit dem Tag, an dem die Benachrichtigung zugestellt ist. Zum Thema Arrest siehe unten.

▌ Fall 73

Gläubiger Grau hat gegen den Schuldner Schurig einen vollstreckbaren Titel auf Zahlung von 85,07 € und schickt den Gerichtsvollzieher vorbei. Schurigs ganzer Stolz ist sein neuer, supergroßer Fernseher, erst vor einer Woche zum Preis von 3.500 € gekauft und bar bezahlt. Einen anderen Fernseher hat Schurig nicht. Sonst hat er nichts von Wert in seiner Wohnung.

Der Gerichtsvollzieher pfändet den Fernseher und nimmt ihn mit.

Muss Schurig diese Entscheidung akzeptieren?

Nein, der Schuldner kann den Rechtsbehelf der Erinnerung nach § 766 einlegen, um die Rechtmäßigkeit der Vollstreckungsmaßnahme überprüfen zu lassen.

Leitsatz 73

Überprüfung durch das Vollstreckungsgericht

Über Anträge, Einwendungen und Erinnerungen, welche die Art und Weise der Zwangsvollstreckung oder das vom Gerichtsvollzieher bei ihr zu beobachtende Verfahren betreffen, entscheidet das Vollstreckungsgericht nach § 766. Es ist z.B. befugt, die Zwangsvollstreckung einstweilen einzustellen (**Einstweilige Anordnungen** nach § 732 Abs. 2).

Dem Vollstreckungsgericht steht auch die Entscheidung zu, wenn ein Gerichtsvollzieher sich weigert, einen Vollstreckungsauftrag zu übernehmen oder eine Vollstreckungshandlung dem Auftrag gemäß auszuführen, oder wenn wegen der von dem Gerichtsvollzieher in Ansatz gebrachten Kosten Erinnerungen erhoben werden.

Schurig könnte im Wege der Erinnerung beanstanden, dass der Gläubiger kein Recht habe, wegen einer Bagatellforderung zu vollstrecken. Dieser Einwand greift nicht, weil der Vollstreckungsanspruch des Gläubigers Teil des Justizgewährungsanspruches ist.

Einschlägig könnte jedoch das Verbot der Überpfändung sein. Nach § 803 Abs. 1 Satz 2 darf die Pfändung nicht weiter ausgedehnt werden, als es zur Befriedigung des Gläubigers und zur Deckung der Kosten der Zwangsvollstreckung erforderlich ist.

Einschlägig dürfte schließlich auch der Vollstreckungsschutz aus § 810 sein, der regelt, dass Sachen, die dem Haushalt und persönlichen Bedarf des Schuldners dienen, nicht der Pfändung unterliegen.

Es nützt dem Gläubiger aber nicht, dem Schurig einen anderen, kleinen Fernseher hinzustellen (Austauschpfändung nach § 811a), weil das Verbot der Überpfändung trotzdem greift.

Fall 74

Der Vermieter hat erfolgreich eine Klage gegen seinen Mieter auf Räumung der Wohnung geführt. Der Gläubiger übergibt dem Gerichtsvollzieher die Vollstreckungsunterlagen und einen Kostenvorschuss für den Spediteur, damit er die Möbel des Schuldners einlagert. Der Schuldner verbarrikadiert sich in der Wohnung, als der Gerichtsvollzieher mit dem Möbelwagen am Morgen des 23. Dezember vor dem Haus steht. Als der Gerichtsvollzieher klingelt, erscheint der Schuldner im Schlafanzug auf dem Balkon (Außentemperatur –7 Grad Celsius, 4. OG) und verkündet, dass er springen werde, wenn die Wohnungstür gewaltsam geöffnet werde.

Was wird der Gerichtsvollzieher jetzt machen?

Diese Situation hat nichts mehr mit Zwangsvollstreckung zu tun, kommt aber vor aus Anlass von Zwangsvollstreckungsmaßnahmen. Der Gerichtsvollzieher alarmiert die Polizei oder Feuerwehr, diese wiederum ggf. den sozial-psychiatrischen Dienst.

Könnte der Schuldner sich auch juristisch gegen die drohende Zwangsräumung wehren?

Ja, nach § 765a Abs. 1 kann das Vollstreckungsgericht auf Antrag des Schuldners eine Maßnahme der Zwangsvollstreckung (hier Räumung nach § 885 Abs. 1) ganz oder teilweise aufheben, untersagen oder einstweilen einstellen, wenn die Maßnahme unter voller Würdigung des Schutzbedürfnisses des Gläubigers wegen ganz besonderer Umstände eine Härte bedeutet, die mit den guten Sitten nicht vereinbar ist.

Das bevorstehende Weihnachtsfest ist keine besondere Härte, die zum Vollstreckungsschutz nach § 765a führt. Besondere Härte kann z.B. Gebrechlichkeit des Schuldners, eine besondere familiäre oder soziale Situation oder eine ernsthafte Erkrankung sein. Die Anforderungen sind aus Sicht des Schuldners hoch, weil es ja einen abgeschlossenen Prozess um die Pflicht zur Räumung gegeben hat. Zudem hatte der Schuldner die Möglichkeit, eine angemessene Räumungsfrist zu beantragen (§ 721). Außerdem hat das Gericht das Sozialamt von dem Räumungsprozess informiert, wenn die Räumungsklage auf Mietrückstände wegen Zahlungsunfähigkeit des Mieters beruht. In solchen Fällen setzt sich das Sozialamt mit den Parteien in Verbindung, um Obdachlosigkeit zu vermeiden.

Drittwiderspruchsklage

Fall 75

Elektrohändler Emsig ist verurteilt worden, an den Steuerberater Schnell 3.800 € zu zahlen. Der Gläubiger lässt vom Gerichtsvollzieher neue Elektrogeräte im Lager des Schuldners pfänden. Ein Teil der gepfändeten Ware gehört aber nicht dem Schuldner, sondern noch dem Hersteller. Die Elektrogeräte hat der Hersteller zwar an den Schuldner verkauft, aber unter Eigentumsvorbehalt nach § 449 BGB geliefert.

Was kann der Hersteller als Eigentümer gegen die Pfändung seiner Gegenstände beim Schuldner Emsig unternehmen?

Die Situation ist vertrackt, weil die Zwangsvollstreckung nur das Vermögen des Schuldners betreffen kann und der Eigentümer weder Partei noch Beteiligter ist. Er ist so genannter Dritter. Hier hilft ihm die Drittwiderspruchsklage nach § 771:

Leitsatz 74

Drittwiderspruchsklage

Behauptet ein Dritter, dass ihm an dem Gegenstand der Zwangsvollstreckung ein die Veräußerung hinderndes Recht zustehe, so ist der Widerspruch gegen die Zwangsvollstreckung im Wege der Klage bei dem Gericht geltend zu machen, in dessen Bezirk die Zwangsvollstreckung erfolgt.

Das Eigentum des Lieferanten ist ein die Veräußerung hinderndes Recht.

Die Drittwiderspruchsklage hätte verhindert werden können, wenn der Schuldner bei der Pfändung auf das vorbehaltene Eigentum des Lieferanten hingewiesen und das durch Urkunden (z.B. Kaufvertrag und AGB) belegt hätte (§ 811 Abs. 2 Satz 2).

Vollstreckungsabwehrklage

 Fall 76

Das LG hat Fritz zur Zahlung von 6.800 € als Kaufpreis für ein gebrauchtes Auto verurteilt. Vergeblich hat Fritz versucht zu beweisen, dass er den Kaufpreis bereits gezahlt hat. Seine Berufung bleibt erfolglos. Fünf Jahre nach Rechtskraft der Verurteilung findet er in einem Kochbuch die Quittung über die Kaufpreiszahlung.

Was kann Fritz gegen das rechtskräftige Urteil unternehmen, wenn der Gläubiger jetzt den Gerichtsvollzieher schickt?

Fritz wird zwar nicht die Rechtskraft des Urteils (siehe Lektion 9) beseitigen können, aber unter Umständen die Vollstreckung aus dem Urteil. Im Fall von Fritz käme eine Vollstreckungsabwehrklage in Betracht (§ 767) und ein Antrag auf Einstellung der Zwangsvollstreckung nach § 769.

Leitsatz 75

Vollstreckungsabwehrklage

Einwendungen, die den durch das Urteil festgestellten Anspruch selbst betreffen, sind von dem Schuldner im Wege der **Klage** bei dem Prozessgericht des ersten Rechtszuges geltend zu machen (Vollstreckungsabwehrklage). Sie sind nur insoweit **zulässig**, als die Gründe, auf denen sie beruhen, erst **nach dem Schluss** der mündlichen Verhandlung, in der Einwendungen nach den Vorschriften dieses Gesetzes spätestens hätten geltend gemacht werden müssen, entstanden sind und durch Einspruch nicht mehr geltend gemacht werden können.

Die Quittung ist ein Beleg dafür, dass die Forderung materiellrechtlich durch Erfüllung erloschen ist. Diese Einwendung ist im Rahmen der Vollstreckungsabwehrklage aber nur zu berücksichtigen, wenn die Gründe für den Einwand nach dem Ausgangsprozess entstanden sind. Wenn die Erfüllungshandlung nach dem Ende des Zivilprozesses stattgefunden hat, kann Fritz diesen Einwand bringen. Hier ist er mit diesem Einwand ausgeschlossen, weil die Zahlung vorher erfolgt ist.

Fall 77

Der Gläubiger kündigt die Zwangsvollstreckung an. Schuldner Fritz geht zur Bank und überweist dem Gläubiger den geforderten Betrag. Als der Gerichtsvollzieher drei Tage später klingelt, hält Fritz ihm den Kontoauszug vor die Nase.

Was wird der Gerichtsvollzieher jetzt machen?

Er wird die Zwangsvollstreckung nach § 775 Nr. 5 einstellen und den Gläubiger darüber informieren. Entsprechendes gilt, wenn auf der Ausfertigung vermerkt ist, dass die vorläufige Vollstreckbarkeit aufgehoben, die Zwangsvollstreckung für unzulässig erklärt oder eingestellt worden ist.

Ergänzung: Der Gläubiger ist erbost über die Einstellung des Zwangsvollstreckung durch den Gerichtsvollzieher. Der Gläubiger behauptet, keine Gutschrift vom Schuldner erhalten zu haben.

Was werden Gläubiger und Schuldner jetzt machen?

Vernünftige Menschen telefonieren miteinander, um die Situation zu klären, und verabreden, drei Tage zu warten, bis die Banken die Konten geklärt haben.

Heißspornige Gläubiger schicken den Gerichtsvollzieher erneut in die Spur zwecks Fortsetzung der Vollstreckung und erheben Erinnerung gegen den Gerichtsvollzieher nach § 766. Der Schuldner wird seinerseits dann eine Vollstreckungsabwehrklage nach § 767 einreichen, weil er ja behauptet, nach Schluss des Vorprozesses die Forderung erfüllt zu haben.

Vorläufiger Rechtsschutz

 Fall 78

Der Bauherr Bertram klagt gegen den Architekten Arnold auf Zahlung von 50.000 €. Bertram hatte dem Arnold diesen Betrag treuhänderisch zur Verfügung gestellt hat, um Handwerker zu bezahlen. Da das Bauprojekt aber nicht durchgeführt wird, verlangt Bertram jetzt die Rückzahlung. Arnold weigert sich hartnäckig und flüchtet sich in Ausreden. Bertram erfährt, dass Arnold stark verschuldet ist; er befürchtet, dass Arnold sich nach Marbella/Andalusien absetzt und versuchen wird, das Geld vom inländischen Konto nach Spanien zu überweisen.

Was kann Bertram tun, um das zu verhindern?

Eile ist geboten!

Eine Klage kann nicht verhindern, dass Arnold bis zum Abschluss des Prozesses mit dem Geld abgehauen sein könnte. Ein Erkenntnisverfahren benötigt halt Zeit und ein geschickter Beklagter kann die Entscheidung bis zur Rechtskraft bzw. vorläufigen Vollstreckbarkeit hinauszögern.

Deshalb entspricht es aus Sicht des Kläger dem Anspruch auf Gewährung effektiven Rechtsschutzes, dass das Gericht

▶ den prozessualen Anspruch des Klägers vorläufig sichert oder

▶ einen Zustand vorläufig regelt.

Hierfür kennt die ZPO zwei Instrumente:

▶ den Arrest (§ 916 ff.) und

▶ die Einstweilige Verfügung (§§ 935, 940).

Diese Verfahren werden als vorläufiger Rechtsschutz bezeichnet und ersetzen nicht das Erkenntnisverfahren (Hauptsache), sondern sichern den künftigen Anspruch auf Zwangsvollstreckung.

Leitsatz 76

Arrest

Der Arrest findet zur **Sicherung der Zwangsvollstreckung** in das bewegliche oder unbewegliche Vermögen wegen einer Geldforderung oder wegen eines Anspruchs statt, der in eine Geldforderung übergehen kann (§ 916). Der **dingliche Arrest** findet statt, wenn zu besorgen ist, dass ohne dessen Verhängung die Vollstreckung des Urteils vereitelt oder wesentlich erschwert werden würde (§ 917). Als ein zureichender Arrestgrund ist es anzusehen, wenn das Urteil im Ausland vollstreckt werden müsste und die Gegenseitigkeit nicht verbürgt ist. Zuständig ist das Gericht der Hauptsache oder das AG am Ort des zu sichernden Gegenstandes.

Ergänzung: Bertram macht den Anspruch und den Arrestgrund glaubhaft.

Wie wird das Gericht entscheiden?

Das Gericht muss zunächst darüber entscheiden, ob und wie es den Antragsgegner Arnold vor seiner Entscheidung beteiligt. Es besteht keine Pflicht, eine mündliche Verhandlung durchzuführen (§ 128 Abs. 4). Es bleibt die Frage, ob Arnold vor Erlass des Arrests Gelegenheit zur Stellungnahme erhalten soll. Eigentlich ja, weil Arnold Anspruch auf Gewährung rechtliches Gehör hat. Andererseits kann bei besonderen Umständen und hoher Dringlichkeit ausnahmsweise davon abgesehen werden. Der Antragsgegner wird in solchen Fällen regelmäßig Widerspruch einlegen, damit er sich zur Sache äußern kann und der Arrest auf seine Rechtmäßigkeit überprüft wird (§ 924, 925).

Hat Bertram nicht gleichzeitig mit dem Antrag auf Erlass des Arrests Klage in der Hauptsache erhoben, kann das Gericht auf Antrag die Klageerhebung binnen einer bestimmten Frist anordnen. Unterbleibt die Klageerhebung, hebt das Gericht den Arrest auf (§ 926).

Der Arrest wird im Parteibetrieb zugestellt (§§ 191, 922 Abs. 2). Der dingliche Arrest wird durch Pfändung beweglichen Vermögens oder Forderungen vollzogen (§ 930).

In unserem Fall wird Bertram auf der Grundlage des Arrests einen PfÜB beantragen, damit die inländische Bank das Guthaben nicht nach Spanien überweist.

Neben dem dinglichen Arrest könnte Bertram auch einen persönlichen Arrest beantragen, der durch Haft vollzogen wird, wenn der Schuldner schon auf gepackten Koffern sitzt und die gefährdete Zwangsvollstreckung nicht anders zu sichern ist (§§ 918, 933).

Fall 79

Erich verfasst in einem Weblog einen Bericht über einen Biergarten. In seiner Kundenkritik schreibt er unter anderem, dass der Gastwirt, namens Herrlich, ein Halsabschneider sei, weil er die Maß Bier unter'm Eichstrich ausschenke.

Heinrich ist der Ansicht, dass diese pauschale Behauptung unrichtig ist; zudem fühlt er sich durch Bezeichnung „Halsabschneider" in seiner Ehre gekränkt. Die Biergartensaison hat gerade angefangen. Herrlich befürchtet, dass Kunden wegen des Weblogs wegbleiben könnten.

Was kann Herrlich gegen Erich unternehmen?

Herrlich wird

1. Erich Hausverbot erteilen und

2. den Erlass einer Einstweiligen Verfügung gegen Erich und ggf. gegen den Provider beantragen.

Leitsatz 77

Einstweilige Verfügung

Einstweilige Verfügungen in Bezug auf den Streitgegenstand sind zulässig nach § 935, wenn zu besorgen ist, dass durch **eine Veränderung des bestehenden Zustandes** die Verwirklichung des Rechts einer Partei vereitelt oder wesentlich erschwert werden könnte.

Einstweilige Verfügungen sind nach § 940 auch zum Zwecke der Regelung eines einstweiligen Zustands in Bezug auf ein streitiges Rechtsverhältnis zulässig, sofern diese Regelung, insbesondere bei dauernden Rechtsverhältnissen zur **Abwendung wesentlicher Nachteile** oder zur **Verhinderung drohender Gewalt** oder aus anderen Gründen nötig erscheint.

Der Verfügungsanspruch liegt hier auf der Hand: Kritik darf vieles, aber nicht alles.

Der Verfügungsgrund, also die Eilbedürftigkeit, ergibt sich aus dem Umstand, dass der Beitrag weiterhin im Internet gelesen werden kann. Da nützt es Herrlich wenig, wenn der Beitrag erst Monate später verschwindet.

Das Gericht wird Erich sehr wahrscheinlich dazu verpflichten, dass er solche und ähnliche ehrverletzenden Äußerungen künftig zu unterlassen habe und dass er den Beitrag unverzüglich aus dem Internet zu nehmen habe.

Ergänzung: Erich erhebt Widerspruch gegen die Einstweilige Verfügung, weil sie keine vorläufige, sondern eine endgültige Regelung darstelle.

Der Einwand ist nicht von der Hand zu weisen. Der Widerspruch wird trotzdem keinen Erfolg haben.

Der Umfang der Einstweiligen Verfügung steht im Ermessen des Gerichts (§ 938) und es gilt der Grundsatz, dass wegen der Vorläufigkeit der Verfügung die Entscheidung in der Hauptsache nicht vorweg genommen werden darf. Hier wirkt die Verfügung aber faktisch schon wie die Entscheidung über die Hauptsache. Herrlich bekommt mit der Verfügung schon das, was er mit der Klage begehrt. Das ist aber in bestimmten Bereichen des täglichen Lebens und des Geschäftsverkehrs nicht zu vermeiden, um dem Antragsteller/Kläger effektiv Rechtsschutz zu gewähren. Einen umfassenden Leistungsanspruch gibt es z.B. im Bereich des Presserechts, dem Wettbewerbsrecht und dem gewerblichen Rechtsschutz allgemein. Hier dominieren die Einstweiligen Verfügungen die Rechtsprechung. In der Wirkung vergleichbar sind die vorläufigen Anordnungen im Familienrecht nach dem FamFG und die Maßnahmen nach dem Gewaltschutzgesetz.

Bei allen Möglichkeiten, die der vorläufige Rechtsschutz bietet, sollte der Antragsteller/Gläubiger nicht vergessen, dass er zur Zahlung von Schadensersatz verpflichtet ist, wenn der Arrest oder die Einstweilige Verfügung später sich als von Anfang an ungerechtfertigt erweisen oder aus anderen Gründen aufgehoben werden (§ 945).

Vorläufiger Rechtsschutz bei Mietsachen

Fall 80

Geruhsam lebt in München-Schwabing in einer Luxus-Terrassen-Wohnung. Als Geruhsam mit zwei Monatsmieten à 2.200 € in Rückstand geriet, verklagte ihn der Vermieter Valentin zunächst auf Zahlung und dann auch auf Räumung. Der Zivilprozess zieht sich seit einem Jahr hin; weitere Mietrückstände haben sich aufbaut.

Valentin möchte den Geruhsam jetzt aus der Wohnung schmeißen und nicht erst mit Rechtskraft des Urteils. Geht das?

Ja, unter sehr engen Voraussetzungen können im Wege der einstweiligen Verfügung auch Wohnungen geräumt werden. Da der Mensch ja irgendwo bleiben muss, geht das z.B. nicht bei einem Streit um Mieterhöhung, Schimmelbefall oder Duldung von Sanierungen. Diesen Streit muss der Vermieter als Sozialbindung des Eigentums (Art. 14 Abs. 2 Satz 1 GG: Eigentum verpflichtet.) aussitzen. Zulässig ist eine Räumung nach § 940a Abs. 1 und 2 ZPO vor dem Ende des Zivilprozesses nur wegen verbotener Eigenmacht oder bei einer konkreten Gefahr für Leib oder Leben; sowie bei Vorliegen eines rechtskräftigen Räumungstitels, wenn der Beklagte nachträglich Wohnung einer anderen Person zur Verfügung stellt.

§ 940a Abs. 3 lässt aber auch eine Räumung gegen säumige Mieter zu: Ist Räumungsklage nur wegen Zahlungsverzugs erhoben, darf die Räumung von Wohnraum durch einstweilige Verfügung angeordnet werden, wenn der Beklagte einer Sicherungsanordnung (§ 283a) im Hauptsacheverfahren nicht Folge leistet.

Hierzu muss Vermieter Valentin im laufenden Zivilprozess Räumungsklage mit einer Zahlungsklage aus demselben Rechtsverhältnis verbinden und beantragen, dass der beklagte Mieter Geruhsam wegen der Monatsmieten, die nach Rechtshängigkeit der Klage fällig geworden sind, Sicherheit zu leisten hat. Das Prozessgericht ordnet die Sicherheitsleistung an, wenn nach Abwägung der gegenseitigen Interessen die Klage auf diese Forderungen hohe Aussicht auf Erfolg hat. Unterstellt, das ist der Fall, muss Geruhsam nun die Sicherheitsleistung binnen einer vom Gericht bestimmten Frist nachweisen. Kommt Geruhsam der Anordnung nicht nach, dann droht ihm die Räumung. Der Vermieter muss nicht gleich mit dem Möbelwagen anrücken; er kann den Vollstreckungsauftrag auf die Einräumung des Besitzes beschränken (§ 885a).

Auch für Sicherungsanordnung und Räumung gilt, dass der Vermieter Valentin Schadensersatz zu leisten hat, wenn seine Klage abgewiesen wird (§§ 283 Abs. 4, § 717 Abs. 2 Satz 2, 945).

Vermögensauskunft, Insolvenz

Fall 81

Die Zwangsvollstreckung in das Vermögen des Schuldners Tim hat nicht ausgereicht, um den Gläubiger Groß zu befriedigen.

Was kann der Gläubiger jetzt noch tun?

So etwas passiert leider häufiger als man denkt. Der Gläubiger kann nun beantragen, dass der Schuldner dem Gerichtsvollzieher ein Verzeichnis vorlegt, aus dem sich sein gesamtes Vermögen ergibt (§ 807). Das Vermögensverzeichnis muss auch Angaben dazu enthalten, ob in der Vergangenheit Vermögensgegenstände entgeltlich an nahe Angehörige übertragen worden sind und ob unentgeltliche Verfügungen getroffen wurden. Der Schuldner ist verpflichtet, zu Protokoll an Eides statt zu versichern, dass seine Angaben nach bestem Wissen und Gewissen richtig und vollständig sind (802c).

Der Schuldner ist im Verfahren der Vermögensauskunft auch verpflichtet, seine Personalien vollständig offen zu legen, damit der Gerichtsvollzieher Auskünfte einholen kann bei den Rentenversicherungen, Finanzämtern und dem Kraftfahrzeugbundesamt, wenn die bisherige Vollstreckung nicht zur vollständigen Befriedigung des Gläubigers führt (§ 802l).

Der Gerichtsvollzieher hinterlegt das Vermögensverzeichnis für die Dauer von zwei Jahren in elektronischer bei dem zentralen Vollstreckungsgericht des jeweiligen Bundeslandes und übersendet dem Gläubiger einen Ausdruck (§ 802f Abs. 6) und informiert ihn in bestimmten Grenzen über das Ergebnis seiner Recherche (§ 802l Abs. 3).

Ändern sich binnen zwei Jahren die Vermögensverhältnis wesentlich, ist der Schuldner auf Antrag des Gläubigers verpflichtet, erneut Vermögensauskunft zu erteilen (§ 802d). Erscheint der Schuldner unentschuldigt nicht zum Termin, den der Gerichtsvollzieher für die Abgabe der Vermögensauskunft festgesetzt hat, oder weigert sich der Schuldner, die Auskunft zu erteilen, kann auf Antrag des Gläubigers Haftbefehl gegen den Schuldner ergehen mit dem Ziel der Erzwingungshaft (§ 802g).

Fall 82

In der Verhandlung des LG über den Einspruch gegen ein Versäumnisurteil erscheint der Beklagte ohne Anwalt und erklärt, dass er seinen Anwalt nicht bezahlen könne und daher keine Verteidigungsmittel vorzubringen habe. Ferner sagt der Beklagte, dass die heutige Verhandlung ohnehin keinen Sinn mache, weil er mehr Schulden habe als eine Kuh Fliegen am Ar... Unzählige Gläubiger seien im auf den Fersen; alle ohne Erfolg, weil er zahlungsunfähig sei.

Wie werden Gericht und Kläger auf diesen Vortrag des Beklagten reagieren?

Das Gericht wird den Beklagten um eine angemessenere Ausdrucksweise bitten, wenngleich die Verzweiflung des Beklagten verständlich ist.

Der Kläger wird ermitteln wollen, ob die Angaben stimmen. Denn es macht keinen Sinn, weiter zu prozessieren, wenn der Beklagte am Ende nicht zahlen kann. Außerdem sieht er sich im Nachteil gegenüber anderen Gläubigern, die schon einen Titel haben und jetzt schon versuchen, zu vollstrecken. Was bleibt dann für ihn übrig?

Schließlich kann die Aussage des Beklagten, zahlungsunfähig zu sein, eine große juristische Rolle spielen für den laufenden Prozess und die Zwangsvollstreckungen der anderen Gläubiger.

Übersicht 35: Eröffnung des Insolvenzverfahrens

Bestehende oder drohende **Zahlungsunfähigkeit** sind Voraussetzungen für die Eröffnung des Insolvenzverfahrens über das Vermögen einer natürlichen oder juristischen Person durch das Insolvenzgericht.

Das Insolvenzverfahren hat zum **Ziel**, die Vermögenslage umfassend offen zu legen und allen Gläubigern gleiche Chancen einzuräumen.

▶ Zahlungsunfähigkeit:

- **Zahlungsunfähigkeit** liegt vor, wenn der Schuldner nicht in der Lage ist, die fälligen Zahlungspflichten zu erfüllen (§§ 17 InsO).
- Zahlungsunfähigkeit wird **regelmäßig vermutet**, wenn der Schuldnerin seine Zahlungen einstellt.

▶ Überschuldung:

- Bei der Insolvenz von bestimmten Unternehmensformen ist auch die **Überschuldung** ein Insolvenzgrund (§ 19 InsO).
- Überschuldung liegt vor, wenn das Vermögen des Schuldners die bestehenden **Verbindlichkeiten nicht mehr deckt**, es sei denn, die Fortführung des Unternehmens ist nach den Umständen überwiegend wahrscheinlich.
- Die **bilanzielle** Überschuldung führt nicht zur Insolvenz, wenn eine positive Fortführungsprognose besteht

Das Insolvenzverfahren gehört zwar nicht zur Zwangsvollstreckung, hat aber Auswirkungen auf sie und auf laufende Zivilprozesse:

Übersicht 36: Wirkungen des Insolvenzverfahrens

Die **Eröffnung** des Insolvenzverfahrens hat folgende Wirkungen:

- Das **Recht** des Gemeinschuldners, über das zur Insolvenzmasse gehörende Vermögen zu verfügen und es zu verwalten, **geht auf** den vom Insolvenzgericht eingesetzten (§56 InsO) **Insolvenzverwalter über** (§§ 56, 80 InsO).
- **Verfügungen** der Gemeinschuldnerin sind **unwirksam** (§ 81 InsO).
- Laufende **Zivilprozesse** werden durch die Eröffnung des Insolvenzverfahrens **unterbrochen** (§ 240); der Insolvenzverwalter kann Prozesse wieder aufnehmen (§§ 85 – 6 InsO).
- Für die Dauer des Insolvenzverfahrens sind **Zwangsvollstreckungen** einzelner Gläubiger **unzulässig** (§ 89 InsO).
- Die Gläubiger werden aufgefordert, ihre **Forderungen** beim Insolvenzverwalter binnen einer bestimmten **Frist** anzumelden (§ 28 InsO).
- Der Eintrag in die **Tabelle** wirkt wie ein rechtskräftiges Urteil (§§ 174 – 5, 178 Abs. 3 InsO). Lehnt der Insolvenzverwalter die Eintragung einer Forderung ab, kann der Gläubiger auf Feststellung klagen (§ 179 InsO).
- Nachdem die wirtschaftliche Lage der Schuldnerin geklärt ist, bereitet der Insolvenzverwalter die **Befriedigung der Insolvenzgläubiger** vor. Vorher können Gläubiger, die **Waren unter Eigentumsvorbehalt** an die Gemeinschuldnerin geliefert haben, die Aussonderung dieser Sachen verlangen (§ 47 InsO). Entsprechendes geschieht bei Gläubigern mit **Pfandrechten** an bestimmten Vermögensgegenständen (§ 50 InsO). Die verbleibende Sachen und Rechte werden verwertet.
- Der **Erlös** aus der Verwertung wird nach Prüfung nach dem Rangverhältnis (bevorrechtigte – nachrangige Gläubiger) an die Insolvenzgläubiger im **Verhältnis ihrer Anteile** mit einer Quote bedient.

Nach der Schlussverteilung wird das Insolvenzverfahren aufgehoben und jedem Gläubiger steht es frei, die restliche Forderung selbst geltend zu machen (§§ 200 – 1 InsO) und weiter zu vollstrecken.

Das Verhältnis zwischen Zwangsvollstreckung und Insolvenz lässt sich damit beschreiben, dass die ZPO die Zwangsvollstreckung einzelner Gläubiger eines Schuldners regelt („Einzelzwangsvollstreckung"), die InsO hingegen eine einheitliche Befriedigung aller Gläubiger eines Schuldners zum Ziel hat („Gesamtzwangsvollstreckung").

AG	Amtsgericht
AGB	Allgemeine Geschäftsbedingungen
AO	Abgabenordnung
ArbGG	Arbeitsgerichtsgesetz
BerHG	Beratungshilfegesetz
BGH	Bundesgerichtshof
BRAO	Bundesrechtsanwaltsordnung
BVerfG	Bundesverfassungsgericht
EGBGB	Einführungsgesetz zum Bürgerlichen Gesetzbuch
EGZPO	Einführungsgesetz zur Zivilprozessordnung
EMRK	Europäische Menschenrechtskonvention
EuGFVO	Verordnung (EG) Nr. 861/2007 zur Einführung eines europäischen Verfahrens für geringfügige Forderungen
EuGVO	Verordnung (EG) Nr. 44/2001 vom 22.12.2000 über die gerichtliche Zuständigkeit und die Anerkennung und Vollstreckung von Entscheidungen in Zivil- und Handelssachen
EuMahnVO	Verordnung (EG) Nr. 1896/2006 vom 12.12.2006 über die Einführung eines Europäischen Mahnverfahrens
EuVTVO	Verordnung (EG) Nr. 805/2004 vom 21.4.2004 über den europäischen Vollstreckungstitel bei unbestrittenen Forderungen
EuZB	Europäischer Zahlungsbefehl auf der Grundlage der EuMahnVO
EuVT	Europäischer Vollstreckungstitel auf der Grundlage der EuVTVO
FamFG	Gesetz über das Verfahren in Familiensachen und in den Angelegenheiten der freiwilligen Gerichtsbarkeit
GbR	Gesellschaft bürgerlichen Rechts (§ 705 BGB)
GG	Grundgesetz

GKG	Gerichtskostengesetz
GVG	Gerichtsverfassungsgesetz
InsO	Insolvenzordnung
JVEG	Gesetz über die Vergütung von Sachverständigen, , Dolmetschern, Übersetzern sowie die Entschädigung von ehrenamtlichen Richtern, Zeugen und Dritten
KG	Kammergericht, Kommanditgesellschaft
LG	Landgericht
OHG	Offene Handelsgesellschaft
OLG	Oberlandesgericht
PflVG	Gesetz über die Pflichtversicherung für Kraftfahrzeughalter
PfÜB	Pfändungs- und Überweisungsbeschluss
PKH	Prozesskostenhilfe
RBerG	Rechtsberatungsgesetz
RPflG	Rechtspflegergesetz
RVG	Gesetz über die Vergütung der Rechtsanwältinnen und Rechtsanwälte
StGB	Strafgesetzbuch
StPO	Strafprozessordnung
StVG	Straßenverkehrsgesetz
UdG	Urkundsbeamten der Geschäftsstelle
VO	Verordnung
VVG	Versicherungsvertragsgesetz
VwGO	Verwaltungsgerichtsordnung
ZPO	Zivilprozessordnung
ZV	Zwangsvollstreckung
ZVG	Zwangsversteigerungsgesetz

A

Abänderungsklage	160
Adhäsionsverfahren	144, 164
Aktivlegitimation	40, 90
Amtsgericht	23, 146
Anerkenntnis	16, 119
Angriffs- und Verteidigungsmittel	15, 81, 96, 150
Anscheinsbeweis	110
Anschlussberufung	148
Anwaltsprozess	39, 46, 82
Anwaltsvergleich	166
Anwaltszwang	39, 46, 149
Arbeitseinkommen	181
Arbeitsgericht	17
Arrest	143, 167, 186
Augenschein	76, 98, 103, 143
Ausfertigung, vollstreckbare	170
Auslandsbezug	29, 135, 177
Auslegung	7, 152
Austauschpfändung	187

B

Befangenheit	36
Begründetheit	89, 119
Beibringungsgrundsatz	15, 91
Beratungshilfe	51
Berufung	146
Berufungsgericht	146
Beschlagwirkung	173
Beschleunigungsmaxime	15, 76, 95
Beschluss	21, 48, 150, 179
Beschwer	146, 159
Beschwerde, sofortige	22, 153
Beweis	15, 65, 100
Beweis, erster Anschein	110
Beweisaufnahme	98, 104
Beweiserhebung	103
Beweislast	85, 101, 109
Beweismittel	96, 101
Beweisverfahren, selbstständiges	105, 143
Beweiswürdigung	107
Bundesgerichtshof	23, 15, 161

D

Darlegungslast	83, 102
Dispositionsmaxime	14
Drittschuldner	179
Drittwiderspruchsklage	188

E

Einspruch	122
Einstweilige Anordnung	186
Einstweilige Verfügung	143, 167, 192, 195
Einzelrichter	32
Endurteil	117, 144, 166
Entscheidungsgründe	115
Erheblichkeit	85, 103, 149
Erinnerung	154, 186
Erkenntnisverfahren	7
Erledigung	126
EU, justizielle Zusammenarbeit	138
Europäisches Verfahren für geringfügige Forderungen	140, 168
Europäischer Vollstreckungstitel	135, 176
Europäischer Zahlungsbefehl	139
Pfändungsschutzkonto (P-Konto)	184

F

Faires Verfahren	12
Feststellungsklage	63
Frist	72, 93, 124

G

Geldforderung	172, 180
Gerechtigkeit	7
Gerichtsbarkeit	17
Gerichtsbarkeit, deutsche	39
Gerichtsbarkeit, ordentliche	17
Gerichtskosten	47
Gerichtsstand	27
Gerichtsstand, Vereinbarung	29
Gerichtsvollzieher	35, 165, 169
Geschäftsstelle	35
Geschäftsverteilung	32
Gestaltungsklage	61
Gesuch	61
Gewaltmonopol	6
Gewaltschutzgesetz	143, 165
Gläubiger	163
grenzüberschreitender Sachverhalt	29, 138
Grundgesetz	10, 161
Grundurteil	119
Gütestelle	87, 127, 166
Gütetermin	127
Güteverhandlung	16, 94

H

Hauptantrag	64
Hauptintervention	42
Hauptsache	125
Haupttermin	74
Hilfsantrag	64

I

Insolvenz	61, 171, 196
Instanz	17, 22, 146

J

Justiz	6
Justizgewährung, Anspruch auf	10, 163, 187
Justizgrundrechte	10

K

Kammer	32
Kammer für Handelssachen	34
Klage	61
Klageantrag	57
Klageerhebung	54
Klageerwiderung	76, 81
Klagegrund	57
Klagehäufung, objektive	68
Klagehäufung, subjektive	42
Klagerücknahme	125
Klageschrift	54
Klausel	171
Kontradiktorisches Erkenntnisverfahren	68, 79
Konzentrations- und Beschleunigungsmaxime	15
Kosten	47, 172
Kostenentscheidung	48, 115
Kostenfestsetzung	49, 166
Kostengrundentscheidung	49

L

Landgericht	23, 146
Leistungsklage	61

M

Mahnbescheid	135
Mediation	133
Mehrheit von Personen	42
Mietsache	57, 142, 195
Mündliche Verhandlung, Schluss der	100, 190
Mündliche Verhandlung, Termin	75, 93
Mündlichkeit	15

N

Nebenintervention	42
Nichtigkeitsklage	160
Notfrist	77, 122

O

Oberlandesgericht	23, 32, 146
Öffentlichkeit	16, 98
Offizialmaxime	87
Ordnungsgeld	165

P

Partei	38
Parteifähigkeit	39
Parteiherrschaft	15, 125
Parteiprozess	46
Parteivernehmung	98, 105
Passivlegitimation	40, 88
Pfändung, Wirkungen	172
Pfändungs- und Überweisungsbeschluss	181
Pfändungspfandrecht	173
Pfändungsschutz	174
Pfandverwertung	173
Postulationsfähigkeit	39
Präklusion	96, 150
Protokoll	97
Prozessfähigkeit	39
Prozessführungsbefugnis	40
Prozesshandlung	42, 73, 98, 124
Prozesskostenhilfe	38, 52, 144
Prozessrechtsverhältnis	42
Prozessrisiko	45, 47
Prozessstandschaft	40
Prozessurteil	86, 119, 157
Prozessvergleich	128
Prozessvollmacht	45

R

Räumung	26, 167, 187, 195
Rechtliches Gehör	11, 192
Rechtsanhängigkeit	54
Rechtsanwalt	44, 76
Rechtsanwalt, Vergütung	47
Rechtsbehelf	158
Rechtsbehelfsbelehrung	116
Rechtsbeschwerde	150
Rechtsfehler	150
Rechtsfrieden	7
Rechtshängigkeit	54, 66
Rechtskraft	117
Rechtskraft, Durchbrechung	160
Rechtskraft, formelle	156
Rechtskraft, materielle	157
Rechtskraft, subjektive Wirkungen	158
Rechtsmittel	145
Rechtsmittelbelehrung	116, 124
Rechtspfleger	32
Rechtsprechung	6
Rechtsschutz, effektiver	13
Rechtsschutz, vorläufiger	61, 143, 191
Rechtsschutzbedürfnis	88
Rechtsschutzversicherung	49
Rechtsstreit, bürgerlicher	6, 18
Rechtsverletzung	149
Rechtsweg	10, 17, 21
Rechtsweggarantie	10
Rechtszug	22, 117, 146
Replik	96
Restitutionsklage	144, 161
Revision	151
Richter, gesetzlicher	12, 32
Rubrum	114
Ruhen	127

S

Sachbefugnis	40, 88
Sachpfändung	178

Sachregister

Sachurteil	88, 117, 119
Sachverständiger	104
Schiedsverfahren	46, 132
Schlüssigkeit	83
Schuldner	163
Sicherungsanordnung	196
Sicherungsvollstreckung	185
Sprungrevision	152
Statthaftigkeit	146
Streitgegenstand	14, 23, 57
Streitgenossen	42
Streitverkündung	42
Streitwert	24, 147
Stufenklage	24, 61
Substantiierung	84

T

Tatbestand	115
Teilklage	66
Teilurteil	118
Telefax	56
Tenor	105
Termin zur mündlichen Verhandlung	75, 81, 91, 151
Termin, früher erster	76
Titel	163

Ü

Überpfändung	187
Überraschungsentscheidung, Verbot	15, 92
Unmittelbarkeit	15, 106, 114
Unterlassung	60
Urkunden	105
Urkundsbeamter der Geschäftsstelle	35, 98, 154
Urkundsprozess	65, 141
Urteil, Abänderung	160
Urteil, Entscheidungsreife	113
Urteil, kontradiktorisches	120

V

Verfahrensgrundsätze	13
Verfassungsbeschwerde	161
Verfügungsmaxime	15
Vergleich, prozessrechtlich	128
Vergleich, zivilrechtlich	128
Verhandlungsmaxime	15, 67
Verjährung	72, 92
Verkündungstermin	113
Vermögen, bewegliches	172
Vermögen, unbewegliches	172
Vermögensauskunft	196
Versäumnisurteil	77, 115, 121
Verspätung	96, 150
Verstrickung	173
Verteidigungsmittel	90
Verwaltungsgericht	18
Verzicht	119
Vollstreckbarkeit	115, 166
Vollstreckungsabwehrklage	189
Vollstreckungsbescheid	136
Vollstreckungsgericht	169
Vollstreckungshindernis	165, 171
Vollstreckungsklausel	176
Vollstreckungsmaßnahme	186
Vollstreckungsorgan	165
Vollstreckungsschutz	187
Vollstreckungstitel	163
Vorbehaltsurteil	118
Vorläufiger Rechtsschutz	61, 143, 191
Vorpfändung	185
Vorrang des Gesetzes	8
Vorverfahren, schriftliches	75, 77

W

Wahrheitspflicht	80
Widerklage	65
Wiederaufnahme	144

Wiedereinsetzung in den
vorigen Stand 124

Z

Zeuge 104
Zeuge, sachverständiger 104
Zivilsache 9
Zugang zu den Gerichten,
freier 12
Zulässigkeit 21, 86
Zuständigkeit 17
Zuständigkeit, funktionelle 32
Zuständigkeit, internationale 29
Zuständigkeit, örtliche 27
Zuständigkeit, sachliche 23
Zustellung 69, 122, 136 ,171
Zwangsgeld 165
Zwangshypothek 175
Zwangsversteigerung 175
Zwangsverwaltung 40, 175
Zwangsvollstreckung 7, 163
Zwangsvollstreckung,
in bewegliches Vermögen 172
Zwangsvollstreckung,
in unbewegliches Vermögen 175
Zwischenurteil 118

leicht gemacht ®

Staatsrecht – *leicht gemacht* ®

Das Staats- und Verfassungsrecht nicht nur für Studierende an Universitäten, Hochschulen und Berufsakademien.

von Richter am Amtsgericht Robin Melchior

Eine verständliche und übersichtliche Darstellung des deutschen Staats- und Verfassungsrechts in der bewährt fallorientierten Weise der Erfolgsserie.

Der Autor behandelt hier aber nicht nur Wahlen, Politik und Gesetze. Er vermittelt zudem lebendig, dass Grundgesetz und demokratische Werteordnung in allen persönlichen Lebenslagen eine große Rolle spielen: Familie, Ehe und Partnerschaft, Schule, Berufsausbildung, Studium, Wehrpflicht, Arbeit, soziale Sicherheit, Reise, persönliche Freiheit, Schutz vor staatlicher Willkür u.v.m.

Mit 22 Übersichten und 3 Prüfschemata!

Gesellschaftsrecht – *leicht gemacht* ®

Das Recht der Personen- und Kapitalgesellschaften für Studierende an Universitäten, Hochschulen und Berufsakademien.

von Richter am Amtsgericht Robin Melchior

In bewährt fallorientierter Weise vermittelt das Buch die juristischen Grundlagen. Aus dem Inhalt:

- Personengesellschaften (GbR, OHG, KG, GmbH & Co. KG)
- Kapitalgesellschaften (GmbH, Unternehmergesellschaft, AG, KGaA)
- juristische Personen (Genossenschaft, Verein, VVaG, Stiftung)
- europäische Rechtsformen (SE, EWIV, SCE, SPE)
- Zweigniederlassungen, Konzerne, Umwandlungen.

Das Buch löst die sprichwörtlichen sieben Siegel des Gesellschaftsrechts.

Strukturiert mit Leitsätzen und Übersichten!